Peter Krassa und Reinhard Habeck

DAS LICHT DER PHARAONEN

Peter Krassa und Reinhard Habeck

DAS LICHT DER PHARAONEN

Hochtechnologie und elektrischer Strom im alten Ägypten

Mit 41 meist farbigen Abbildungen

HERBIG

Bildquellen

Archiv Autoren: 1, 4, 5, 14a, 21, 28, 29, 30, 32, 33, 34, 35, 36, 37; 6 Illustrationen im Textteil (R. Habeck); Österreichische Nationalbibliothek (Papyrussammlung): 12, 13, 18, 19, 22, 23, 24, 25, 26, 27; Lehnert & Landrock, Cairo: 3, 8, 31; British Museum, London: 7, 9; Zecharia Sitchin: 17a, 17b; Erich von Däniken: 14b; Peter Fiebag: 2; Dr. Khalil Messiha: 16; Martin Schmidt-Bredow: 15; »Der Spiegel«, Hamburg: 10; Space Research Organisation: 6; Roger Viollet: 20.

Fremdsprachige Ausgaben:
Italien, Polen, Tschechien, Ungarn

Besuchen Sie uns im Internet unter
www.herbig-verlag.de

7. Auflage Mai 2003 – Sonderproduktion

Umschlagentwurf: Wolfgang Heinzel
Umschlagbild: The Image Bank, München
Satz: IBV Satz- und Datentechnik GmbH, Berlin
Gesetzt aus 11/13 Punkt Sabon auf Linotron 202
Reproduktionen: Fotolito Longo, Frangart
Druck und Binden: GGP Media, Pößneck
Printed in Germany
ISBN 3-7766-1717-9

Wir bringen das Neue
nicht, um die Geister zu verwirren,
sondern um sie aufzuklären;
nicht um die Wissenschaft zu zerstören,
sondern um sie
wahrhaftig zu begründen.

(Galileo Galilei, 1564–1642)

Dank

all jenen, die zur Niederschrift des Buches beigetragen haben. Vor allem dem Ägyptologen Dr. Dipl.-Phys. Wolfgang Waitkus aus Hamburg sowie dem Wiener Elektrofachmann Dipl.-Ing. Walter Garn für ihre selbstlose Unterstützung. Ferner Erich von Däniken, Jörg Dendl, Dr. Dipl.-Phys. Johannes Fiebag, Dipl.-Hdl. StR. Peter Fiebag, Karl Kovalcik, Walter-Jörg Langbein, Hans-Werner Sachmann, Eberhard Schneider, Armin Schrick, Wolfgang Siebenhaar, Prof. Dr. Erich Winter (Universität Trier) und Heinrich Zetthofer.
Nicht zuletzt aber gilt unser besonderer Dank dem Verleger Dr. Herbert Fleissner, Verlagsleiterin Frau Dr. Brigitte Sinhuber und unserem Lektor Hermann Hemminger.

Peter Krassa,
Reinhard Habeck

Inhalt

Vorwort: Licht ins Dunkel

In jenem Raum, in dem wir uns befanden, herrschte eine fast »ägyptisch« zu nennende Finsternis. Keiner ahnte, was an Unglaublichem sich gleich ereignen würde.

So trafen uns die nachfolgenden Geschehnisse völlig unvorbereitet. Plötzlich wurde der Raum von blitzartigen Entladungen erfüllt, die sich gleich einem Elmsfeuer unter unheimlichem Knistern verästelten. Dann schlängelte sich unversehens ein schmales Band aus Licht von einem Ende des großen Glaskolbens zum anderen, wobei es ein zischendes Geräusch von sich gab, das an eine Giftviper erinnerte. Ein heller Schein begann sich auszubreiten, der die im Labor befindlichen Geräte sichtbar machte und uns für wenige Sekunden ihre Konturen erkennen ließ.

Wie ein flammender Teppich oder eine grell leuchtende Haut legte sich die elektrische Entladung von innen her über die gläserne Wand des glühbirnenartigen Körpers. Alles ringsumher wurde in ein geisterhaftes, blaues Licht getaucht.

Stumm und zu keiner Reaktion fähig, beobachteten wir das seltsame Geschehen. Einen solchen Effekt auf den vorangegangenen Versuch hatte niemand von uns vorausgesehen. Und dennoch wurde damit all das bestätigt, was wir vermutet hatten. Daß nämlich der Gebrauch elektrischer Energie nicht erst im vergangenen Jahrhundert entdeckt worden war. Nicht der Däne *Hans Christian Oerstedt* (1777–1851), nicht der Brite *Michael Faraday* (1791–1867), und auch nicht der Yankee *Thomas Alva Edison* (1847–1931) waren dafür verantwortlich zu machen – das Wissen über ihre Existenz, die Kenntnis ihrer Anwendung besaßen ägyptische Hohenpriester bereits Jahrtausende davor. Ihnen war es damals schon möglich, die Nacht zum Tage zu machen, dunkle Räume zu erhellen. Aber nicht nur mit Hilfe primitiver Leuchtkörper

wie Fackeln, Öl- oder Petroleumlampen. O nein. Ihr Lichtspender basierte schon seinerzeit auf – Elektrizität.
Bildhafte Wiedergaben und schriftliche Quellen bestätigen derartige Annahmen. Sie legen Zeugnis ab, welche Möglichkeiten die Eingeweihten der ägyptischen Tempel lange vor der Zeitenwende auszuschöpfen verstanden. Als es hierzulande noch keinerlei zivilisatorische Anzeichen gab, große Teile des europäischen Festlandes unter einer Eisdecke begraben waren, erblühte das Land am Nil bereits längst zu einer Hochkultur. Wer dafür verantwortlich gemacht werden kann, hat uns der griechische Historiker und Geschichtsschreiber *Herodot* überliefert. Priester des einstigen Pharaonenreiches erzählten ihm nämlich, als er um 440 vor Christus das Niltal bereiste, daß *Götter* in menschlicher Gestalt am Anfang der Zeiten Ägypten beherrscht hätten. Herodot vernahm es mit Erstaunen. Um welche »Götter« mochte es sich wohl gehandelt haben? Einer von ihnen besaß damals offenbar besondere Privilegien. Sein Name war »Dehuti« oder *Thot*. Die alten Griechen verehrten ihn als »Hermes Trismegistos« (der dreimal größte Hermes).
Was uns von Thot überliefert ist, liest sich seltsam genug: Niemand zu seiner Zeit bekam ihn in seinem wahren Aussehen zu Gesicht. Stets trat er »maskiert«, in Gestalt eines *Pavians* oder in jener des Storchvogel *Ibis*, an die Öffentlichkeit. Und doch schlug ihm (der der Legende nach »vom Himmel« gekommen war) eine Welle der Zuneigung und Verehrung entgegen, die Volk und Priesterschaft gleichermaßen erfaßte.
Thot besaß geradezu universelle Kenntnisse. Die Menschen seiner Zeit sahen in ihm den Gott der Weisheit und der Wissenschaften. Der ihm gebaute Tempel in *Hermopolis* ist ebensowenig erhalten geblieben wie die Stadt selbst. Aber zahlreiche andere Kultstätten in Ägypten, die (wie die Pyramiden) die Zeiten überdauert haben, künden uns von Thots besonderem Rang.
Beispielsweise *Dendera*.
Ein Tempel, der Göttin *Hathor* geweiht, der seinesgleichen

sucht. Stabil gebaut, ragt er nur zu zwei Fünftel über den Wüstenboden hinaus. Der weitaus größere Teil der Anlage befindet sich *unter* der Erde. In drei Stockwerke unterteilt, besitzt er insgesamt zwölf Krypten mit unvergleichlichen Reliefabbildungen. Verschiedene, höchst unerfreuliche Umstände geben heute dem historisch interessierten Besucher nur noch *eine* Krypta zur Besichtigung frei. Es lohnt in jedem Fall, sie aufzusuchen. Wenn auch nicht gerade bequem, in die enge und stickige Kammer einzusteigen, so entschädigt das, was sie anzubieten hat: rätselhafte Gravuren an ihren Wänden mit wahrhaft seltsamen Darstellungen, glühbirnenähnliche Gebilde, die alles zu enthalten scheinen, was zur Gewinnung von elektrischer Energie vonnöten ist.
Wir haben uns mit dieser rätselhaften Hinterlassenschaft eingehend befaßt, haben den Hathortempel mehrmals aufgesucht – und sind heute davon überzeugt, auf eine Quelle des Wissens gestoßen zu sein, die das Unglaubliche wahrscheinlich werden läßt: Hinter den Mauern von Dendera kannte man das Geheimnis der Elektrizität. Man verstand es, sie für eigene Vorhaben nutzbar zu machen. Doch die Priester waren ebensowenig die Entdecker dieser lichtspendenden Energie, wie es danach Oerstedt, Faraday oder Edison gewesen sind.
Es war *Thot*, dem dieser Ruhm zuzuerkennen ist. Es war Thot, dessen Genie – und die Kenntnis es zu verwerten –, dazu geführt haben, über einen Lichtspender zu verfügen, den die Hohenpriester (nach seinem Abgang) heilig hielten und als geheimes Wissensgut über Jahrtausende hinweg verwahrten:
Elektrischer Strom!
Darüber – und über jenen Kulturbringer, dem diese Erkenntnis zu verdanken ist – wollen wir im folgenden berichten: von *Thot*, dessen Herkunft im dunkeln liegt. Kam er aus Atlantis? Von den Sternen? War er Mensch – oder ein *außerirdisches* Wesen?

I
Wunder aus Stein

Für mich sind auch die Lehrmeinungen der Archäologen nicht sakrosankt. Was lange Zeit als gültige Erklärung akzeptiert worden ist, braucht heute oder morgen nicht mehr unbedingt zuzutreffen!«

Solche respektlosen Worte von einer angesehenen Gastdozentin der Universität Kairo zu vernehmen – darauf waren wir während unseres letzten Aufenthaltes in Ägypten nicht vorbereitet gewesen. Das grenzte an den Untergang des Morgenlandes...

Madame *Chirine Akila* ist eine erfahrene Ägyptologin. Siebzig Jahre jung, führt sie ihre Schutzbefohlenen jedes Jahr durch die alten Tempelanlagen und Ruinenstädte ihres Landes. Es ist ihr ein leichtes, mit den verschiedenen Nationalitäten, die Ägyptens Altertümer besichtigen, zu parlieren. Die rüstige Frau beherrscht Deutsch, Englisch und Französisch perfekt. Was uns in Erstaunen versetzte, war Madame Akilas Bereitschaft, über jede noch so verrückt klingende Spekulation über Sein und Werden der ägyptischen Kultur zu diskutieren.

Nicht daß sie willens gewesen wäre, vorbehaltlos zu akzeptieren. Und sie ließ uns nicht im unklaren mit ihrer Ansicht, daß wir wohl selbst nicht an die phantastische Hypothese von den angeblichen Kenntnissen ihrer Vorfahren glauben würden.

Dennoch kam es zu leidenschaftlich geführten Debatten mit Madame Akila. Sie führten zu einem recht überraschenden Eingeständnis der Reiseleiterin, das uns den Abschied von dieser klugen und toleranten Dame schwer gemacht hat. Gab sie uns doch beim Auseinandergehen zu verstehen: »Ich stelle mir neuerdings viele Fragen, und ich werde mit Leuten darüber sprechen, die mir weiterhelfen können. Ich werde nach Antworten suchen...«

In einem Fall scheint Madame Akila bereits zu einer recht eigenwilligen Auffassung gekommen zu sein. Vorangegangen war eine sehr temperamentvolle Diskussion über die einstige Bauweise der Pyramiden. Das dabei gezogene Resümee unserer Reiseleiterin überraschte ganz gehörig. Mit einem derartig widersprüchlichen Standpunkt hatte niemand von uns ernsthaft gerechnet. Statement von Madame Akila im O-Ton: »Für mich selbst ist keine der herkömmlichen Theorien über den Pyramidenbau von Gizeh praktikabel, die mit der Hau-ruck-Methode ein für uns unvorstellbares technisches Wissen und Können übertünchten. Das Scheitern des japanischen Experiments im Jahr 1978 ist ein Indiz in dieser Richtung...«

Eine Pyramide streikt

Was hatte sich damals, vor jetzt vierzehn Jahren, ereignet? Ein Experiment von Schulwissenschaftlern, das weltweit Beachtung und großen Widerhall hervorrief. Unter der Leitung eines Lehrbeauftragten der Tokioter Universität *Waseda*, Professor *Sakuji Yoshimura*, war man bemüht, ein »Dogma« der ägyptologischen Lehrmeinung zu bestätigen. In Sichtweite der Gizeh-Pyramiden und der recht desolaten Figur *des* rätselhaften Sphinx, jenes weltbekannten Wahrzeichens aus dem Land am Nil, war ein Trupp einheimischer Arbeiter damit beschäftigt, altägyptischen Baustil nachzuahmen.
Das Objekt ihrer Anstrengungen besaß allerdings im Vergleich zu den monumentalen Vorbildern ägyptischer Vorzeit nur bescheidene Ausmaße. Projektiert war eine Pyramide von zwölf Metern Höhe, sozusagen eine »Mini-Kopie«.
Während die einen buddelten, flitzten zwischen den Arbeitern einige Herren umher, die sich nicht nur in der Sprachmelodie, sondern auch visuell von den schwitzenden Ägyptern unterschieden. Kein Wunder: handelte es sich doch um fernöstliche Archäologen und Ingenieure, allesamt Gefolgsleute des Herrn Professors.

viele kulturhistorische Stätten in Ägypten und anderswo, war im Verlauf der Jahrhunderte auch die sogenannte »Große« Pyramide, als das zweifellos am aufwendigsten gestaltete Monument einstiger pharaonischer Größe, Zielobjekt zahlreicher räuberischer Übergriffe. Den Pyramidenschändern gelüstete es in erster Linie nach dem *Gold*, das zur Zierde des Bauwerkes in besonders reichem Ausmaß verwendet worden war: in Form von hieroglyphischen Zeichen, die man in die weißen Granitplatten geritzt hatte, die die rund 2,3 Millionen Steinblöcke von unten bis hinauf zur Pyramidenspitze verkleideten. Dieses Gold wurde gierig herausgekratzt und auf diese Weise zweckentfremdet.
Besondere Aufmerksamkeit jedoch erweckte seinerzeit jenes göttliche Symbol, das ursprünglich die Spitze der Cheopspyramide zierte und von besonderer Bedeutung war: eine *goldene Kugel.* Sie besaß einen Durchmesser von mehreren Metern und diente den Priestern als *Blitzableiter!*
Derartige Anlagen schützten auch andere Tempel.
Leider fiel das goldene Wahrzeichen der Raubgier von Pyramidenschändern zum Opfer. Um nämlich an den Goldstaub in den Granitinschriften zu gelangen, schlugen die Räuber nach und nach sämtliche Granitplatten in Trümmer. Was übrigblieb, war die »nackte« Kultstätte einer Zeit, die noch heute vom Schleier des Geheimnisvollen umgeben ist. Trotz eines geradezu rücksichtslosen Zerstörungswerkes ist die Große Pyramide das geblieben, was sie von Anbeginn an gewesen ist: ein Bauwerk von imponierender Majestät.
Was wissen wir über dieses Bauwerk, das zu den sieben Weltwundern gezählt wird? Leider nur das, was uns der griechische Philosoph und Historiker *Herodot* überliefert hat. Er weilte um 440 v. Chr. im Land der Pharaonen und schrieb nieder, was er von den ägyptischen Priestern erfuhr. Offen jedoch bleibt, ob man Herodot damals die volle Wahrheit über alles Wissenswerte aus diesem Land erzählt hat.
Hier müssen Zweifel angemeldet werden. Wie uns bekannt ist, waren Priester im Besitz geheimer Kenntnisse, die eifersüchtig gehütet wurden.

Aber auch das Wissen um die *wirklichen* Erbauer der drei Gizeh-Kultstätten liegt im dunkeln. Die Schulwissenschaft hat sich pflichtschuldig auf drei Pharaonen geeinigt: *Cheops (Chufu), Chephren* und *Mykerinos.* Im »Fall Cheops« berufen sich die Ägyptologen vor allem auf Herodot. Sein Bericht behauptet, daß Cheops sein Volk vierzig Jahre lang beherrscht und versklavt haben soll. Er habe seine Untertanen gezwungen, ihm zur Ehre eine pompöse Grabstätte auf dem Gelände von Gizeh, nahe dem Nil, zu errichten. Andere Chronisten schreiben Cheops/Chufu hingegen nur 23 Regierungsjahre zu. Wer hat da Unsinn überliefert?
Obwohl der Pharao Cheops bevorzugt als Baumeister der Großen Pyramide angesehen wird, hat uns dieser Herrscher nichts hinterlassen, was als Leistungsnachweis seiner Regentschaft angesehen werden kann. Auch über seinen Sohn Chephren ist nichts Produktives zu erfahren. Er blieb der Nachwelt epochale Werke ebenso schuldig wie Mykerinos, dem das kleinste der drei Gizeh-Bauwerke zugeschrieben wird. Auch wenn man in »seiner« Pyramide den Sarkophag dieses Pharao gefunden hat – ein Beweis dafür, daß der Regent das Monument tatsächlich bauen ließ und nicht nur (wie es seine beiden Vorgänger getan hatten) einfach »beschlagnahmt« hat, steht noch aus. Wahrscheinlicher ist es, daß jene drei Hauptpyramiden lange vor Herrschaftsantritt von Cheops/Chephren und Mykerinos entstanden sind.
Nicht wenige esoterische Zirkel halten deren Räumlichkeiten hartnäckig für religiöse Kultstätten. Einer ihrer bekanntesten Vertreter, der Schriftsteller *Paul Brunton*, berichtet in einem seiner Bücher über seine nächtlichen, mystischen Erlebnisse, die ihm in der Cheopspyramide widerfahren sein sollen. Sein alleiniger Aufenthalt in der Königskammer nahm ihn nervlich sehr in Anspruch, denn ihn kontaktierten während dieser Stunden angeblich die Geister verstorbener Hoherpriester sowie sonstiger nächtlicher Spuk (*Geheimnisvolles Ägypten*, Zürich/Stuttgart 1966). Egal, ob man Bruntons Behauptungen akzeptiert oder nicht – wofür jene Kammern und Gewölbe einst wirklich gedient haben, entzieht sich unserer

Kenntnis. Besaßen sie, wie auch die Cheopspyramide selbst, irgendwelche besondere Bedeutung?

Dem Rätsel auf der Spur

Ein japanisch-französisches Forscherteam, das sich aus Physikern und Ingenieuren zusammensetzte, entdeckte jetzt in der Großen Pyramide tatsächlich unbekannte Hohlräume sowie unterirdische Säle. Die Wissenschaftler-Crew, angeführt von dem uns bereits bekannten Lehrbeauftragten der Tokioter *Waseda*-Universität, Professor *Sakuji Yoshimura*, bediente sich bei ihrer Suche modernster Computer, wobei zusätzlich hochempfindliche Radarpeilungen vorgenommen wurden.

Mit der Hilfe von flexiblen elektronischen Geräten gelang es den Forschern, außerhalb der Pyramide – und zwar unterhalb des *Sphinx* – einen riesigen, bislang noch unbekannten Hohlraum auszuloten. Man entdeckte, daß von dieser Kammer ein unterirdischer Gang direkt zum pharaonischen Heiligtum führt.

Weitere verborgene Räumlichkeiten wurden in der Umgebung der sogenannten »Königinnen«-Grabkammer festgestellt. Eines der Gewölbe verläuft westlich davon.

Überraschende und von den Wissenschaftlern nicht erwartete Hinweise, die auf Verbindungen zu unbekannten Gewölben schließen lassen, entdeckte man nahe den »Druckentlastungskammern« in der Pyramide, die sich oberhalb des als »Königsgrab« bezeichneten Raumes befinden. Da die Spalten in Ost-West-Richtung verlaufen, wird von den Ägyptologen ein weiterer leerer Raum für möglich gehalten, der sich, ihrer Vermutung nach, östlich jener Kammer befinden müßte.

Auch hinter den Wänden des Königinnen-Ganges konnten mehrere Hohlräume festgestellt werden. Ihre Größe vermochte man jedoch vorderhand nicht abzuschätzen. Sicher ist nur, daß es dort einen mit Sand gefüllten Raum geben

muß, der mehrere unbekannte Gegenstände enthält und in die unteren Regionen der Pyramide weiterführt. Der Sand selbst, den man mittels präziser Bohrungen bergen konnte und im Labor untersuchte, stammt einwandfrei aus einer Epoche vor der Eiszeit. Er weist einen hohen Schwermetallgehalt auf. Seltsamerweise wurde dieser Sand nicht in unmittelbarer Umgebung, sondern sechs Kilometer südlich der Pyramide gefunden. Laut *Waseda-Bericht* hat es den Anschein, als sei der Sand *gesiebt* worden.
Auch der Kalkstein, der seinerzeit für die Auskleidung des Hohlraumes herangezogen worden ist, konnte von der japanisch-französischen Archäologengruppe nirgendwo innerhalb, sondern stets nur außerhalb der Pyramide festgestellt werden. Einige der von den Forschern jetzt erst entdeckten Räumlichkeiten sind so groß, daß man ihre Maße noch nicht feststellen konnte, weil die Tiefe des Bodens bislang unbekannt geblieben ist.

Wann entstand die Pyramide?

Verschiedene Forscher mit viel Phantasie behaupten, die Kulturbringer im alten Ägypten seien nichtirdische Intelligenzen gewesen. Der Bau der Großen Pyramide soll unter ihrer Anleitung erfolgt sein.
Beweise hierfür gibt es kaum, aber es steht dafür, die Sagen und Legenden des Alten Reiches aufmerksamer zu studieren, als das bisher geschehen ist. Da gibt es beispielsweise einen mythologischen Bericht, der von »großen weißen Vögeln« erzählt, die angeblich vom Himmel kamen, um den König sowie bestimmte auserwählte Männer (vermutlich Hohepriester) zu sich in den Kosmos mitzunehmen. Sollte in derartigen Legenden der *Ursprung* der ägyptischen Sonnenreligion, das Erscheinen des »Sonnengottes« *Rê*, zu suchen sein? Jedenfalls finden wir in der *Bodleian Library* von Oxford, England, ein Manuskript des Kopten *Ma'sudi*. Koptisch war damals nur einer Gruppe eingeborener Christen geläufig, die

sich der Bekehrung zum Islam widersetzte. Abu'l Hassan Ma'sudi behauptete, sowohl die Cheops- als auch die Chephrenpyramide seien bereits *dreihundert Jahre* »vor der großen Flut« (jener Katastrophe, der Atlantis zum Opfer gefallen ist) gebaut worden – exakt 3537 vor Christus. Bauherr der Großen Pyramide soll der vorsintflutliche König *Surid* (oder *Saurid*) gewesen sein, wie der arabische Historiker *Ibrahim ben Ibn Wasuff Schah* überliefert hat. Surid soll geträumt haben, ein riesiger Planet würde in dem Augenblick auf die Erde stürzen, »da das Herz des Löwen die erste Minute des Hauptes des Krebses erreicht«. Dieser Alptraum veranlaßte den Herrscher, das älteste der Sieben Weltwunder zu errichten und darin alles Wissen seiner Zeit zu verbergen. Surid wird als ein weiser und gütiger König geschildert. Er soll nach einer anderen Legendenversion die Anweisungen zum Bau der Pyramide von den »Göttern« erhalten haben.

Ob diese Sage wahr ist, läßt sich nicht mit Bestimmtheit sagen. Es ist auch nicht die einzige Erzählung, die überliefert ist. So wird von dem arabischen Historiker *Abu Zeyd el Balkhy* eine andere Inschrift zitiert, wonach die Cheopspyramide zu jener Zeit errichtet worden sei, als sich das Sternbild der Leier im Tierkreiszeichen des *Krebses* befand. Deutungen besagen, daß damit ein Zeitpunkt gemeint war, der »zweimal 36000 Sonnenjahre vor der Hedschra« umfaßt habe. Angespielt wird auf die Flucht des Propheten *Mohammed* nach Medina 622 n. Chr. Zweimal 36000 ergibt 72000. Nach dieser (hypothetischen) Rechnung würde das bedeuten: Die Große Pyramide entstand bereits vor mehr als 70000 Jahren...

Es gibt selbstverständlich noch mehr unterschiedliche Angaben über das Entstehen der Pyramiden und die Identität ihrer angeblichen Erbauer. Von dem berühmten arabischen Forschungsreisenden *Ibn Battuta* (er lebte im 14. Jahrhundert) erfahren wir, daß *Hermes Trismegistos* an der Wiege der imposanten Bauwerke gestanden haben soll. Auch ihm wird nachgesagt, daß seine Planung hierfür gereift sei, als die Sternkonstellation von einer baldigen Katastrophe in Form einer *Sintflut* kündete.

Um Hermes Trismegistos ranken sich zahlreiche Legenden. Er wurde ein mythologischer Begriff und auch unter anderen Namen populär. Eigentlich begann sein Ruhm in Ägypten, wo man ihn unter dem Namen *Thot* (ägypt. »Dehuti«) kennt. Anderen Überlieferungen zufolge, begegnet er uns auch in der Bibel – im Alten Testament und dessen Apokryphen – wieder: dort aber unter dem Namen *Henoch*. Nach Ibn Battutas Aufzeichnungen soll Thot/Hermes/Henoch gerade noch rechtzeitig sämtliche »Bücher der Wissenschaft und der Erkenntnis« in den Pyramiden verwahrt haben, ehe sie durch die Wassermassen vernichtet werden konnten. So sei es ihm gelungen, wertvolles Wissensgut vor der Vergessenheit und völligem Untergang zu retten. Dennoch wird insgeheim bezweifelt, ob die Große Pyramide einstmals tatsächlich von einem Pharao errichtet worden ist.

II
Chephrens Geheimnis

Ende der sechziger Jahre entwickelte der prominente amerikanische Physiker und spätere Nobelpreisträger *Dr. Luis Alvarez* ein Gerät, welches ihm ermöglichte, *kosmische Strahlen* computermäßig zu registrieren und damit, wie bei einem Röntgenapparat, beliebige Gegenstände genau zu durchleuchten. Die Idee zu dieser wissenschaftlichen Pioniertat war dem Amerikaner durch einen Freund, den Astronomieprofessor *William Kingsland*, eingegeben worden. Dieser nämlich hatte leidenschaftlich dafür plädiert, innerhalb der *Königskammer* in der *Cheops*pyramide Radiowellen in einer Länge von fünf Metern auszusenden. Der Gelehrte behauptete zudem, er sei davon überzeugt, daß man dadurch zum ersten Mal auch *außerhalb* der Großen Pyramide feststellen könnte, ob es in ihrem Innern noch irgendwelche, bislang unentdeckt gebliebene, Kammern oder Hohlräume gäbe.
Dr. Alvarez war vom Vorschlag seines Freundes angetan. Unverzüglich begann er, über ein derartiges Projekt nachzudenken. Es folgten erste Experimente, und schließlich – als das Ergebnis längerer Forschung – ein Gerät, das sein Konstrukteur »Funkenkammer« nannte. Professor Kingsland war davon nicht weniger begeistert. Was Alvarez da entwickelt hatte, entsprach seinen Vorstellungen.
Der nächste Schritt des US-Physikers war, seine »Funkenkammer« an Ort und Stelle zu erproben. Auch ihn hatte nunmehr die Entdeckerlust erfaßt, und so reiste Dr. Alvarez mit einigen wissenschaftlichen Helfern nach Ägypten. Dort faßte man, nach einem vorangegangenen Studium des Geländes, den Entschluß, die »Funkenkammer« nicht in der Cheops-, sondern in der *Chephrenpyramide* einzusetzen. Dort wollte man hoffnungsfroh auf die Fährte von möglicherweise noch unbekannten Gewölben gehen.

Was ist uns über diesen Chephren geläufig? Historiker halten ihn für einen der Söhne des Pharao Cheops. Chephren soll um das Jahr 2520 v. Chr. gelebt haben und vierter König der 4. Dynastie gewesen sein. Während seiner Ära erreichte angeblich der Kult um den »Sonnengott« *Rê* einen Höhepunkt. Herodot wußte über Chephren nichts Gutes zu berichten. Er bezeichnete ihn als verabscheuungswürdigen Tyrannen; doch ob dies auch tatsächlich zutraf, läßt sich aus heutiger Sicht nicht mehr schlüssig feststellen.

Bestätigen jedoch läßt sich, daß Chephren dem amerikanischen Forscherteam um Dr. Luis Alvarez noch Jahrtausende nach seinem Ableben große Schwierigkeiten bereitete.

Der Professor hatte seinen Versuch 1967 eingeleitet. Nicht weniger als zwölf amerikanische sowie ägyptische Institutionen beteiligten sich finanziell an dem aufwendigen Unternehmen. Mit dabei waren damals beispielsweise die *US-Atomenergiebehörde*, das weltberühmte *Smithsonian Institute* aus Washington, die *Altertümerverwaltung* der Vereinigten Arabischen Republik sowie die Naturwissenschaftliche Fakultät der *Ein-Shams-Universität* in Kairo.

Alvarez ging davon aus, daß kosmische Strahlen mit ihren Teilchen unsere Erde rund um die Uhr »bombardieren«. Dabei aber, beim Durchdringen eines Festkörpers, eines Teils ihrer Energie verlustig gingen. Wobei das Ausmaß mit dessen Dichte und Stärke in ursächlichen Zusammenhang zu bringen war. Des Physikers Hoffnungen beruhten nunmehr auf dem Wirkungsgrad der Apparatur. Er wollte die »Funkenkammer« in einem der zahlreichen Gewölbe der Chephrenanlage deponieren und vertraute darauf, daß sie die das Bauwerk durchströmenden kosmischen Strahlen gleich einem Meßgerät präzise anzeigen und dadurch etwaige Hohlräume erstmals sichtbar machen würde. Dies nicht zuletzt deshalb, weil die kosmischen Teilchen, welche ihren Weg durch bislang nicht bekannte Kammern finden sollten, die »Funkenkammer« natürlich *häufiger* erreichen mußten als jene, die kompaktes Felsgestein oder Mauerwerk zu durchdringen hatten.

Die sich daraus ergebende unterschiedliche Strahlungsintensität würde sich via Computer dokumentieren und den Forschern das Vorhandensein geheimer Kammern und Gänge im Chephrenheiligtum anzeigen.
Als ernsthafter Wissenschaftler gedachte auch Professor Dr. Alvarez nichts dem Zufall zu überlassen. Deshalb sollte jedes Strahlenteilchen elektronisch sichtbar gemacht und auf einem Magnetband gespeichert werden. Danach wollte man die Bänder zur Auswertung einem Hochleistungscomputer in Kairo eingeben.
Um ganz sicher zu gehen, sah das Pyramidenexperiment schließlich vor, die »Funkenkammer« *mehrfach zu verlegen*, so daß etwaige neue Hohlräume exakt bestätigt werden konnten.
Ohne nennenswerte Schäden an dem Pyramidengemäuer zu verursachen, hatte Alvarez vor, einen engen Stollen jeweils in die Richtung bohren zu lassen, die ihm der »Röntgenschirm« seines Gerätes anzeigen würde. Zusätzlich standen der Crew moderne optische Geräte zur Verfügung. Es konnte also eigentlich nichts schiefgehen.
Tatsächlich erwies sich Alvarez' Spürgerät als ausgezeichnetes Instrument. Es machte die kosmischen Strahlen – sogenannte *Myonen* – für das Auge sichtbar, wobei sich ihre Existenz in Gestalt einer orangefarbenen Feuerspur offenbarte.
Der US-Physiker installierte seine »Funkenkammer« zunächst in einer zentralen Kammer der Pyramide – einem unterirdischen Gewölbe, das der Italiener *Giovanni Belzoni* 1818 entdeckt hatte und das erst unmittelbar vor dem Eintreffen des amerikanisch-ägyptischen Forscherteams vom Schutt befreit worden war. Danach leistete man sich auch noch den Luxus, um keine Verzögerungen des Experiments hervorzurufen, mehrere Kammern und Gänge im Chephrenbauwerk mit elektrischem Licht auszustatten, wobei man den Strom aus dem nahe gelegenen *Mena*-Haus in die Pyramide hinüberleitete. Alles schien zu funktionieren. Bis September 1968 gelang es, die Bahnen von zwei Millionen kosmischer Strahlen zu messen. Die Entdeckung bislang versteckter

Räumlichkeiten war für Alvarez und seine Mitarbeiter nur noch eine Zeitfrage. Als die Magnetbänder zum ersten Mal im Rechenzentrum in Kairo analysiert werden konnten, rechneten alle Beteiligten mit einem hervorragenden Ergebnis. Die Bänder zeigten deutlich Details aus dem Innern der Pyramide – Ecken und Flächen; so wie sie von der Funkenkammer registriert worden waren.
Doch dann ereigneten sich rätselhafte Dinge, und die wissenschaftliche Welt geriet aus den Fugen...

Eine unbekannte Kraft?

Daß die Geschehnisse überhaupt publik gemacht wurden, war einem britischen Journalisten zu verdanken – dem Korrespondenten der Londoner *Times* in Ägypten, *John Tunstall.* Allerdings war der spätere Pressewirbel nicht beabsichtigt gewesen, und Tunstall war arglos im Auftrag seiner Zeitung nach Kairo geflogen, um dort Details über das scheinbar erfolgreiche Alvarez-Experiment zu erfahren. Der amerikanische Nobelpreisträger war inzwischen in die Vereinigten Staaten zurückgekehrt, mit ihm auch sein engster Mitarbeiter und Assistent Dr. *Lauren Yazolino.* Dieser plante, in den USA die Bänder mit Hilfe des modernsten Elektronenrechners noch einmal genau zu analysieren. Den Grund hierfür kannten nur Alvarez' Leute.
In Kairo kam es währenddessen zu einem Treffen zwischen John Tunstall und einem Bevollmächtigten der Ein-Shams-Universität – Dr. *Amr Goneid.* Ihm war in Abwesenheit der Amerikaner das Pyramidenprojekt anvertraut worden.
Goneid empfing seinen britischen Gast vor einem modernen 1130-IBM-Computer. Um das Gerät herum waren Hunderte von Kassetten mit Magnetbändern aufgestapelt worden. Tunstall selbst erwartete nichts weniger als einen sachlichen Bericht über den Fortgang des wissenschaftlichen Versuchsprogramms – und sah sich unvermittelt mit einer geradezu sensationellen Aussage des Ägypters konfrontiert.

»Was hier geschehen ist, widerspricht allen bekannten Gesetzen der Physik!«
Die Spürnase des gewievten Journalisten begann zu vibrieren. Er wollte von Dr. Goneid Einzelheiten erfahren – und dem Ägypter war offensichtlich danach zumute, sich seinen Frust von der Seele zu reden. Immer dann, wenn er die Magnetbänder durch den Computer habe laufen lassen, klagte er, sei ein jeweils *anderes* Muster von Hohlräumen der Pyramide sichtbar geworden. Andere wesentliche Merkmale hingegen, solche nämlich, die sich eigentlich auf dem Magnetband hätten wiederholen müssen, wären verschwunden gewesen. Was bedeutete, daß sämtliche zuvor gemachten Aufnahmen, von denen sich Alvarez und seine Mitarbeiter zielführende Details erwartet hatten, zu einem Tohuwabohu sinnloser Zeichen bar jeder Struktur ausgeartet waren.
»Hier muß eine unbekannte Kraft wirksam geworden sein, die jede menschliche Vorstellungskraft übersteigt«, zeigte sich Dr. Goneid ratlos. Sämtliche Geräte des Instituts seien beeinträchtigt worden. »Entweder weicht die Geometrie der Pyramide von allen uns bekannten Gesetzen ab und führt dadurch bei den Messungen zu verwirrenden Resultaten, oder aber wir stehen vor einem unerklärlichen Rätsel. Man mag es nennen wie man will: Okkultismus, Fluch der Pharaonen, Zauberei oder Magie – jedenfalls ist in der Pyramide eine Kraft am Werk, die allen Naturgesetzen zu trotzen scheint.«
Das war nun allerdings starker Tobak für die Öffentlichkeit, denn John Tunstall hatte sämtliche Aussagen des ägyptischen Wissenschaftlers ungekürzt in seiner Zeitung wiedergegeben. Und wie zu erwarten war, gab es auch postwendend akademischen Widerspruch. Man war von zuständiger Seite nicht bereit, Dr. Goneids Ansicht zu akzeptieren. Schließlich standen nicht nur wissenschaftliche und wirtschaftliche Interessen auf dem Spiel. Es ging vor allem um das Ansehen von Dr. Alvarez und seinen Mitarbeitern. Der amerikanische Nobelpreisträger beeilte sich deshalb, die Veröffentlichung des britischen Journalisten zu dementieren und die Aussage seines ägyptischen Partners in Frage zu stellen. In Wahrheit hätten

sämtliche Geräte ausgezeichnet funktioniert, hieß es in einer Gegendarstellung, und in jenem Bereich der Chephrenpyramide, der von der Funkenkammer abgetastet worden wäre, habe man keinerlei Anzeichen für noch unentdeckte Gänge oder Kammern vorgefunden.

Auch Dr. Yazolino, Professor Alvarez' Assistent, meldete sich zu Wort und verriet neugierigen Journalisten seine eigene Deutung des Falles. Die in gewisser Weise unbefriedigenden Meßwerte des Spürgerätes hätten sich lediglich dann ergeben, wenn das *Neon* in der »Funkenkammer« verbraucht gewesen sei. Bei den auf dem Bildschirm sichtbar gewordenen »dunklen Flecken« habe es sich keineswegs um bislang unbekannte Hohlräume gehandelt, vielmehr seien die Flecken durch den manchmal bedauerlichen Ausfall des Gerätes verursacht worden.

Danach aber erfolgte der wohl klügste Schachzug von Dr. Alvarez. Der sichtlich nervös gewordene Physiker ließ es sich nicht nehmen, seinen ägyptischen Kollegen Dr. Goneid zur Mitarbeit an sein Laboratorium nach Berkeley einzuladen. Argwöhnisch gewordene Presseleute ließ er wissen, daß das Gastrecht für den nahöstlichen Wissenschaftler ein Jahr währen würde. Die ihm unangenehme Aussage Goneids wischte Alvarez vom Tisch, indem er die Angelegenheit bewußt verharmloste: »Wenn ich Dr. Goneid auch nur einen Augenblick den Unsinn zugetraut hätte, der ihm zugeschrieben wird«, schob er alle Schuld auf den »Times«-Korrespondenten Tunstall, »dann hätte ich ihn doch niemals aufgefordert, in meiner Forschungsgruppe mitzuarbeiten«.

Dr. Goneid tat das klügste, was er tun konnte konnte: Er schwieg. Offensichtlich war ihm klar geworden, daß nicht sein konnte, was nicht sein durfte...

Napoleons Entdeckungen

Als *Napoleon Bonaparte I.* im Jahre 1798 seinen Feldzug gegen die Kronkolonie Ägypten einleitete, um die britische Kolonialmacht aus dem Land zu treiben, ahnte er nicht, welch wundersame »Früchte« ihm in den Schoß fallen würden. Es waren zwar nicht die Früchte eines erfolgreichen Waffenganges, deren er sich später rühmen durfte – aber dennoch verdankt ihm die Welt unsterbliche Entdeckungen, die imstande waren, diesem Hort einer großartigen Kultur ein völlig neues Gepräge zu geben.

Napoleon war von einem ausgewählten Stab von Fachleuten nach Ägypten begleitet worden, deren Auftrag sich zunächst darin erschöpfte, die Architektur dieses Landes zu studieren und dessen unnachahmliche Bauwerke zu vermessen.

Bonaparte selbst war in erster Linie bestrebt, die britischen Streitkräfte zu besiegen, mußte aber gegen Ende seines Feldzuges erkennen, daß die gegnerische Armee seinen Franzosen zu sehr überlegen war. Er begann sich mit einem ehrenvollen Rückzug anzufreunden.

Im Sommer 1799 zogen seine Truppen an der Nordküste Ägyptens eine Verteidigungslinie – und im August gelang der erste große Erfolg. Jedoch nicht auf dem Schlachtfeld, wie es sich der französische Feldherr erträumt hatte, sondern einige Meilen vor der Stadt *Rosette* im Delta. Beim Ausheben von Stellungen, stießen die Soldaten auf einen großen Block aus *Basalt*, welcher über und über mit Schriftzeichen bedeckt war. Er erhielt seinen Namen nach dem Fundort: *Rosetten*-Stein.

Daß man bei diesem Artefakt auf einen wichtigen Fund gestoßen war, wurde von den Ägyptologen schnell erkannt. Die obere der insgesamt *drei* Schriftgruppen war *Hieroglyphisch* verfaßt worden, die mittlere *Demotisch*, während die unterste Reihe aus griechischen Buchstaben bestand (Demotisch stellt eine Spätform der ägyptischen Hieroglyphen dar. D. V.).

Für die französischen Fachleute aber wohl am erfreulichsten

war der Umstand, daß sämtliche drei Schriftarten *denselben Text* wiedergaben. Er berichtete von einem Beschluß der Priesterschaft von Memphis, für jene Geschenke zu danken, die der Pharao *Ptolemaios V.* ihrem Tempel gemacht hatte. Die auf dem Rosettenstein überlieferte (gekonnte) Übersetzung ägyptischer Texte ins Griechische ersparte den französischen Forschern viel Arbeit. Es war nun nicht mehr notwendig, erst mühevoll nach dem Übersetzungsschlüssel suchen zu müssen, um den Sinn der Hieroglyphen zu verstehen. Vielmehr wurde nun der »Stein von Rosette« zu einer Art Wörterbuch, das den Ägyptologen den Umgang mit den altägyptischen Schriftzeichen ungemein erleichterte. Erst die Runen in den Krypten von Dendera (die sich allein schon im Alter von jenen viel später entstandenen auf dem dreisprachigen Basaltstein unterschieden) setzten völlig neue Maßstäbe.
Nach seiner Auffindung wurde der Fund nach Kairo gebracht, wo Napoleon ein Institut zum Studium der ägyptischen Kultur eingerichtet hatte. Drei Kopien des Rosettensteins wanderten nach Paris; das Original hingegen erhielt General *de Menou* in Alexandria zur Aufbewahrung. 1801 folgte das schmerzliche Ende: Nach der französischen Niederlage gegen die Engländer kamen sämtliche Altertümer Ägyptens, die das Expeditionsheer der Franzosen zusammengetragen hatte, in britischen Besitz. Seither befindet sich der archäologisch so wertvolle »Stein von Rosette« im Eigentum des *Britischen Museums* London.
Es blieb dem französischen Ägyptologen *Auguste Mariette* vorbehalten, Mitte des 19. Jahrhunderts in den Katakomben von *Dendera* (eines der Göttin *Hathor* geweihten Tempels, 60 km nördlich des Touristenzentrums *Luxor*) auf bislang völlig unbekannte Reliefabbildungen zu stoßen. Sie enthielten außerdem eine Hieroglyphenschrift, die nur wenig mit den bekannten Runen auf dem Rosettenstein gemein hatte. Hieroglyphen aus einer älteren Epoche Altägyptens, die noch nicht genau datiert werden konnte, mit deren Entschlüsselung nunmehr begonnen wurde.
Als die Beamten Napoleons I. im Verlauf des französischen

Kriegszuges Ägypten systematisch zu vermessen begannen, wurde die *Große Pyramide von Gizeh* als Ausgangspunkt für eine entsprechende trigometrische Netzlegung bestimmt. Daraus ergaben sich bemerkenswerte mathematische Erkenntnisse:

- Verlängerte man beispielsweise die durch das Grundquadrat gelegten Diagonalen, dann wurde dadurch das Nildelta exakt umschlossen.
- Jener Meridian, der durch die Pyramidenspitze läuft, teilt das Nildelta in zwei völlig gleiche Hälften. Was kaum als Zufall bezeichnet werden kann.
- Unterzieht man sich der Aufgabe, den Grundflächenkreis durch die doppelte Höhe der Pyramide zu dividieren, dann ergibt sich daraus die Zahl 3,1416 – bekanntermaßen »pi«. Freilich darf bei diesen Rechnereien nicht übersehen werden, daß dafür nicht die jetzige Höhe der Cheopspyramide herangezogen werden darf (137 Meter), sondern die, die ursprünglich gemessen wurde: 149 Meter!
- Der 30. Breitengrad, der genau durch die Mitte der Großen Pyramide verläuft, trennt den größten Teil der Landmassen unserer Erde von dem größten Teil der Weltmeere. Hatten die Konstrukteure der Cheopspyramide einen derartigen Effekt beabsichtigt?
- Teilt man den Pyramidenmeter durch die Zahl 25, dann ergibt dies das *Pyramidenzoll.* Es entspricht mit 2,54 Zentimetern exakt dem *englischen* Zoll.
- Die Maßeinheit, die die Pyramidenplaner ihrem Entwurf zugrunde legten, beträgt den zehnmillionsten Teil der Polarachse unserer Erde. 365,242 dieser Maßeinheiten ergeben ihrerseits den Umfang der Pyramidengrundfläche. Die Zahl entspricht wiederum der Anzahl der Tage des *tropischen Sonnenjahres.*
- Mit Hilfe der Cheopspyramide berechnet sich sogar die Entfernung der Erde von der *Sonne.* Dazu genügt es, die (ursprüngliche) Pyramidenhöhe von 149 Metern mit *einer Milliarde* zu multiplizieren.

Pyramiden aus Kunststein?

Eine gewagte, nichtsdestoweniger interessante Hypothese vertritt der an der Barry-University in Florida (USA) tätige Archäologe Professor *Joseph Davidovits:* Er behauptet, durch eigene Forschungen herausgefunden zu haben, daß die Pyramiden auf dem Gelände von Gizeh nicht aus Natursteinblöcken (wie bisher angenommen wird), sondern aus betonähnlichem *Kunststein* erbaut worden sind.
Davidovits teilt absolut nicht die von den meisten Ägyptologen vertretene Ansicht, daß die Steine zur Errichtung der pharaonischen Begräbnisstätten von Sklaven herbeigeschafft werden mußten. Vielmehr vermeint der Gelehrte aus altägyptischen Schriften herausgelesen zu haben, daß der Pharao *Djoser* (den man allgemein für den Auftraggeber der ersten ägyptischen Pyramide hält) seinerzeit bestimmte Anweisungen »von einem Gott« erhalten habe. Dem ägyptischen Herrscher wurde damals angeblich aufgetragen, Baumaterialien aus in der Nähe vorhandenen Gesteinsarten zu zerstoßen und zu mischen. Woraus dann der von Professor Davidovits behauptete Kunststein für den Pyramidenbau entstanden sein soll.
Die Sache wäre eine Untersuchung wert.

Wächter der Pyramiden

Jeder Reisende, der in Ägypten die riesige Fläche des Pyramidenstandortes in *Gizeh* betritt, wird zuallererst eines Kunstwerkes ansichtig, das wie eine steinerne Warnung alle pharaonischen Bauwerke dahinter zu bewachen scheint:
Der Sphinx.
Ein gewaltiger liegender Löwe mit dem Kopf eines Mannes. Ein Zwitterwesen unbestimmter Herkunft. Daß wir von Anfang an hartnäckig über *den* (und nicht über »die«) Sphinx geschrieben haben, ist kein Irrtum. Bei dem altägyptischen Wahrzeichen (dem »Vater des Schreckens«, wie es früher ge-

nannt wurde) handelt es sich tatsächlich um eine *maskuline* Darstellung. Die Steinfigur mit dem Löwenleib und dem Kopf eines Mannes wird der 4. Dynastie (2590–2470 v. Chr.) zugeschrieben. Der Pharao *Chephren* soll sie errichtet haben. Aber das Alter des Sphinx scheint zweifelhaft. Ein US-Archäologenteam unter der Leitung des Geologen *Robert M. Schoch* von der Universität Boston stellte Erosionsschäden in den Sphinx-Felsen fest, die durch eine langanhaltende Regenperiode entstanden sind. Nun gab es aber während der 4. Dynastie nachweislich keine derartigen Unwetter, und auch im Baumaterial der Chephrenpyramide konnten keine Risse im Gestein entdeckt werden, die auf ähnliche Ursachen zurückgeführt werden können. Somit kann Chephren keinesfalls der Erbauer des Sphinx gewesen sein. Das rätselhafte Zwitterwesen muß vielmehr um 2500, wahrscheinlich sogar um 4000 Jahre zurückdatiert werden – entstand also bereits vor ungefähr 9000 Jahren.

»*Wir wissen nicht, wer den Sphinx gemacht hat*«, erklärte hierzu der Ägyptologe *John A. West* beim Jahrestreffen der Geologischen Gesellschaft Amerikas in San Diego (Kalifornien). »*Wenn wir aber nachweisen können, daß es so viel früher eine Kultur gegeben hat, die so etwas schaffen konnte, wäre das für die Geschichtsschreibung das, was Einsteins Relativitätstheorie für die bis dahin geltende Physik war.*«

III
Jahrtausende vor Edison

Im Herbst des Jahres 1978 gab es Schlagzeilen in der internationalen Presse. Deutschen Wissenschaftlern in Hildesheim war im Rahmen einer mesopotamischen Ausstellung der Nachweis gelungen, wonach das wilde Reitervolk der Parther bereits Kenntnis von der Elektrizität gehabt hatte. Und das vor mehr als zweitausend Jahren.
Dieser Nachweis erfolgte bei einem Experiment mit einem vasenartigen Gefäß aus Ton von 14 Zentimetern Höhe, einem aus Kupferblech verfertigten Zylinderrohr mit einem Durchmesser von 2,6 Zentimetern und 9,8 Zentimetern Länge, das an seiner Öffnung mit Erdpech festgeklebt war und in dessen Kupferhülse sich ein vollständig korrodiertes Eisenstäbchen befand, das dort mit einem Asphalt-Stopfen befestigt worden war. Nach der Zugabe von fünfprozentigem Weinessig gab das Gerät Strom von einem halben Volt Spannung ab.
Das überraschende Ergebnis zerstörte mit einem Schlag die vordem angenommene Pioniertat des italienischen Anatomen *Luigi Galvani*, dem bislang das Aufspüren von Elektrizität und deren praktische Erprobung zugeschrieben worden war. Aus unserer Schulzeit wissen wir von seinen Versuchen, mit Entladungen von Metallplatten abgetrennte Froschschenkel zum Zucken zu bringen, was vor etwa zweihundert Jahren erfolgreich verlief. Aber schon vor Galvani hatten die alten Griechen in der Antike herausgefunden, daß *Bernstein*, damals »elektron« genannt, durch heftiges Reiben Anziehungskraft gewann, wobei man im Dunkeln knisternde Funken überspringen sehen konnte. In jener Zeit wurde dieses Symptom »magischen Ursachen« zugeschrieben.
Was aber hatte ausgerechnet die Parther befähigt, Elektrizität zu begreifen und ihre Vorteile praktisch anzuwenden? War

man doch zunächst der Ansicht gewesen, daß diese wilde Horde nichts anderes im Sinne hatte, als andere Länder unter ihre Herrschaft zu zwingen – was während eines Zeitraumes von 250 *vor* bis 226 *nach* Christi Geburt in ausreichender Weise geschehen war. So ziemlich alle Fremdstaaten zwischen Euphrat und Tigris hat man damals unterworfen. Wie reimten sich derartige Gegensätze zusammen?
Auf der einen Seite kriegslüsterne Eroberer, denen es 53 vor Christus sogar gelungen war, das erfolggewohnte Heer der Römer sowie dessen Feldherrn *Crassus* mit Hilfe einer geschickt operierenden gepanzerten Reiterei bei *Carrhae* vernichtend aufs Haupt zu schlagen; die fast sämtliche Routen der Seidenstraße unter Kontrolle hatten, was ihnen zu Einfluß und Reichtum verhalf; und die es in der Folge verstanden haben, nach ihrem Vorstoß aus den nördlichen Steppen zum Kaspischen Meer und ihrem Eindringen in den irakisch-iranischen Raum, eines der beständigsten Reiche im alten Orient zu gründen – und andererseits ein erfindungsreiches indoeuropäisches Volk, das zweieinhalb Jahrhunderte vor der Zeitenwende bereits großer kultureller Taten fähig war. Wo andere Völker zum Bau ihrer Tempel und Städte primitiv Lehmziegel schichteten, verwendeten die Parther bereits gehauenen Stein. Dafür legt die alte Partherstadt *Hatra* im nördlichen Irak beredtes Zeugnis ab. In ihrem Zentrum fand man eine mächtige Tempelanlage mit gewaltigen Tonnengewölben. Auch in der Metallverarbeitung dürften die Parther hervorstechende Qualitäten besessen haben.
Das alles waren Erkenntnisse, die die Historiker und Altertumsforscher – wenn auch erst reichlich spät – veranlaßt haben, die Parther nicht mehr länger abfällig als »hellenisierte Barbaren« zu bezeichnen.
Und doch – das geglückte Experiment von Hildesheim, das im dortigen Roemer-Pelizaeus-Museum durchgeführt worden war und das bewies, daß führende Köpfe des Parthervolkes – die Priestermagier – es offensichtlich hervorragend verstanden hatten, eine elektrische Zelle herzustellen, die sich vorzüglich zum galvanischen Vergolden eignete, bereitete

den damit befaßten Wissenschaftlern des 20. Jahrhunderts gehöriges Kopfzerbrechen. Der nunmehr erkannte Wissensstand aus jener vorchristlichen Zeit widersprach allen herkömmlichen Theorien über den Ablauf der kulturellen Entwicklung des Homo sapiens.
An dem wissenschaftlichen Versuch hatten sich ein Batteriefachmann, ein Elektromechaniker, ein Goldschmied sowie ein Galvaniseur beteiligt. Geleitet wurde er von dem Direktor des Museums, Dr. *Arne Eggebrecht*, dem sein Mitarbeiter und Restaurator *Rolf Schulte* assistierte. Ziel der gemeinsamen Unternehmung war es, die aus Silber nachgebildete Statue eines Königs der Partherstadt Hatra zu *vergolden*. Die zur Stromerzeugung notwendige Säure stellte Rolf Schulte her. Er wählte, was an Saurem auch im Orient der Zeitenwende sicherlich verfügbar war: *frisch gepreßter Traubensaft*.
Das Ergebnis war ermutigend: Kupferzylinder, Eisenstab und Weinsäure erzeugten *Strom*. Die Meßinstrumente registrierten 0,5 Volt Spannung.
Dr. Eggebrecht und sein Mitarbeiter verbanden diese Stromquelle mit einer Galvanisierungswanne. Da hinein legten sie die nur streichholzschachtelgroße Königsstatue aus Silber. Der Prozeß dauerte ungefähr zweieinhalb Stunden – dann nahm man das Figürchen wieder aus der Wanne. Es war ein voller Erfolg: *Die Statue hatte sich vergoldet!*
Nach diesem für viele bei dem Experiment anwesende Wissenschaftler überraschenden Ergebnis war man bemüht, die Frage zu klären, auf welche Weise es den Partherpriestern möglich gewesen war, *Goldzyanit* zu gewinnen. Es handelt sich dabei um das Salz, das zu einer galvanischen Vergoldung unbedingt benötigt wird. Man kam nach engagierter Diskussion zu dem Schluß, wonach Goldzyanit dadurch entstanden sein dürfte, indem man ein Paket aus verschiedenen Lederschichten, zwischen denen man Gold zu hauchdünnem *Blattgold* zusammengeklopft hatte, längere Zeit liegen und sozusagen »vergammeln« ließ. Offenbar hatten die Parther aus dieser Erfahrung Nutzen gezogen. Auch für die Kristallablagerungen, die in dem antiken Tongefäß gefunden wurden,

zeigte man großes Interesse. Ihre Untersuchung dürfte in absehbarer Zeit den endgültigen Nachweis herbeiführen, *welche* Säure vor mehr als zweitausend Jahren bei den Parthern verwendet worden ist.
Erwartungsgemäß konnte es natürlich nicht ausbleiben, daß sich auch Skeptiker zu Wort meldeten. Sie waren bemüht, den als *orientalische Urbatterie* angesehenen Partherfund herunterzuspielen. Er wurde »als eine Mystifikation mystisch-magischer Gerätschaften« bezeichnet, zu der »rationales Denken in streng naturwissenschaftlichen Kategorien« paradoxerweise beigetragen habe.
Ein Ausstellungskatalog ging ebenfalls auf Distanz, nannte das dreiteilige Gefäß (bestehend aus Tonkrug, Dorn und Kupferzylinder) vage »Gerät« und seine Interpretation als Batterie »umstritten«. Hingegen ließ man die unterschiedlichen Deutungen des Artefakts nicht unerwähnt: »*Die einen sehen in ihm eine Vorstufe unserer elektrischen Batterie, die zur Vergoldung von Silbergefäßen gedient haben könnte, andere dagegen halten es für ein Kult- oder Zaubergerät, wobei die eine Verwendungsmöglichkeit die andere nicht ausschließt.*«
Seit 1978 ist die irakische Partherbatterie im Rahmen zahlreicher mesopotamischer Ausstellungen im gesamten deutschsprachigen Raum gezeigt worden. Auch wir hatten Gelegenheit, das außergewöhnliche Gerät in Österreich zu besichtigen. Mit einem gewissen Hochgefühl unsererseits darf hierbei angemerkt werden, daß die Entdeckung und Enträtselung des parthischen Kultgegenstandes einem Landsmann zu verdanken ist, dem als Altertumsforscher sozusagen ein »Jahrhundertfund« gelang.

Vor 56 Jahren...

Wie oft vor einem unerwarteten Ereignis, hatte alles ganz alltäglich begonnen. Im Jahre 1936 war der Sommer im Irak wieder einmal unerträglich heiß gewesen. Durch die tropischen Temperaturen begünstigt, machten sich Moskitoschwärme breit und quälten die Bevölkerung in Dörfern und Städten. Man hatte deshalb Arbeitertrupps beauftragt, Füllmaterial für eines der im Stadtbereich von *Bagdad* befindlichen Wasserlöcher herbeizuschaffen, in welchem eine Brutstätte der krankheitserregenden Stechmücken aufgespürt worden war. Die Männer begaben sich zu diesem Zweck zu einem Hügelgebiet nahe der irakischen Hauptstadt, das dort als *Khujut Rabu'a* bekannt ist.

Während der Aushubarbeiten an einem unscheinbaren Hügel stießen die Arbeiter unvermutet auf Ruinenreste. Unverzüglich wurde das Irakische Museum in Bagdad alarmiert, wo man sofort alle Anstalten traf, der frischen archäologischen Fährte nachzugehen. Eine Gruppe von Archäologen machte sich auf den Weg zu der unerwarteten Fundstätte.

Geleitet wurde das Hals über Kopf gestartete Unternehmen von dem aus *Österreich* stammenden Direktor der Antikenverwaltung in Bagdad – *Wilhelm König*. Es steht dafür, den abwechslungsreichen und abenteuerlichen Weg unseres Landsmannes zu verfolgen.

In Wien geboren und aufgewachsen, hatte König sich zunächst dem Studium der Malerei zugewendet und sich nach dessen Abschluß in diesem Fach auch beruflich betätigt. Der geschulte Blick für das Detail, den König seiner Begabung verdankte, sollte ihm später als Archäologe zugute kommen. Der junge Maler war jedoch nicht nur auf dem künstlerischen Sektor aktiv, er interessierte sich nebenher auch für naturwissenschaftliche sowie technische Belange. Die angeborene Neugier, das Verlangen, sein Wissen zu erweitern, trieb Wilhelm König zu neuen Ufern.

Es war aber doch eher Zufall (wenn man es so nennen möchte), der ihn eines Tages der Archäologie näherbrachte. König war 1930 nach Berlin gereist, um dort die Patentierung einer seiner technischen Erfindungen durchzuboxen. Da erreichte ihn unerwartet das Angebot, an der aufbruchbereiten »Warka«-Expedition deutscher Archäologen teilzunehmen. Reiseziel war der Orient, wo man historische Funde zu ma-

chen hoffte. Königs Wißbegier verdrängte alle Bedenken: Spontan sagte er zu, für ein plötzlich verhindertes Expeditionsmitglied einzuspringen.
Obwohl unerfahren, begann sich das archäologische »Greenhorn« schon bald so gut einzuleben, daß es die uneingeschränkte Sympathie des Expeditionsleiters zu gewinnen vermochte. Als dem im Dezember 1930 von der irakischen Regierung angeboten wurde, den Direktorposten der Antikenverwaltung in Bagdad zu übernehmen, schlug der Deutsche sofort Wilhelm König als seinen Assistenten vor. Die irakischen Gastgeber akzeptierten anstandslos.
Der junge Österreicher wurde für seinen Chef zum unentbehrlichen Mitarbeiter. König empfand seine neue Aufgabe sowohl als ehrenvoll wie auch als interessant. Und weil ihn die überraschende Berufung ausgerechnet im Dezember 1930 erreicht hatte, bedeutete das für den ambitionierten Archäologen ebensoviel wie ein wunderschönes Weihnachtsgeschenk.
Da der Dienstantritt bei der Irakischen Antikenverwaltung erst für den September des Folgejahres festgesetzt war, erhielt so gesehen Wilhelm König willkommende Gelegenheit, sich die ersten acht Monate des Jahres '31 in seiner Heimat Österreich zu erholen und auf die kommenden verantwortungsvollen Aufgaben im Orient vorzubereiten.
Für König begann nun eine schöne und produktive Zeit. Und drei Jahre später war der junge Mann auf dem Höhepunkt seiner beruflichen Laufbahn: Man bestimmte ihn zum Nachfolger seines bisherigen Chefs. Jetzt war Wilhelm König Direktor des Irak-Museums.
Bis 1939 war er in Bagdad tätig, dann kehrte der Österreicher, krankheitsbedingt, in seine Heimat zurück. Dort verfaßte er das Buch »Im verlorenen Paradies – Neun Jahre Irak«, worin Wilhelm König selbstverständlich auch über die spektakulärste Ausgrabung seines Lebens berichtete: die Partherbatterie. Sie ist heute in irakischem Besitz.

Ein galvanisches Gerät?

Wohl jeder, der den Hathortempel in Dendera aufsucht und sein Inneres betritt, wird über die architektonische Präzision und künstlerische Fertigkeit der Bauherren erstaunt sein. Überrascht wird der Besucher erkennen, wie methodisch exakt beispielsweise die Räumlichkeiten der altägyptischen Kultstätte gestaltet worden sind. Jede auch noch so kleinste Fläche an den Wänden ist mit Reliefabbildungen und hieroglyphischen Inschriften ausgefüllt. Nichts blieb ungenützt.
Während der Besichtigung des beeindruckenden Säulensaales sowie der vielen kleinen Kammern, Gänge und Gewölbe zu ebener Erde, in luftiger Höhe und in Denderas »Unterwelt«, faszinierte uns nicht nur die Darstellung der monströsen glühbirnenartigen Gebilde, wir rätselten auch über die Bedeutung einer nicht weniger sonderbaren Wandgravur, die uns sofort aufgefallen war.
Ägyptologen sehen darin bloß ein – Amulett; eine Ansicht, der wir uns, nach eingehender Prüfung des dargestellten Gegenstandes, nicht anschließen können. Auf einem reich verzierten Halbkreis erkennt man zwei schmale Plattformen. Auf einer davon befindet sich eine Schüssel mit einem ovalen Gegenstand. Vier dünne Säulen, mit ebensovielen Hathorköpfen verziert, ragen senkrecht aus dem Halbkreis heraus. Sie sind miteinander durch einen mehrfach gewundenen drahtähnlichen Strang verbunden und führen zu einem vasenähnlichen Gefäß. An dessen unterem Ende ist eine Frucht im Querschnitt abgebildet, die den Betrachter an eine halbierte Zitrone oder Orange denken läßt. Wir zeigten Fotos von dem angeblichen Amulett zwei renommierten Ägyptologen: in Kairo dem Ägypter *Abd el Malek Ghattas*, in Wien Dozent *Helmuth Satzinger*. Ob die beiden sich kennen, wissen wir nicht – ägyptologische Solidarität einte sie jedenfalls in ihren Aussagen. Sie beharrten darauf, in der Reliefabbildung ein sogenanntes *Menat*-Symbol erkannt zu haben. Das ist ein Ritualschmuck, der im alten Ägypten bei kultischen Zeremonien getragen wurde.

Sowohl Ghattas als auch Satzinger räumten aber ein, daß es sich bei dem »Amulett« auch um ein Musikinstrument gehandelt haben könnte, da der seltsame Gegenstand ja in offensichtlichem Zusammenhang mit auf dem Relief abgebildeten Tänzern und Sängerinnen dargestellt worden sei. Und um diesen beiden Alternativen noch eine dritte hinzuzufügen, erklärte man uns die Dendera-Gravur auch als »Gegengewicht« zu jenem zuvor behaupteten Amulett – deshalb geschaffen, weil sonst der rituelle Schmuck für den Träger zu schwer geworden wäre. Eine nicht sehr überzeugende Erklärung.
Abgesehen von der ungewöhnlichen Größe des »Amuletts« im Verhältnis zur seitlich rechts thronenden Göttin, verliert die Ägyptologenmeinung viel an Glaubwürdigkeit, weil sie die deutlich sichtbar gemachte *Funktion* der vier »Drähte« (die ja, für jeden Betrachter erkennbar, in den vasenähnlichen Behälter hineingeleitet werden) einfach ignoriert.
Wir sind uns sicher, in dem angeblichen »Amulett« ein *galvanisches Gerät* erkannt zu haben – eine stromerzeugende Apparatur, die möglicherweise ähnlich funktionierte wie die parthische Batterie in Bagdad. Unsere Annahme, daß die auf dem Relief sichtbare Frucht eine halbierte Zitrone (oder Orange) darstellt, ist ebenso begründet wie die von uns hergestellte Querverbindung dieses Gegenstandes zu jenem irakischen Artefakt.
Unser Verdacht wurde durch die nachfolgenden Untersuchungen des österreichischen Elektroingenieurs Walter Garn in erfreulicher Weise bestätigt. Demzufolge könnte es sich um die exakte Wiedergabe einer Elektrolyse handeln. Garn: »Von einem großen elektrischen Element führen Perlenschnüre zu vier Köpfen mit säulenartigen Körpern (Elektroden). Je zwei dieser Elektroden sind verbunden – ›kurzgeschlossen‹. Die ›Stromleitungen‹ führen zu der gleichen Seite des Elementes. Die Ausführung dieses Leiters, isoliert mit Keramikplatten, wird auch heute noch verwendet, beispielsweise bei Heizkörpern. Auch der ›Anschluß‹ der Leitungen ist ähnlich einem Wickelanschluß, wie er in der Installationstechnik Verwendung findet.«

Wird der ovale Gegenstand in der Schüssel vergoldet? Soll der Querschnitt durch die Frucht am Unterteil der Vase die hierfür nötige saure Flüssigkeit liefern?
Gewisse Anhaltspunkte sind uns historisch überliefert, wonach nicht nur die Parther und die ägyptischen Priester, sondern auch andere Kulturkreise die Kunst des Galvanisierens beherrschten.

Leuchtende Körper

Bei unserem Streifzug durch die noch weitgehend dunkle Vorgeschichte des Homo sapiens ist es erforderlich, zur Aufhellung damaliger Geschehnisse »ein Licht« anzuzünden. Müssen wir uns hierzu primitiver Lichtquellen bedienen – Fackeln beispielsweise? Oder hat es bereits in frühesten Epochen (von unserer Zeitrechnung her gesehen) Hochkulturen gegeben, die es verstanden haben, sich den Energieträger Elektrizität in bestimmter Weise nutzbar zu machen?
Mag auch mancher Leser verständnislos den Kopf schütteln, in der Denkschablone befangen sein, elektrischer Strom als Lichtspender sei erst im vorigen Jahrhundert experimentell nachgewiesen worden – die alten Texte unserer Vorfahren wissen es anders. Im *Popol Vuh*, dem »Buch des Rates« (im Volksmund auch »Maya-Bibel« genannt), wird ein Gerät beschrieben, das in der »unteren Welt Xibalba« für Beleuchtungszwecke herangezogen wurde. Es hieß *Zaquitac* und besaß der Beschreibung nach eine ungemein scharfe Spitze. Im Dunkeln soll es »wie ein Knochen« *grünlich* geleuchtet haben. Phantasieblüte eines indianischen Märchenerzählers?
Nicht unbedingt. »Zaquitac« läßt uns unwillkürlich an eine Lichtquelle aus der Jetztzeit denken, die vorzugsweise von *Höhlenforschern* benützt wird. Gemeint ist *Cyalume*, unabhängig von jedweden Netzanschlüssen und ein überaus praktischer Leuchtstab. Darin sind zwei Flüssigkeiten eingegossen. Knickt man diesen Stab ganz leicht, dann fließen beide Substanzen ineinander und erzeugen im nächsten Augenblick

einen intensiven grünlichen Schein. Er hält volle drei Stunden an. Sollte es mit dem Maya-Gerät Zaquitac, jenem »grünlich leuchtenden Knochen« des Popol Vuh, damals *eine Parallele* zu einer höchst modernen chemischen Errungenschaft gegeben haben?

Eine deutliche Anspielung auf künstliches Licht finden wir auch in altchinesischen Texten. Dort ist von einem gewaltigen »Baum« namens *Po* die Rede. Er stand angeblich im Osten der Erde »in dem leuchtenden Tal Yang-ku«. Sein mächtiges Gegenstück (fast ist man versucht zu sagen: sein Gegenpol) befand sich im Westen der Erde und hatte seinen Standplatz »auf dem Berg Yen'se am Flusse Mong«. Dieser »Baum« hieß *Jo*. Beide Stämme (was immer sie in ihrer *wahren* Bedeutung gewesen sein mögen) trugen, wird überliefert, des nachts »rote leuchtende Blüten«.

Indische Sagen erzählen von »Schlangengöttern«, die *Nagas* genannt wurden. Diese geheimnisvollen Wesen residierten im unwegsamen Gelände des *Himalaya*, und sie besaßen, erfährt man, »ewig brennende Zauberlampen«, die sie in ihren unterirdischen Behausungen verbargen. Ein erfahrener Asienreisender, Pater *Evariste-Regis Luc* (1813–1860), will während einer seiner Touren quer durch Tibet selbst eine solche Wunderlampe gesehen haben. Sie brannte angeblich, ohne zu verlöschen.

In den prähistorischen Überlieferungen wird immer wieder darauf verwiesen, daß das »Licht« ursprünglich *göttlicher Herkunft* gewesen sei. Unter der himmlischen Elite ist *Luzifer* eine der bekanntesten Lichtgestalten. Aber auch der sumerische »Lichtgott« *Anunnaki* sowie sein indisches Pendant *Aditya* verstanden es offenbar, mit unbekannten Leuchtkörpern umzugehen. Und schließlich gibt es dann die ägyptische Gottheit *Thot*, von der es in Papyrustexten heißt, sie habe den Menschen »das Licht« gebracht. Mit diesem universellen Götterwesen werden wir uns noch näher befassen.

Kehren wir zurück zu den Menschen der Frühzeit. Offenbar waren sie im Besitz bestimmter Lichtquellen, deren Herkunft bislang nicht geklärt werden konnte. Der australische Schriftsteller *Ion Idriess* berichtete in diesem Zusammenhang von seinen Erlebnissen mit Urwaldbewohnern der Torres-Straße (die er später in dem Buch »Drums of Mer« verarbeitete). Idriess, der das Vertrauen jener Steinzeitmenschen gewonnen hatte, erfuhr auf diese Weise die geheimnisvolle Geschichte von den *Booyas*, die ihm von einem Eingeborenen erzählt worden war.

Als »Booya« wird ein runder Stein bezeichnet, der in einer großen Bambusfassung steckte. Der Erzählung nach sollen *bläulichgrüne Lichtblitze* aufgeflammt sein, sobald der Stammeshäuptling den Stein dem Himmel entgegenstreckte. Das dabei sichtbar gewordene »kalte Licht« war dem Vernehmen nach so grell, daß der Eindruck entstand, als wären sämtliche Beschauer im Umkreis von einem magischen Lichtschein eingehüllt gewesen.

Von dem griechischen Satiriker *Lukian* (120–180 n. Chr.) kennen wir den abenteuerlichen Bericht einer Reise nach Syrien. Während seines Besuchs der Stadt *Hieropolis* staunte der Hellene über den prächtig »leuchtenden Edelstein« der Göttin *Hera*. Seine angeblich »magische« Energiequelle soll, Lukians Schilderungen zufolge, den gesamten Tempel der Zeus-Gemahlin in strahlendes Licht getaucht haben.

In *Antiochia* will man zur Zeit *Justinians von Byzanz* ebenfalls eine immerwährend brennende Lampe gesehen haben.

Eine wunderschöne goldene Leuchte strahlte hingegen im *Tempel der Minerva*. Darüber berichtete der griechische Historiker *Pausanias* im 2. Jahrhundert unserer Zeitrechnung. Er hatte als Reiseschriftsteller die Möglichkeit, jene glänzende Goldlampe in dem Heiligtum der römischen Göttin der Kunst und des Handwerks zu bestaunen.

»Wunderlampen« scheinen im alten Rom keine Seltenheit gewesen zu sein. Historische Texte erzählen von *Numa Pompilius*, dem zweiten König der römischen Metropole. Er ließ eine »ewig brennende Leuchte« in der Kuppel seines Tempels anbringen.

Aufmerksamkeit erweckt auch die Schilderung des später heilig gesprochenen Kirchenfürsten *Aurelius Augustinus*

(354–430 n. Chr.), der in seinen Werken von einer faszinierenden Zauberlampe zu berichten wußte, die ununterbrochen geleuchtet haben soll. Weder Wind noch Wasser vermochten angeblich die im *Isis-Tempel* untergebrachte Lichtquelle auszulöschen.
Der Jesuit *Athanasius Kircher* (1601–1680) war Naturforscher, Archäologe und Mathematiker in einer Person. 1652 veröffentlichte er sein Werk »Oedipus Aegyptiacus« und erzählte darin unter anderem von brennenden Lampen, die in den unterirdischen Gewölben der Stadt *Memphis* gefunden wurden. Kircher, ein frommer Mönch, war kein Phantast. Im Gegenteil. Als nüchterner Denker ist ihm die Erfindung der *Laterna Magica* zu verdanken – Vorgängerin moderner Projektionsapparate.
Verweilen wir noch etwas im alten Rom. Von dort erreicht uns eine Sage, deren Inhalt ebenfalls als »leuchtendes Beispiel« dienen kann und die zudem technisch interpretierbar scheint. Hauptperson dieser Erzählung ist ein gewisser *Virgilius*. Die Überlieferung bezeichnet ihn als »Zauberer«. Aber lesen Sie selbst:

»In der Mitte der Stadt Rom stand ein großer Palast, in dessen Nähe errichtete der Zauberer Virgilius einen gewaltigen Pfeiler aus Marmor und verband ihn mit einer Brücke mit dem Palast. Auf dem Pfeiler brachte er zum Besten der Einwohner eine große gläserne Lampe an, die immerzu brannte, ohne auszugehen, und niemand konnte sie irgendwie auslöschen. So leuchtete die Lampe bei Nacht über die ganze Stadt Rom von einem Ende zum anderen, und es gab keine noch so enge Straße, in der man nicht klar hätte sehen können, als wenn zwei brennende Fackeln dagewesen wären. Aber jenseits der Brücke stellte der Zauberer auf die Mauer einen großen metallenen Mann, der einen großen metallenen Bogen in der Hand hielt und immerzu nach der Lampe zielte, als wollte er sie auslöschen.
300 Jahre hatte die Lampe so zum Nutzen des Gemeinwesens ihr Licht erstrahlen lassen, da gingen einst mehrere Bürgers-

töchter in den Palast, um zu spielen, und kamen zu dem metallenen Mann, der den Bogen in der Hand hielt und nach der Lampe zielte. Da sagte die eine zu dem Bogenschützen: ›Warum schießt du denn nicht? Was hindert dich daran?‹ Dabei schlug sie mit dem Finger an den Bogen, und sogleich schnellte der Pfeil von der Sehne und schoß die Lampe in Stücke, die einst Virgilius gemacht hatte.
Als die Bürgerstochter sah, was sie angerichtet hatte, bekam sie einen gewaltigen Schreck, der metallene Bogenschütze aber lief eilends davon und wurde nie wieder gesehen.«

Zwei Dinge machen diese Sage interessant. Da wäre einmal die überdimensionale Lampe, die dreihundert Jahre lang ununterbrochen geleuchtet haben soll, und der bemerkenswerte Zusatz, die Leuchte sei durch eine *gläserne* Hülle geschützt gewesen. Und dann die Erwähnung jenes »großen metallenen Mannes«, dessen »großer metallener Bogen« drohend auf den Beleuchtungskörper gerichtet war. Handelt es sich dabei um ein utopisches Märchen – oder basiert die Erzählung auf einem wahren Vorkommnis? Zunächst bleibt es in jedem Fall Glaubenssache, ob man bereit ist, diese Sage für bare Münze zu nehmen – oder sie von vornherein als Science-fiction-Story der Frühzeit zu betrachten. Jedenfalls erscheint uns ihr Inhalt einer Analyse wert, und deshalb wollen wir ihn etwas genauer unter die Lupe nehmen.
Der Fall, daß es im alten Rom einen begabten Erfinder gegeben haben könnte (vielleicht einen Alchimisten), dessen Kenntnisse ihm die Fähigkeit verlieh, zu seiner Zeit geradezu unglaubliche Dinge in Bewegung zu setzen, ist so unwahrscheinlich nicht. *Glas* wurde beispielsweise bereits vor sechs Jahrtausenden hergestellt. Das wissen wir durch den Fund farbiger Glasreste in den untersten Schichten der *Sumer*-Stadt *Ur*. Auch den *Ägyptern* war dieses Wissen nicht fremd. Von ihnen lernten es wiederum die Phönizier. Sie erweiterten schnell ihre Kenntnisse über die Glasherstellung, und schon bald verstanden sie es vorzüglich, Glas zu gießen, zu pressen und zu schleifen. Ab dem 1. Jahrhundert nach Christus

wurde sowohl in Ägypten als auch in *Syrien* das Glasblasen landesweit bekannt und systematisch weiterentwickelt.
Die Herstellung von reinem, *durchsichtigen* Glas wird von Historikern auf die Phönizier zurückgeführt. Später griff die Massenerzeugung von Glasprodukten auch auf die *Römer* über. So gesehen, erscheint die Verfertigung einer Glaslampe durch jenen römischen »Zauberer« Virgilius durchaus denkbar. Gleiches gilt für dessen Kenntnisse der Metallbearbeitung. Handelte es sich bei dem »großen metallenen Mann« vielleicht um eine maschinelle Konstruktion – um eine Art »Roboter«? Wurde die bewegliche Figur von ihrem schlauen Erfinder nur deswegen in Drohstellung zur Glaslampe postiert, um deren womöglich mutwillige Zerstörung durch irgendwelche Vandalen zu verhindern, sie abzuschrecken?
Dennoch führte schließlich der Übermut einer vorwitzigen Römerin zu einer Unachtsamkeit und zur Auslösung des Bogenmechanismus. Der abschußbereite Metallpfeil wurde aktiviert und demolierte die gläserne Leuchte.
Ungefähr so könnte sich damals die Geschichte abgespielt haben (ehe sie später zur Sage wurde).
Und noch etwas ist von Interesse: Wie hat es Virgilius verstanden, seine »Wunderlampe« dreihundert Jahre hindurch leuchten zu lassen? Welche Energiequelle hat er dazu benützt? Und wurde das Licht tagsüber (vielleicht sogar *automatisch*) abgeschaltet? Heißt es doch in dem Sagentext: »So leuchtete die Lampe bei Nacht über die ganze Stadt Rom...«
Was uns zur vorherigen Überlegung kommen ließ.
An dieser Stelle schließt sich der Kreis, und es ist Zeit, wieder an den Ausgangspunkt unserer Betrachtungen zurückzukehren. *Nach Ägypten.*

IV
Die Herren von Sinai

Lichtquellen in Form *elektrischer* Energie? Beleuchtungskörper, die mit *Strom* gespeist wurden? Eifersüchtig gehütetes Geheimnis einer Priesterschaft, dessen Überbringer nicht weniger rätselhaft geblieben ist? Von den Tempelhütern als Geheimwissenschaft hinter den Mauern ihrer Kultstätten vor der Öffentlichkeit verborgen gehalten? Haben solche Behauptungen Hand und Fuß? Läßt sich ihre Authentizität nachweisen? Oder müssen sie als reine Phantasterei abgetan werden?

Wie dieser Buchabschnitt noch eindrucksvoller zeigen wird: Unsere hierorts vertretene These stützt sich auf beweiskräftige Indizien. Elektrischer Strom wurde keineswegs erst am Anfang des 19. Jahrhunderts als Lichtspender entdeckt. Seine Verwendung läßt sich – mit Unterbrechungen – vielmehr bis in vorgeschichtliche Epochen zurückverfolgen. Ausgangspunkt von allem war eine herausragende Persönlichkeit im alten Ägypten, von der in Kapitel VII noch ausführlich berichtet werden soll: ein Universalgenie, das im Alten Reich am Nil göttlichen Status genoß und unter dem Namen *Thot* in die Geschichte der Antike eingegangen ist.

Er war gewissermaßen ein Vorgänger des griechischen *Prometheus*, er brachte den Menschen das Licht und sorgte dafür, daß sein Vermächtnis von den Priestern auch der Nachwelt überliefert wurde – in Gestalt bildhafter sowie hieroglyphischer Dokumente. Wir finden sie in den Krypten eines Tempels verzeichnet, der heute von jedem interessierten Touristen besucht werden kann, nur etwa sechzig Kilometer von Ägyptens Kulturzentrum *Luxor* entfernt – in nördlicher Richtung zu erreichen:

Der *Hathor*-Tempel von *Dendera!*

Einer, der seinerzeit ganz sicher ebenfalls die Geheimnisse der

Elektrizität gekannt haben muß, der zudem in jungen Jahren selber priesterliche Mysterienschulen durchlaufen haben dürfte – war der Patriarch und Tribun *Moses*. Er begegnet uns in biblischen, aber auch verschiedenen außerbiblischen Texten, und er führte ein höchst bewegtes und abenteuerliches Leben. Es gipfelte in seiner Kontaktnahme mit nicht minder seltsamen Wesen, deren Heimat wohl kaum dieser Planet gewesen ist.

Aus dem Alten Testament sowie anderem religiösen Schriftgut erfahren wir von dem wechselvollen Geschick eines aus Ägypten geflüchteten Volkes – den Israeliten –, von seinem nicht enden wollenden Zug durch wüstes Gebiet und schließlich von seiner – gottgewollten (?) – Erhöhung zum »auserwählten Volk«. Über diese lange Zeit wurde es durch ein geheimnisvolles Nahrungsmittel am Leben erhalten, das *»Manna«* genannt wurde. Schlüsselfigur hierbei war jener Moses, dessen wahre Herkunft die Bibel verschleiert, und von dem nur eines als sicher angenommen werden kann: Dieser Mann, ein »Eingeweihter«, verfügte über Kenntnisse, wie sie wohl keiner seiner Leute auch nur im entferntesten aufzuweisen hatte. Es lohnt an dieser Stelle zu verweilen, um herauszufinden, *welche* Kenntnisse Moses zu eigen waren. Die Bibel selbst schweigt sich darüber aus, begnügt sich mit der Andeutung »Moses wurde in aller Weisheit der Ägypter unterrichtet; mächtig war er in seinem Reden und Handeln« im Buch *Exodus* (7,22). Was darauf hindeutet, daß dieser Mann eine umfassende Ausbildung durch priesterliche Lehrer und darüber hinaus wohl auch entsprechende Einblicke in geheimwissenschaftliche Belange erhalten hat.

Die Vorzüge, deren Moses teilhaftig wurde, hatte in jener Zeit nur ein in besonderer Gunst Stehender zu erwarten. Also entweder der Sohn eines Tempelhüters oder ein Abkömmling aus königlichem Geblüt. Wie reimt sich das mit der Behauptung im *Exodus* zusammen, wonach Moses ein in Ägypten geborener und erzogener Knabe gewesen sein soll, dessen Eltern *Israeliten* waren?

Da gibt es die rührende Erzählung von der »Kindesweglegung«, die angeblich durch den grausamen Befehl des Pharao Ramses II. herbeigeführt worden sein soll, der in einem Tagesbefehl angeordnet habe: »Werft jeden Knaben, der den Hebräern geboren wird, in den Nil, alle Töchter aber laßt am Leben!« Nachzulesen im *Exodus* 1,22. Ganz abgesehen davon, daß ein derartiger Kindesmord historisch nicht nachweisbar ist, finden sich zu jener Episode, die die Aussetzung des Moses in einem mit Asphalt und Pech überzogenen Kästchen zum Thema hat, inhaltsgleiche Parallelen in der Geburtsgeschichte des sumerischen Königs *Sargon II.* sowie im indischen Weisheitsbuch »Mahabharata«, wo wiederum eine indische Prinzessin das traurige Los ereilte. Eine Abweichung gibt es allerdings – und gerade die scheint bezeichnend: Beide hier angeführten Fälle ereigneten sich nämlich um *tausend Jahre früher.*

Damit wird deutlich: Das mitleidheischende Histörchen um jenen Moses-Knaben, den eine Tochter des Pharaos angeblich im Schilf aufgefunden und danach am Hof ihres Vaters großgezogen haben soll, hat sich ein prähistorischer »Public-Relation«-Schreiber aus den Fingern gesogen. Offenbar wurde da versucht, die Beweggründe für Moses zu liefern, weshalb sich dieser so nachdrücklich für die Israeliten engagierte.

Apropos Moses: Dieser Name und seine Bedeutung waren schon oft Mittelpunkt heißer Diskussionen. Behaupten die einen, er komme aus dem ägyptischen und bedeute soviel wie »Kind«, so leiten andere »Mose« aus dem Hebräischen ab. Er sei mit »herausziehen« (aus dem Binsenkörbchen nehmen) zu übersetzen. »Mose« war im alten Ägypten ein durchaus gebräuchlicher Name, und so ist es kein Zufall, daß in vielen ägyptischen Worten die Silben »Mo-se« zu finden sind. Etwa bei »Ram(o)ses«.

Mit einiger Berechtigung darf angenommen werden, daß die biblische Persönlichkeit, mit der wir uns hier befassen, einen *völlig normalen* Namen trug – und in Wahrheit auch kein Hebräer war. Moses ist bestimmt keine fiktive Gestalt. Er hat wirklich gelebt – was im übrigen auch durch außerbiblische

Schriften bestätigt wird. Zusammenfassend läßt sich daher feststellen: Seiner Abstammung nach war der biblische Moses zweifellos – ein *Ägypter!*
Läßt man die kindische Story beiseite, die uns weismachen will, Moses sei als Baby in einem Binsenkorb im Schilf des Nilufers ausgesetzt worden, um dort der Pharaonentochter aufzufallen, so könnte immerhin die Annahme richtig sein, wonach der junge Ägypter tatsächlich sehr eng mit dieser Dame in Verbindung stand: Anhand verschiedener Quellen läßt sich nämlich vermuten, Moses sei das *uneheliche* Kind von Ramses' Tochter Prinzessin *Taja* gewesen. Über seinen Vater erfährt man nichts (wahrscheinlich ein Fehltritt der Prinzessin), doch könnte es sich dabei durchaus um den Angehörigen einer Priesterkaste gehandelt haben. Ein Grund mehr, dem Knaben eine königliche Erziehung angedeihen zu lassen: Er war ja schließlich ein *Prinz!* Daß sich die Priester später (vielleicht sogar sein Vater höchstpersönlich) um den intelligenten Moses kümmerten, ihn »in aller Weisheit der Ägypter« unterrichteten und überhaupt ein wachsames Auge auf ihn hatten, wäre hierfür nur eine folgerichtige, verständliche Maßnahme gewesen.

Der heilige Schrein

»So wie ich dir das Muster der Wohnstätte und das Muster all ihrer Geräte zeige, so sollt ihr es machen.« (Ex. 25,9)

Das ist der Kernsatz jener Botschaft, die *Moses* während einer seiner Aufenthalte auf dem Plateau des sogenannten »Gottesberges« (von dem nicht sicher angenommen werden kann, daß es sich dabei um den Berg *Horeb* auf der Halbinsel *Sinai* handelte) empfangen hat.
Das Wesen, das Moses zunächst für »Gott« hielt und es respektvoll mit »Herr« ansprach, offerierte dem inzwischen zum unumstrittenen Führer der israelitischen Auswanderer avancierten Ägypter ganz offensichtlich bestimmte Skizzen,

Entwürfe und (vielleicht sogar) Modelle von Gerätschaften, die *Jahwe* (wie es sich nannte: »Ich bin, der ich bin!«) wichtig und nützlich schienen, und die es für seine Pläne und Absichten unbedingt benötigte.

Einer dieser Gegenstände (und beileibe nicht der unbedeutendste) war – die *Bundeslade!*

Ihr Bauplan ist uns im *Exodus* präzise überliefert worden. Somit erscheint es reizvoll, dem Leser die biblische Konstruktion der Lade im Detail vorzulegen. Er erspart sich auf diese Weise, nach der Anleitung erst im Bibeltext des Alten Testaments (AT) mühsam suchen zu müssen:

»Verfertige eine Lade aus Akazienholz, zweieinhalb Ellen lang, eineinhalb Ellen breit und eineinhalb Ellen hoch! Überziehe sie mit reinem Gold von innen und von außen und befestige eine Leiste aus Gold ringsherum! Gieße für sie vier goldene Ringe und bringe sie an den vier Ecken an, und zwar zwei Ringe an ihrer einen Seitenwand und zwei an der anderen! Verfertige Stangen aus Akazienholz und überziehe sie mit Gold! Stecke die Stangen durch die Ringe an den Seitenwänden der Lade, daß man sie mit ihnen tragen kann! Die Stangen sollen in den Ringen der Lade bleiben; man soll sie aus ihnen nicht herausziehen! In die Lade sollst du das Gesetz legen, das ich dir geben werde!« (Ex. 25, 10–25, 15)

Wenn man die Elle so versteht, wie sie im alten Maß entsprochen hat – also etwa 52,5 Zentimeter –, dann betrug die Länge des Schreins ungefähr 1,31 Meter, seine Breite und Höhe jeweils 78 Zentimeter.

Andererseits belehren uns die Lexika, daß die Elle als typisches Naturmaß zwar generell der Länge des menschlichen Unterarms entsprach, jedoch allein in deutschen Landen bis hinein ins 19. Jahrhundert *mehr als hundert verschiedene Ellenmaße* herangezogen worden sind. Wahrscheinlich mit ein Grund, weshalb der Autor und Bibelforscher *Jochim Pahl* bei seiner Ladenberechnung auf eine Länge von 1,73 Meter sowie auf eine Breite und Höhe von jeweils 73 Zentimeter gekommen ist. Innen und außen, lesen wir, sei die Bundeslade mit reinem Blattgold überzogen gewesen, und wir werden u. a. informiert, daß der merkwürdige Behälter aus Akazienholz hergestellt werden mußte. Akazienholz fand auch für die vergoldeten Stangen, die man durch die Ringe an den Seitenwänden durchzuziehen hatte (um die Lade transportieren zu können), Verwendung. Pahl korrigiert in diesem Zusammenhang einen (wie er schreibt) »jahrhundertelang mitgeschleppten Irrtum« und klärt auf: *»Akazienholz, das hier fälschlicherweise erwähnt wird, ist höchstens zu Verzierungen, niemals aber als Bauholz verwendbar.«* (»Sternenmenschen sind unter uns«, München 1971)

Das textliche Mißverständnis im AT der Bibel läßt sich lexikalisch zurechtrücken. Da ist die sogenannte »echte« Akazie (von der bei Moses die Rede ist) als »Mimosengewächs warmer Erdteile« genannt. Sie wird in unseren geographischen Breiten vor allem als *Zimmerpflanze* geschätzt. Besondere Verbreitung findet die Akazie bei den Arabern. Aus praktischen Gründen: Liefert sie ihnen doch seit langer Zeit – *Gummi!* Pahl: »Und Gummi dieser Art wurde beim Bau der Bundeslade in großer Menge als *Isoliermaterial* verwendet.«

Bei der anderen Akazie, die wir als »falsche« sehen (wie sie auch lexikalisch genannt wird), handelt es sich hingegen um einen Schmetterlingsblütler. Botaniker gaben ihr den Namen *Robinie*. Sie wurde im 17. Jahrhundert von Nordamerika aus in Europa eingeführt.

Anders die »echte« Akazie. Weil diese als Isolierung so prächtig funktioniert, ist es nicht weiter verwunderlich, weshalb Moses und seine Leviten angehalten waren, die Tragstangen der Bundeslade entsprechend zu präparieren. Als Schutz vor *Stromschlägen!*

Aber zunächst zum weiteren Bauplan der Bundeslade. Moses wurde angewiesen:

»Verfertige sodann eine Deckplatte aus reinem Gold, zweieinhalb Ellen sei ihre Länge und eineinhalb Ellen ihre Breite!

Stelle zwei Goldkerubim her; als getriebene Arbeit sollst du sie an den beiden Enden der Deckplatte anfertigen! Und zwar sollst du den einen Kerub an dem einen Ende und den anderen am anderen Ende anbringen. Von der Deckplatte her mache die Kerubim über ihren beiden Enden! Die Kerubim sollen ihre Flügel nach oben hin ausbreiten, indem sie mit ihren Flügeln die Deckplatte überdachen; ihre Antlitze seien gegeneinander gekehrt; zur Deckplatte hin sollen die Gesichter der Kerubim gerichtet sein.« (Ex. 25,17–25,20)

Was in der Übersetzung der (katholischen) *Pattloch*-Bibel (auf die wir uns hauptsächlich stützen) als »Deckplatte« interpretiert wird, liest sich in anderen Auslegungen der Heiligen Schrift als »Gnadenstuhl«. Doch sind diese Unterschiede ohne Belang.
Mit der Bundeslade haben sich in der jüngeren und ferneren Vergangenheit zahlreiche Sachbuchschreiber und Romanautoren beschäftigt; sie diente vor einigen Jahren auch schon mal als Filmstoff (*Steven Spielbergs* »Indiana Jones«. D. V.), beweist somit die ungebrochene Faszination dieses Gerätes. Vor allem die offensichtliche Funktion der Lade als *Kondensator für Elektrizität* hat es Wissenschaftlern und interessierten Laien gleichermaßen angetan. So etwa dem dänischen Elektroingenieur *Tons Brunés*, der sich in seinem Buch »Energien der Urzeit« (Zug 1977) über vielfach mißverstandene Wiedergaben des Aussehens der Bundeslade mokiert, was vor allem bei illustrierten Darstellungen des stromführenden Behälters sichtbar werde. Er bezieht sich dabei im besonderen auf jene Textstelle im AT, worin es heißt: »Und zwar sollst du den einen Kerub an dem einen Ende und den anderen am anderen Ende anbringen...«
Dazu Brunés:

»In den verschiedenen Bibelausgaben werden die Einzelheiten der Lade unterschiedlich beschrieben, aber sie stimmen alle darin überein, daß die Kerubim auf der Lade angebracht sind, jeder an einem Ende des Gnadenstuhls oder Deckels.

Der Text sagt, diese Figuren sollen AN den Enden und nicht AUF den Enden plaziert werden. Sie sollen also ZU BEIDEN SEITEN des Stuhls angebracht werden, nicht AUF ihm.«

Es werde also im Text sehr deutlich hervorgehoben, »ihre Antlitze seien gegeneinander gekehrt; zur Deckplatte hin sollen die Gesichter der Kerubim gerichtet sein«, stellt der Däne fest, und weist hier auf fehlerhafte Nachbildungen hin:

»Die bisherigen Interpreten haben mit ihren Illustrationen IHRE Textauffassung ausgedrückt, aber der Text sagt etwas anderes. Wenn man fälschlicherweise die Kerubim oben auf die Lade setzt und auch den Deckel oder Gnadenstuhl oben auf die Lade, so steht man im Widerspruch zum Text, der sagt, ›Ihre Antlitze sollen auf den Gnadenstuhl sehen‹ und daß ›eines jeglichen Antlitz gegen das des anderen stehe‹.«

Zu Recht bemängelt Brunés die oft völlig unrichtige Wiedergabe des Aussehens der Bundeslade. Sie werde in »fast allen Illustrationen auf einem Sockel stehend wie auf einem Altar« gezeigt – was im krassen Widerspruch zum Bibeltext stünde. Der besage nämlich, »daß die Lade vier Füße auf der Erde habe«. Brunés stellt die richtigen Proportionen wieder her, beruft sich auf die biblischen Originalzitate und macht deutlich, »daß die Ringe an den Füßen der Lade, an den Längsseiten, angebracht wurden«. Der Elektrofachmann geht dann der Fehlerquelle auf den Grund und deutet deren Ursache:

»Warum man im Laufe aller Zeiten in den Darstellungen die Lade auf eine massive Konsole gesetzt hat, ist gerade eins jener vielen Mißverständnisse die entstehen, wenn ein technisch Unkundiger versucht, eine technische Beschreibung darzustellen.«

Daß es sich tatsächlich um derartiges handelt, will auch der Autor Jochim Pahl erkannt haben. »Allein an Gold und Silber wurden bei ihrem Bau 130 Zentner, oder sechseinhalb Ton-

nen, verwendet«, addiert er. Wobei zur Herstellung der Bundeslade wohl auch Mengen an Kupfer und Eisen herangezogen worden sein dürften, wie er weiter vermutet. Resümee: Bei dieser Konstruktion muß es sich um ein stromerzeugendes Aggregat gehandelt haben. Es konnte als Kondensator ebenso verwendet werden wie als Generator beziehungsweise als Sende- und Empfangsanlage.
Nimmt man die im Bibeltext vorgegebenen Maße als Unterlage eigener Berechnungen, dann ergibt sich daraus der zwingende Schluß, daß die in dem unschätzbar wertvollen Gerät gespeicherte elektrische Energie imstande war, mehr als tausend Volt zu erzeugen. Damit bedeutete es für jeden Unbefugten höchste Gefahr, die Bundeslade (ohne entsprechende Schutzausrüstung) zu berühren. Wer es dennoch wagte, riskierte sein Leben und mußte mit einem tödlichen Stromschlag rechnen.
Solche Fälle hat es tatsächlich gegeben, und sie wurden in verschiedenen Bibelepisoden aufgelistet. *Leviticus*, Kapitel 10, Vers 1 bis 5:

»Die Aaronssöhne Nadab und Abihu aber nahmen ihre Feuerbecken, taten Feuer hinein, legten Räucherwerk darauf und brachten so vor dem Herrn ein ungehöriges Feueropfer dar, das er ihnen nicht geboten hatte. Da ging Feuer vom Herrn aus und verzehrte sie; so starben sie vor dem Herrn. Moses sprach zu Aaron: ›Hier erfüllt sich das, was der Herr angekündigt hat: An denen, die mir nahestehen, erweise ich mich.‹ Aaron aber schwieg. Da rief Moses den Mischael und Elzaphan, Ussiels Söhne, der ein Oheim von Aaron war. Er sprach zu ihnen: ›Tretet heran und tragt eure Verwandten vom Heiligtum weg außerhalb des Lagers!‹ Da traten sie heran und trugen sie in ihren Leibröcken hinaus vor das Lager, wie Moses gesagt hatte.«

Diese Story – nennen wir sie »Fall 1« – erzählt das tragische Schicksal zweier junger Männer, die böse endeten. *Nadab* und *Abihu* besaßen zweifellos Privilegien, denn sie waren im-

merhin die Söhne des Aaron, und der wiederum bekleidete innerhalb der jüdischen Verbanntengemeinde den Rang eines Priesters. Aus dem biblischen Bericht geht zwar nicht klar hervor, worin die Unvorsichtigkeit der beiden Jungen bestanden hat, als sie sich offenbar vorschriftswidrig der Bundeslade im sogenannten Offenbarungszelt näherten – sicher ist nur, daß ihr Feueropfer wohl nicht den Ritualregeln entsprach und deshalb von dem Chronisten dieses Berichts als »ungehörig« gebrandmarkt wurde. Der Vollständigkeit und des besseren Verständnisses wegen sei noch bemerkt, daß die Bezeichnung »Herr« an Stelle des Begriffes »Bundeslade« eine damals gebräuchliche Bezeichnung war.
Für den Priester Aaron muß der unerwartete Tod seiner Söhne geradezu *paralysierend* gewirkt haben. Als Moses ihn des Vorkommnisses wegen tadelt, bleibt er stumm. Daß es sich bei diesem Feuer, das »vom Herrn« ausgegangen war, um etwas anderes gehandelt haben muß, als man landläufig vermuten konnte, geht auch aus dem Schlußsatz der Erzählung hervor. Nadab und Abihu wiesen keine sichtbaren Brandverletzungen auf, ihre Kleidung war offensichtlich unversehrt geblieben (»...und trugen sie in ihren Leibröcken hinaus...«); ein deutlicher Hinweis darauf, daß beide durch Stromschläge der Bundeslade getötet worden waren.
»Fall 2« bezieht sich gleichfalls auf ein Mitglied der Priesterschaft, ereignete sich jedoch lange nach Moses' Ableben. Er ist uns im 2. Buch *Samuel*, Kapitel 6, Vers 1 bis 7, überliefert:

»Nochmals versammelte David alle Auserlesenen in Israel, 30000 an der Zahl. Dann machte er sich auf den Weg und zog mit dem ganzen Volke nach Baala in Juda, um von dort die Lade Gottes zu holen, die nach dem Namen des Herrn der Heerscharen benannt ist, der auf den Kerubim thront. Man stellte die Lade Gottes auf einen neuen Wagen und holte sie weg aus dem Haus Abinadabs, das auf dem Hügel stand. Ussa und Achjo, die Söhne Abinadabs, lenkten den Wagen, beladen mit der Lade Gottes, wobei Achjo der Lade voraus-

ging. David und das ganze Haus Israel tanzten vor dem Herrn unter dem Spiel von Klappern aus Zypressenholz, von Zithern, Harfen, Pauken, Schellen und Zimbeln. Als sie aber zur Tenne Kidons kamen, griff Ussa nach der Lade Gottes und faßte sie an, denn die Rinder waren durchgegangen. Da entbrannte der Zorn des Herrn gegen Ussa. Gott schlug ihn dort wegen der Unehrbietigkeit. Er starb daselbst bei der Lade Gottes.«

Eine zutreffende Rekonstruktion des dramatisch-tragischen Geschehens aus jener Zeit läßt sich relativ einfach bewerkstelligen. Lassen wir deshalb den genauen Ablauf der Ereignisse hier noch einmal Revue passieren: König *David* hatte angeordnet, die kostbare Bundeslade aus dem Tempel des Priesters *Abinadab* in Baala (der frühere Name der Stadt Kirjat-Jearim. D. V.) in seine Residenz nach Jerusalem (und zwar in den Salomonischen Tempel) zu transportieren. Das ging natürlich nicht geräuschlos über die Bühne. Im Gegenteil: Der ganze Umzug artete zu einem regelrechten Volksfest aus. Sämtliche Würdenträger des Königshofes, an ihrer Spitze König David höchstpersönlich – vor allem aber wohl die Priester aus Baala und Jerusalem –, schritten der Lade voran. Zu beiden Seiten des Umzuges drängte sich, wie das so üblich ist, das Volk. Im Umkreis dieser Festlichkeit zu Ehren »des Herrn« herrschte ein, pardon, »höllisches« Spektakel. Die Musikanten klapperten, ihre Pauken dröhnten, Schellen, Zimbeln, Zithern produzierten gewaltigen Lärm, der durch die Menschenmassen, die den Zug begleiteten, noch erheblich gesteigert wurde.
Es kam, was geradezu kommen mußte: Die die Wagenkolonne ziehenden Tiere (die Bibel spricht von Rindern) machte der Lärm und die Unruhe der festlich gestimmten Gläubigen von einem Augenblick zum anderen – *kopfscheu*. (»David und das ganze Haus Israel tanzten vor dem Herrn...«) Natürlich auch jene, die dem »neuen Wagen«, auf dem die Bundeslade befördert wurde, vorgespannt waren. Es gab einen Eklat, die betreffenden Rinder versuchten aus der Kolonne

auszubrechen. Ussa, der den gefährdeten Wagen mit dem heiligen Ladegut lenkte, geriet in Panik. Die Lade geriet in Bewegung und drohte herabzufallen.
In seiner Verzweiflung, jede Vorsichtsmaßnahme vergessend, griff der junge Priester nach der kostbaren Fracht, versuchte er ihren Absturz zu verhindern. In dem Moment traf Ussa ein furchtbarer *Stromschlag* und tötete ihn auf der Stelle.
Wer die betreffende Bibelstelle aufmerksam studiert, dem wird der Wortlaut ins Auge springen. Jener Chronist, der diesen Bericht verfaßte, versucht nämlich den Eindruck zu erwecken, als sei es Ussa gewesen, der gefrevelt hätte (»...griff Ussa nach der Lade Gottes und faßte sie an...«). Dem Priestersohn wird unterstellt, er habe ein Verbot (die Bundeslade zu berühren) *willkürlich* übertreten. Erst im zweiten Abschnitt des betreffenden Satzes wird der *wirkliche* Hergang des Geschehens offenkundig, und somit die unbedachte Vorgangsweise des Wagenlenkers verständlich. (»...denn die Rinder waren durchgegangen.«)
Der Berichterstatter des »Bibel-Reports« hatte kurzerhand Ursache und Wirkung manipuliert und den hierfür entscheidenden Satz buchstäblich *umgedreht.*
Tatsächlich hätte die Schilderung der Ereignisse nämlich lauten müssen: *»Als sie aber zur Tenne Kidons kamen, gingen plötzlich die Rinder durch. Da griff Ussa nach der Lade Gottes, um sie zu schützen.«*

Wehe, wenn sie losgelassen...

Im folgenden wollen wir uns näher mit jenem rätselhaften Instrument befassen, dem im religiösen Leben des israelitischen Volkes wesentliche Bedeutung zukam, und das auch noch einige Zeit *nach* Moses voll wirksam war. Handelte es sich bei der Bundeslade tatsächlich nur um ein *kultisches* Gerät – oder war sie ursprünglich für eine ganz andere Aufgabe bestimmt gewesen? Hatte man sie nur deshalb »elektrisch aufgeladen«, um sie vor unerlaubten Zugriffen zu schützen? Und

weshalb ausgerechnet bei einem Behälter, der ja angeblich nur als Aufbewahrungsstätte der mosaischen Gesetze Verwendung fand?
Was *verbarg* die »Lade des Herrn« in Wirklichkeit?
Sicher ist eines: Sie stellte damals einen wesentlichen *Machtfaktor* dar, der nicht nur dem eigenen Volk, sondern auch den Feinden Israels größten Respekt abverlangte – was keineswegs nur damit zu erklären war, daß es sich bei der Lade eben um eine Art Schrein handelte, dem bestimmte religiöse Reliquien anvertraut waren. Hier mußte auch noch anderes im Spiel gewesen sein, sonst hätten sich fremde Völker – so die *Philister* – nicht mit größter Hingabe bemüht, dieses außergewöhnliche Gut den Israeliten abzujagen.
Wie war nun überhaupt das umstrittene »Corpus delicti« beschaffen? Wir kennen zwar die Anleitung, nach welchen Richtlinien es gebaut werden sollte, unterschiedliche Auffassungen gibt es hingegen über den *Sinn* jener Anordnung aus dem *Exodus*, Kapitel 25, Vers 15, die da lautet: »Die Stangen sollen in den Ringen der Lade bleiben; man soll sie aus ihnen nicht herausziehen.«
Der Sachbuchautor *Jochim Pahl* (»Sternenmenschen sind unter uns«) deutet dies als Beweis dafür, eine Art Selbstschutz für die Ladenträger installiert zu haben. Er bezieht sich dabei auf die *Gummi-Isolierung* der Stangen. Hingegen neigt der Franzose *Robert Charroux* (»Phantastische Vergangenheit«, Herbig 1967) zu einer anderen Auffassung. Er sieht den eigentlichen Zweck, die Stangen in den Ringen zu belassen, darin, auf diese Weise den Strom bei der Erdung von der Kranzleiste in den Boden ableiten zu können. In dem Blattgoldüberzug inner- und außerhalb der Bundeslade vermutet Charroux zwei metallische Leiter, die durch einen Nichtleiter isoliert wurden, wobei man dieses System durch eine umlaufende, natürlich ebenfalls vergoldete Kranzleiste ergänzt und vervollständigt habe.
Nach der Auffassung von Charroux erreichte das natürliche elektrische Feld eine Spannung von 500 bis 600 Volt pro Vertikalmeter, was er damit begründete, weil jene Gegend, durch

die der »Herr«, respektive: die Lade, von den Israeliten getragen worden sei, warm und trocken ist. Der französische Spezialist grenzwissenschaftlicher Veröffentlichungen schließt keineswegs aus, daß bei diesem Transport auch sogenannte *Galvanische Säulen* vorhanden gewesen sein könnten. Dann hätte die Kranzleiste der Bundeslade dazu gedient, meint Charroux, die Säulen beziehungsweise den *Kondensator* aufzuladen.

Wir gehen da allerdings mit unserem Kollegen nicht ganz konform: Aus Charroux's Interpretation geht nämlich nicht klar hervor, *auf welche Weise* der Strom in den Boden abgeleitet werden konnte. Die Stangen berührten ihn nämlich überhaupt nicht, ja sie waren sogar durch den äußeren Blattgoldüberzug *leitend* mit der Außenhülle der Bundeslade verbunden. So aber wäre deren elektrostatische Ladung in jedem Fall durch die *Träger* abgeleitet worden, was den Ärmsten einen gehörigen Stromschlag versetzt hätte.

Jörg Dendl, ein Berliner Publizist, hat sich ebenfalls mit der bewußten Anweisung im *Exodus* 25,15 auseinandergesetzt. Er entdeckte einen klärenden Hinweis im *Numeri* (4. Buch Moses), Kapitel 4, Vers 5 und 6:

»Beim Aufbruch des Lagers gehen Aaron und seine Söhne hinein (ins Offenbarungszelt. D. V.), lassen den verdeckenden Vorhang herab und umhüllen damit die Gesetzeslade. Dann legen sie eine Decke aus Tachafell darüber, breiten ein ganz aus violettem Purpur bestehendes Tuch darauf und stecken die zugehörigen Stangen ein.«

»Daraus schließe ich, daß es einmal Tragstangen gab, die beim Aufstellen im Zelt aus den Ringen herausgezogen wurden«, schrieb uns Dendl. Seiner Meinung nach hat es aber offenbar auch noch andere, nicht näher erklärte »Stangen« gegeben, die jedoch *eine andere Funktion* gehabt haben müssen. Er vermutet dahinter eine *Antennenanlage*, worauf ihn eine Anweisung gebracht haben will, die im *Exodus* 25,22 wiedergegeben wird. »Gott« spricht zu Moses:

»Dortselbst will ich mich dir offenbaren von der Deckplatte aus, die auf der Lade des Zeugnisses ist, von der Stelle zwischen den beiden Kerubim. Alles will ich dir sagen, was ich dir für die Israeliten auftragen werde.«

Daraus ginge wohl deutlich hervor, daß es sich bei der Bundeslade um eine Art Funkgerät gehandelt haben müsse, meint unser Berliner Informant. Hier geht er (gewollt oder zufällig) mit *Erich von Däniken* konform, der schon in seinem 1968 erschienenen Erstling (»Erinnerungen an die Zukunft«) darüber spekulierte, ob nicht einer der beiden Kerubim auf der Deckplatte vielleicht als Magnet wirksam gewesen sei – somit jene Konstruktion insgesamt als eine Art Lautsprecher, ja sogar als Gegensprechanlage zwischen Moses und seinem »göttlichen« Auftraggeber benützt werden konnte.
Tatsächlich erinnert die Anordnung zum Bau der Lade auffällig an die Form eines elektrostatischen Megaphons. Dieses teuerste aller HiFi-Klanggeräte ist flach wie ein Bild und besteht aus zwei durch eine Isolierschicht getrennten Metallfolien, die völlig frei schwingen können. Legt man an die Platten die Pole einer Gleichstromquelle von etwa einigen tausend Volt, dann entsteht ein *Plattenkondensator*. Legt man nun zusätzlich noch einen Wechselstrom, nämlich den klangmodulierten Strom eines kleinen Verstärkers, so schwingen die Platten mit einer geradezu idealen Klangreinheit und einer Leistung, die einen Saal zu füllen vermag. Ist der Verstärker entsprechend klein, kann man dies mit der Gleichstromvorspannung und mit der Größe der Platten *ausgleichen*. Bei einer fortgeschrittenen Technologie könnte bereits der Strom aus einem Kristalldetektor (Kristall und Abnehmerdraht) die Platten hinreichend zum Schwingen bringen, was wiederum eine gute Verständigung zwischen Auftraggeber und Bundeslade ermöglicht hätte.
Solche Kontakte – zumindest in *eine* Richtung hin (vom Auftraggeber, dem »Herrn«, zu Moses, Aaron und ihren Priestern. D. V.) – hat es ja damals tatsächlich gegeben, wie im *Numeri* 20,6 nachgelesen werden kann:

»Moses und Aaron gingen von der Gemeinde weg vor den Eingang des Offenbarungszeltes. Sie warfen sich auf ihr Antlitz nieder, und es erschien die Herrlichkeit des Herrn.«

Noch deutlicher vernimmt man es in kabbalistischen Texten. So im *Sohar*, einer jüdischen Geheimschrift. Da wird ausdrücklich darauf aufmerksam gemacht, daß alles, was vor der Bundeslade im Offenbarungszelt zum Höchsten gesprochen worden ist, dies in deutlichen Worten (und nicht nur gemurmelt) zu erfolgen hatte. Also genauso, wie man sich vor einem modernen *Mikrophon* artikulieren muß. Die *KHV 595* (Kleine Heilige Versammlung), eines der drei Bücher des *Sohar*, gebietet:

»Und deshalb muß jeder Wunsch und jedes Gebet, welches ein Mensch erfüllt sehen möchte, vor den Heiligen – gesegnet sei Er! – kommen und mit Worten von seinen Lippen gesprochen werden. Denn wenn sie nicht herauskommen (aus dem Mund), sind seine Gebete nicht gebetet und seine Wünsche nicht gewünscht. Und sobald die Worte herauskommen (aus dem Mund), brechen sie durch den Äther, steigen auf und fliegen und werden in die Stimme umgewandelt. Und sie werden von jenen empfangen, die sie zu empfangen haben.«

»... brechen durch den Äther (also durch den *Luftraum*), steigen auf und fliegen UND WERDEN IN DIE STIMME UMGEWANDELT...« (Großschreibung durch die Verfasser!) Sind das nicht geradezu überdeutliche Erklärungen, *warum weshalb* etwas zu geschehen hatte? Ja, die *KHV 592* präzisiert diesen Vorgang noch erheblich, läßt an dem *technischen* Hintergrund damaliger Kontakte keinerlei Zweifel:

»Und jene Sprache, die hinausgeht, durchbricht den Äther (oder: Luftraum) und ergießt sich und steigt auf und fliegt in das Universum. Und die ›Stimme‹ wird daraus gemacht. Und die Herren der Fittiche empfangen diese Stimme und tragen sie zum König, und sie geht in seine Ohren.«

1

2

3

6

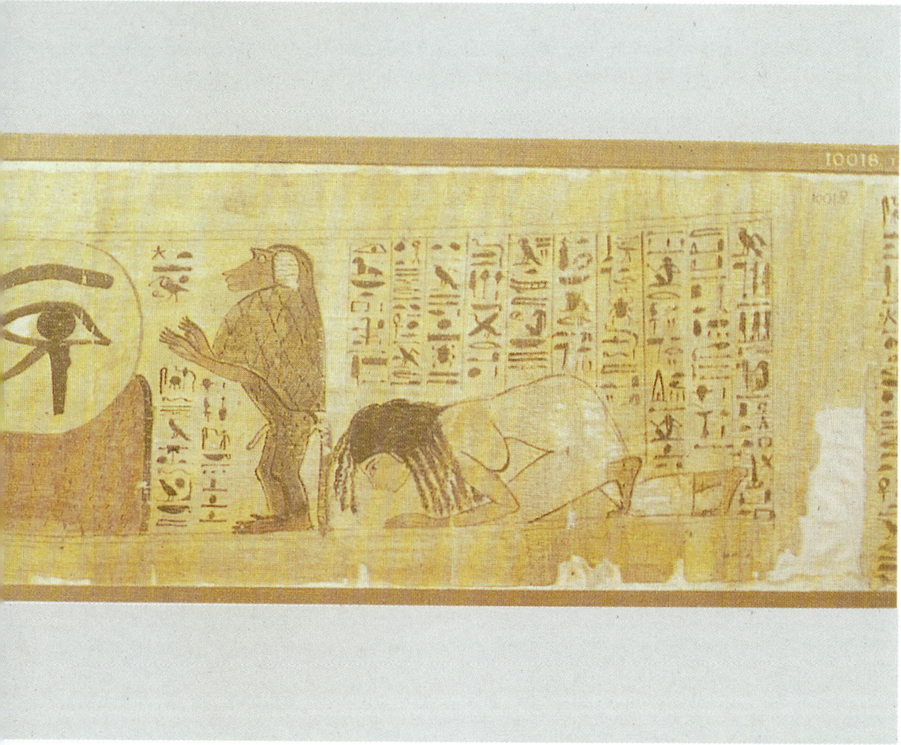

7

8

1 *Die Chephrenpyramide und ihr steinerner Wächter, der Sphinx. Zwei Wahrzeichen aus dem alten Ägypten, deren Geheimnis bislang unenthüllt geblieben ist.*

2 *Nur ein Gipsabdruck ist von dem berühmten astronomischen Tierkreis geblieben, der in einer alten Mysterienkapelle auf dem Flachdach des Hathortempels besichtigt werden kann. Denderas Original ziert den Louvre in Paris.*

3 *Nie wurde Thot, der Gott der Wissenschaften, mit menschlichem Antlitz abgebildet. Er zeigte sich nur in Tiermasken. Eine davon war die des Storchvogels Ibis…*

4 *…die andere zeigte Thot in der Gestalt eines Pavians mit froschartigem Gesicht. Er war von abnormaler Größe – ein Riese, auch nach heutigen Maßen.*

5 *Obelisken haben als altägyptische Symbole die ganze Welt erobert. Sie besaßen in frühester Zeit eine andere Bedeutung und verkörpern tatsächlich Abbilder von präägyptischen Flugkörpern, die raketenähnlich geformt waren.*

6 *Die Ähnlichkeit des Obelisken mit einer modernen Rakete ist kein Zufall. In seiner Urform brachte er, so ist überliefert, den »Sonnengott« auf die Erde. Hinter dieser Gottheit verbarg sich niemand geringerer als Thot.*

7 *Auch wenn Ägyptologen dahinter nur ein Symbol vermuten: Das »Auge des Rê« war in Wirklichkeit ein höchst gefährliches Fluggerät. Hinter der Affengestalt verbirgt sich ihr Benützer – Thot, der mysteriöse »Gott der Wissenschaften«.*

8 *Eine überaus geglückte Darstellung von Thots »Sonnenbarke«. Die »Schlange«, die sich inmitten des fliegenden Objektes aufrichtet, verkörperte bei den alten Ägyptern das Symbol für »Energie«. Die Antriebskraft, die das Gefährt flugtauglich machte.*

Hier wird, durchaus verständlich, die erfolgende *Umwandlung* von Sprache zu *Stimme* dargestellt – also (um zeitgemäß zu formulieren:) die Umwandlung der *akustischen* Signale in *elektromagnetische* Wellen. Typische Symptome eines uns geläufigen *Funkverkehrs!* Am Empfangsgerät, hoch über der Erde – im »Universum« (wie unmißverständlich im *Sohar* angegeben wird) –, warteten bereits die *Herren der Fittiche*, um das Gewünschte oder Gemeldete via Funk an den »König«, beziehungsweise ihren Chef (oder Kommandanten) zu übermitteln.

Wer waren jene »Herren der Fittiche«?

Fittiche, so belehrt uns der hier wohl unverdächtige *Duden* (Band 8: »Die sinn- und sachverwandten Wörter«), 2. Auflage 1986, ist das Synonym für »Flügel«, kann aber auch mit »sich um jemanden kümmern« übersetzt werden. Beides hat im »Fall Moses« seine absolute Berechtigung. Aus der kabbalistischen Textstelle wird auch deutlich, daß es zwar zu Moses Zeiten einen sogenannten »Herrn« (sozusagen einen »Chef«) gegeben hat, tatsächlich jedoch eine zahlenmäßig nicht definierte außerirdische Raumfahrercrew (= Mannschaft) in Erscheinung trat. Die Bezeichnung »Herren der Fittiche« kann deshalb durchaus in Verbindung mit dem Begriff *fliegen* gesehen werden – denn wie wir ja wissen, waren die Auftraggeber des Moses mit (mindestens) einem Fluggerät unterwegs.

Auffallend an allen diesen biblischen und außerbiblischen Angaben ist auch, daß die Kontakte zwischen Moses, Aaron und den Leviten sowie ihren »Herren« offensichtlich nur *akustisch* erfolgt sind. Was zwar nicht unbedingt ausschließt, daß die Fremden (vielleicht über die Bundeslade) über einen Fernsehempfang verfügt haben könnten (sie also Moses und seine Priester während der zeremoniellen Rituale bzw. Funkkontakte durchaus zu *sehen* – und nicht nur zu hören – vermochten) – im umgekehrten Fall sich den Israeliten im Offenbarungszelt nicht von Angesicht zu Angesicht zeigten. Eine solche »Sich-zur-Schau-Stellung« erfolgte nur in Ausnahmsfällen – beispielsweise als Moses, Aaron, dessen Söhne Nadab und Abihu sowie siebzig der Ältesten in Israels Gemeinde (auf Anordnung der »Kommandozentrale«) den Berg Sinai erstiegen. Im *Exodus* 24,10 und 24,11 heißt es dazu:

»Sie schauten den Gott Israels. Unter seinen Füßen war es wie Saphirplatten und wie der Himmel selber in seiner strahlenden Reinheit. Er aber streckte seine Hand nicht aus gegen die Edlen der Israeliten; sie durften Gott schauen und konnten danach unbehelligt essen und trinken.«

Es mag psychologische Gründe gehabt haben, weshalb die Auftraggeber des Moses im normalen Kontakt über die Bundeslade den Leviten im Offenbarungszelt (das aus Sicherheitsgründen – *Radioaktivität!* – stets nur in achtbarer Entfernung zur Lagerstätte der israelitischen Gemeinde aufgestellt werden durfte. D. V.) lediglich *akustischen* Sprechverkehr gestatteten. Diesen aber hat es – im wortwörtlichen Sinn – tatsächlich gegeben. Was seine nochmalige Bestätigung auch im Psalm 130, Vers 1 und 2, der Bibel findet:

»Aus der Tiefe rufe ich zu dir, o Herr.
Höre, Herr, auf meine Stimme!
Mögen deine Ohren lauschen auf mein lautes Flehen!«

Da man mit jenem Empfänger (der Bundeslade) also ohne weiteres auch *senden* konnte (was ganz offensichtlich ohne lästiges Umschalten möglich war), kann angenommen werden, daß der Kondensator (der dazu wahrscheinlich selbst die Stromquelle geliefert haben dürfte – oder durch die von *Charroux* vermuteten Galvanischen Säulen beliefert worden sein könnte) im Endeffekt wie ein *Kondensator-Mikrophon* funktionierte.
Die durch den Gummiüberzug aus der Akazie vorzüglich isolierten Stangen wären dann durchaus für die Aufgabe geeignet gewesen, wirkungsvolle *Antennen* abzugeben.
Vorzugsweise waren sie natürlich *senkrecht* ausgerichtet – und zwar hin zum Gipfel des »Gottesberges«, auf dem sich

das Fluggerät und somit wohl auch die »Kommandozentrale« der Außerirdischen befand. Auf diese Weise war man im Offenbarungszelt stets sende- und empfangsbereit. Das war wahrscheinlich der Grund, weshalb Moses und seinen Priestern verboten worden war, die Stangen aus den Ringen der Bundeslade herauszuziehen.
Freilich ist es ein etwas spekulativer Gedanke, aus dem Aufbau der Anlage allein schließen zu wollen, es habe sich hierbei um ein lupenreines *Abhörgerät* gehandelt. Da sich aber in dem fliegenden Gefährt des »Herrn« bzw. auf dem Gipfel des sogenannten »Gottesberges« mit größter Wahrscheinlichkeit die hierfür entsprechenden Verstärkeranlagen befunden haben dürften, waren Moses' Auftraggeber durchaus in der Lage, im Umkreis von mehreren Metern im Bereich der Bundeslade *alles zu verstehen*, was von den Leviten (einschließlich Moses und Aaron) auch im *Umkreis* der Lade gesprochen wurde.
Natürlich konnte es nicht ausbleiben, daß sich in jüngerer Zeit verschiedene Leute an der Rekonstruktion des »heiligen Schreins« versuchten. Seit einem Vierteljahrhundert bereits spuken Geschichten durch Buch- und Zeitungsspalten, die davon wissen wollen, daß amerikanische College-Studenten sowie ein israelischer Professor namens *Moshe Levine* das Experiment gewagt und erfolgreich beendet hätten. Da wie dort soll es angeblich gelungen sein, ein funktionstüchtiges Ladenmodell anzufertigen – was selbst Dokumentarfilmer nicht unbeeindruckt ließ: Dänikens *»Erinnerungen an die Zukunft«* zeigte deswegen Levines Rekonstruktion, und der Kommentator behauptete dazu, hierbei handle es sich um ein gefährliches, stromführendes Instrument.
Da wie dort haben sich diesbezügliche Behauptungen als »Enten« erwiesen. »Professor« Levine entpuppte sich als höchst unwissenschaftlicher Diamantenhändler; sein vorgeführter und abgebildeter Schrein war bloß streichholzschachtelgroß und absolut nicht »elektrisierend«. Die College-Studenten lösten sich, bei näherer Untersuchung, sogar völlig in Luft auf.

Der einzige, der es tatsächlich schaffte, ein maßstabgerechtes (allerdings nicht stromhaltiges) Ladenmodell fertigzustellen und öffentlich zu präsentieren, ist der Student und Publizist *Jörg Dendl.* Der 28jährige Berliner (Studium von Geschichte und Germanistik im 10. Semester an der Freien Universität) zeigte das Modell im Rahmen eines Weltkongresses der »*Ancient Astronaut Society*« 1991 in seiner Heimatstadt. Die von ihm nachgebaute Bundeslade konnte man gefahrlos berühren – bei der echten zu Moses Zeiten wäre dies nicht ratsam gewesen. Da handelte es sich zweifelsfrei um ein stromführendes Gerät. Das war wohl auch der Grund, weshalb sich Moses und die Priester nur mit einem speziell präparierten Gewand der »Gotteslade« zu nähern wagten. Wer diesem Erfordernis zuwider handelte, befand sich in akuter Lebensgefahr! Was sich an den bisher von uns aufgezeigten Fällen (dem Stromtod der Aaron-Söhne *Nadab* und *Abihu* sowie jenem von *Ussa*) tragisch bestätigte.
Im 1. Buch *Samuel* (Kapitel 5 und 6) wird der tatsächliche Wirkungsgrad der unberechenbaren Lade anschaulich geschildert. Dabei kamen *Philister* ums Leben. Die Philister waren nichtsemitische Seefahrer, die sich ungefähr zu jener Zeit an der Küste des Mittelländischen Meeres angesiedelt hatten, als auch die Israeliten nach ihrem Auszug aus Ägypten dieses Gebiet durchquerten. Es kam zu Auseinandersetzungen, wobei die Israeliten den kürzeren zogen und ihr Statussymbol, die Bundeslade, an die Philister verloren. Die aber ahnten nicht, was sie sich damit eingehandelt hatten. Im Triumphzug brachten sie ihre Beute nach Asdod und stellten die Lade im Tempel ihres Gottes Dagon neben dessen Statue auf. Das hätten sie besser nicht tun sollen, denn die neugierigen Stadtbewohner, die von der Gefährlichkeit der Sehenswürdigkeit nichts ahnten, eilten herbei, um Dagon zu huldigen. Zwangsläufig kamen einige von ihnen dem israelitischen Heiligtum empfindlich nahe – zu nahe wahrscheinlich. Einige dürften den kostbaren, harmlos scheinenden Schrein möglicherweise sogar berührt haben. Es kam, was kommen mußte – die Katastrophe nahm ihren Lauf.

»Schwer lastete die Hand des Herrn auf den Bewohnern von Asdod. Er richtete unter ihnen Verheerungen an und schlug sie mit Geschwüren in Asdod und dessen Gebiet.« (Sam. 5,6)

Schockiert transportierte man die tödliche Lade in eine andere Stadt: nach *Gat*. Aber auch dort...

»...entstand durch die Hand des Herrn eine überaus große Bestürzung in der Stadt. Er schlug die Stadtbewohner, groß und klein, so daß Geschwüre an ihnen aufbrachen.« (Sam. 5,9)

Es kam zu einer Panik. Längst war im ganzen Philisterland die Kunde von dem tödlichen Fluch, der dem Beutestück der Israeliten anhaftete, publik geworden. Die Lade war inzwischen nach *Ekron* weiterbefördert worden – doch auch hier kam es zu einer verheerenden Seuche. In einem »Gipfeltreffen« faßten schließlich die fünf regierenden Fürsten von Gaza, Askalon, Asdod, Ekron und Gat den einhelligen Beschluß, sich von der Siegesbeute zu trennen:

»›Sendet die Lade des Gottes Israel zurück, wo sie hingehört!...‹ Denn tödliche Bestürzung herrschte in der ganzen Stadt. Die Hand Gottes lastete schwer auf ihr. Die Menschen, die nicht starben, wurden mit Geschwüren geschlagen. Das Geschrei der Stadt (Ekron) stieg zum Himmel empor.« (Sam. 5,11–5,12)

Sieben Monate war die Bundeslade in der Hand der Philister gewesen – jetzt gab man dort klein bei. Nebst einer beträchtlichen Entschädigung in Form von *Gold* (das die Israeliten dem deprimierten und demoralisierten Gegner sozusagen als »Schmerzensgeld« abgerungen hatten), wurde auch das erbeutete Heiligtum seinen Eigentümern zurückerstattet.
Wer aber nun meint, damit hätte die »Hand Gottes« abgelassen, Unheil zu säen, irrt: Zwar befand sich jetzt die Bundes-

lade wieder in jüdischem Besitz, doch wie zum Beweis, daß es sich bei dem Gerät um kein göttliches Instrument, sondern vielmehr um ein lebensgefährliches Gerät handelte, machte in der Folge die Lade keinen Unterschied zwischen Philistern und Israeliten. Ganz offensichtlich war sie zunächst auch in jüdischer Hand nicht vorschriftsmäßig bedient worden, läßt sich jedenfalls vermuten. Man hatte den Gottesschrein inzwischen in die israelitische Stadt *Bet-Schemesch* verfrachtet, aber auch dort kannte das teuflische Ding kein Erbarmen.
Im 1. Buch *Samuel*, 6. Kapitel, wird die Leidensgeschichte der hiesigen Bürger erzählt:

»Die Leute von Bet-Schemesch hielten gerade Weizenernte im Tal. Sie schauten auf, und als sie die Lade erblickten, gingen sie ihr freudig entgegen... Die Leviten hoben die Lade des Herrn (vom Wagen) herunter und die Satteltasche neben ihr, in der die goldenen Gegenstände waren... Die Bewohner von Bet-Schemesch brachten an jenem Tage dem Herrn Brandopfer und Schlachtopfer dar... Der Herr aber schlug die Einwohner von Bet-Schemesch, weil sie in die Lade des Herrn hineingeschaut hatten. Er schlug vom Volke 70 Mann. Nun wurde das Volk sehr betrübt, weil der Herr einen schweren Schlag wider die Leute geführt hatte.« (Sam 6,13; 6,15; 6,19)

Der Bibeltext macht die Ursache der Katastrophe deutlich: Einige Vorwitzige hatten sich der Bundeslade vorschriftwidrig genähert, ohne jedoch die dafür unbedingt erforderlichen präparierten Gewänder angelegt zu haben. Bei der Beulenplage, die allerorts auftrat, handelte es sich wohl kaum um irgendeine Seuche. Beulenartige Hautaufbrüche, verbunden mit Erbrechen (auch davon spricht der Bibeltext an anderer Stelle. D. V.) sind vielmehr typische Symptome *radioaktiver Verbrennung*.
Zwar beruhigte sich die Situation, nachdem man die Lade schließlich den israelitischen Priestern – den zuvor erwähnten *Leviten* – zu treuen Händen übergeben hatte. Denn diese

kannten ja die Handhabung des Gerätes. In diesem Zusammenhang verdient ein Abschnitt aus dem *Leviticus* erwähnt zu werden.
Im Kapitel 16, Vers 1 bis 4, findet sich ein deutlicher Hinweis über den wahren »Charakter« der sogenannten Gotteslade. Es enthält aber auch ebenso präzise Verhaltensmaßregeln zum Schutz des menschlichen Lebens.
Auslösender Faktor für jene »göttliche« Warnung, die Moses erreichte, war das tragische Ende der Aaron-Söhne Nadab und Abihu gewesen. Es veranlaßte den (oder die) Auftraggeber, gewisse Sicherheitsvorkehrungen zu treffen. Der Tribun wurde zudem aufgefordert, mit dem Leviten Aaron ein ernstes Wörtchen zu reden. Offenbar gab man dem die Hauptschuld an dem leichtsinnigen Verhalten seiner Jungen, weil er zuvor möglicherweise ein schlechtes Beispiel gegeben hatte.
In jedem Fall zeigt diese Bibelstelle auf, welch gefährliches Instrument die Bundeslade war.

»Der Herr redete zu Moses nach dem Tode der beiden Söhne Aarons, die vor den Herrn getreten waren und sterben mußten, und es sprach der Herr zu Moses: ›Sage deinem Bruder Aaron, daß er nicht jederzeit hineingehen darf in das Heiligtum, hinter den Vorhang, vor die Deckplatte auf der Lade, sonst müßte er sterben. Denn in der Wolke über der Deckplatte erscheine ich! Nur unter folgender Bedingung darf Aaron das Heiligtum betreten: mit einem Jungstier als Sündopfer und mit einem Widder als Brandopfer. Einen heiligen Leibrock von Linnen muß er anhaben, linnerne Beinkleider müssen seine Blöße bedecken, mit einem linnernen Gürtel muß er sich umgürten und einen Turban von Linnen umbinden; heilige Kleider sind es. Er soll sich baden und sie dann anlegen.‹«

Wie sich hier zeigt, hatten die Hüter des israelitischen »Heiligtums« strenge Anordnungen zu befolgen. Sie durften das Offenbarungszelt, in dem sich die Lade des »Herrn« befand, nur mit einer bestimmten und eigens hierfür präparierten Kleidung betreten. Dabei handelte es sich keineswegs bloß um simple Kultgewänder, sondern um schützendes Material, wie auch im *Exodus* 28,36–28,38 deutlich hervorgehoben wird:

»Dann verfertige ein Stirnblatt aus reinem Gold und graviere darauf in Siegelstecherarbeit ein: ›Heilig dem Herrn‹! Befestige es an einer Schnur von violetter Purpurwolle, um es am Turban anzubringen; auf der Vorderseite des Turbans soll es sich befinden. Es soll auf Aarons Stirn sein... Ständig soll es auf Aarons Stirn sein, damit sie Wohlgefallen vor dem Herrn finden!«

Aaron und die übrigen Priester waren also dazu angehalten worden (was seine Söhne offenbar nicht beherzigt hatten. D. V.), eine Art Augen- und Blendschutz zu tragen, solange sie ihre Tätigkeit im Offenbarungszelt vor der Bundeslade verrichteten. Wie sich aus der textlichen Beschreibung erkennen läßt, war auch die Kleidung hochgeschlossen und ließ bis auf Kopf und Hände keinen anderen Körperteil unbedeckt. Empfindliche Hautstellen, so das Gesicht und die Hände, mußten »gesalbt«, also mit *schützendem* Öl eingerieben werden. Es bewahrte auch Moses während seiner Begegnungen mit dem »Herrn« auf dem sogenannten Gottesberg sowie bei seinen bestimmten Arbeiten an der Anlage im Zelt vor den schädlichen Einflüssen *radioaktiver Strahlung*. Denn nur die war es gewesen, die beispielsweise zu jener »Seuche« etwa bei den Philistern geführt hatte.
Mit Öl gesalbt mußten jedoch nicht nur die ihren Dienst verrichtenden Leviten werden – Moses hatte auch den Auftrag, sämtliche Utensilien im »Allerheiligsten« einzuölen. Was Exegeten später lediglich als religiöse Kulthandlung eingestuft haben, uns vielleicht als Ritual erklärbar scheint, hatte in Wirklichkeit seine auch durchaus *technische* Bedeutung.
Öl hat nämlich unter anderem die löbliche Eigenschaft, Ge-

genstände, die ihre Besitzer für wichtig erachten, vor einer drohenden *Korrosion* zu bewahren. Ganz abgesehen von dem uns heute vertrauten Umstand, Öl auch zum Schmieren beweglicher Teile von Fahrzeugen oder bei Haushaltsgeräten heranzuziehen. So ein (natürlich als »heilig« geltendes) Salböl herzustellen, wurde auch Moses von höchster Stelle aufgetragen – und im AT der Bibel werden uns die hierfür erforderlichen Ingredienzen nicht verschwiegen:

»Nimm dir Duftkräuter edelster Sorte, erstarrte Tropfenmyrrhe – 500 Sekel (hebräische Gewichts- und Münzeinheit. D. V.) –, wohlriechenden Zimt – davon die Hälfte, also 250 Sekel –, Würzrohr – ebenfalls 250 Sekel –, Zimtblüte – 500 Sekel nach heiligem Gewicht – und ein Hin Olivenöl. Hieraus stelle ein heiliges Salböl her, eine würzige Mischung, wie sie der Salbenmischer macht; heiliges Salböl soll es sein. Damit sollst du das Offenbarungszelt salben und die Lade des Zeugnisses, den Tisch und all sein Geräte, den Leuchter mit seinen Geräten und den Räucheraltar, den Brandopferaltar mit all seinen Geräten und das Becken mit seinem Gestell. Weihe sie so, daß sie etwas Hochheiliges sind; jeder, der sie berührt, wird selbst geweiht. Auch den Aaron und seine Söhne salbe, und weihe sie mir zum Priesterdienst!...« (Ex. 30,23–30,30)

Offenbar legte sich das »heilige« Öl wie ein schützender Film über die freiliegende Haut, während die sonstigen Körperteile durch die Spezialkleidung vom schädlichen Einfluß der Radioaktivität bewahrt blieben. Psalm 133,2 beschreibt das recht anschaulich in jubilierendem Ton: »Wie feines Öl auf dem Haupte, das niederrinnt in den Bart, in Aarons Bart, der hinabreichte bis zum Saum seiner Kleider...«

Jeder, der schon einmal Gelegenheit hatte, ein modernes Kernkraftwerk zu besuchen (oder wer des Inneren einer solchen Anlage via Film oder Fernsehen ansichtig wurde), wird sich gewiß an die Schutzanzüge erinnern, die jeder der dort tätigen Bediensteten vorschriftsmäßig zu tragen hat. Diese spezielle Kleidung dient dem Selbstschutz, macht Wissenschaftler und Techniker im wesentlichen immun gegen Strahlungseinflüsse. Eine hundertprozentige Gewähr hierfür ist freilich nicht gegeben, deshalb ist hygienisches Verhalten des Personals nicht nur Vorschrift, sondern schlichtweg eine Lebensnotwendigkeit. Und auf Reinlichkeit legten auch die Auftraggeber des Patriarchen Moses von Anfang an größten Wert. Es erscheint uns nicht übertrieben, wenn wir bestimmte Kulthandlungen der jüdischen Religion, wie sie heute noch üblich sind – das rituelle Waschen und Salben von Körperteilen – auf das mosaische Gesetz zurückführen, das aber (nach unserer Auffassung) ursprünglich einer spezifischen Aufgabe dienlich war: dem Dienst der Leviten vor der Lade des »Herrn«.

Jedenfalls erhielt Moses damals klare Anweisungen, wie die Gewänder, die er und seine Priesterschaft im Offenbarungszelt zu tragen hatten, beschaffen sein mußten:

»Mache das Obergewand des Ephod ganz aus violetter Purpurwolle. In seiner Mitte soll sich eine Öffnung für den Kopf befinden; ein ringsum besetzter Rand sei an seiner Öffnung; eine Webart wie bei der Öffnung eines Panzerhemdes soll es erhalten, damit es nicht zerreißt. An seinem Saum sollst du Granatäpfel aus violetter Purpurwolle, rotem Purpur und karmesinfarbenem Stoff anbringen, und zwar ringsum an seinem Saum, und dazwischen goldene Glöckchen ringsum. Es sollen sich immer ein goldenes Glöckchen und ein Granatapfel an dem Saum des Obergewandes ringsum abwechseln. Aaron soll es beim heiligen Dienst tragen, sein Ton soll zu hören sein, wenn er in das Heiligtum vor den Herrn tritt und

wenn er da wieder hinausgeht; sonst müßte er sterben.« (Ex. 28,31–28,35)

Bei der Beschreibung des »Kultgewandes« verblüfft die Erwähnung von »goldenen Glöckchen«. Sie *mußten*, laut Anweisung, am Saum des Obergewandes angebracht werden. Das hatte seinen besonderen Grund: Die Goldglöckchen dienten als *Signal*, und zwar für jene Leviten, die sich während bestimmter »heiliger« Handlungen (also bei der technischen Bedienung der Bundeslade) *außerhalb* des Zeltes aufhielten.

»Während der Wandertage in der Wüste hatten Moses und alle Priester Zugang zum Allerheiligsten, danach aber, im Tempel, war nur noch der Hohepriester und auch nur an diesem Tag zugelassen«, haben die beiden britischen Autoren *George Sassoon* und *Rodney Dale* im Verlauf eingehender Studien der *Kabbala* (jüdische Geheimlehre) herausgefunden:

»Niemand weiß, was er dann dort getrieben hat – aber es gibt einen Hinweis darauf, daß es sich nicht um eine religiöse Handlung im heutigen Sinne gehandelt hat. Dem SOHAR (das Hauptwerk der ›Kabbala‹) zufolge (3,67a) trug er eine goldene Kette um den Knöchel, die er hinter sich herzog. Falls etwas schiefgehen und er getötet oder verletzt werden sollte, konnten ihn die anderen Priester daran herausziehen. Wozu eine solche Vorsichtsmaßnahme bei einer gottesdienstlichen Handlung? Es wird zwar von Mystikern berichtet, die im Zustand religiöser Ekstase schon den Tod gefunden haben sollen, aber hier scheint eher eine reale, faßbare Gefahr vorhanden gewesen zu sein – jene Gefahr, der auch die Söhne Aarons und Ussa zum Opfer gefallen waren. Die Hohenpriester waren auch nicht notwendigerweise sehr alte Männer, die jeden Augenblick tot umfallen konnten. Deshalb muß es sich bei dem, was sich im Allerheiligsten befand, in der Tat um ein sehr gefährliches Objekt gehandelt haben.«

Deshalb auch die Glöckchen. Verstummten sie einmal für längere Zeit, dann wußten die außerhalb des Offenbarungszeltes Wartenden: Etwas *Bedrohliches* war geschehen.
Wenn wir uns im Zuge einer Analyse alttestamentlicher Bibelereignisse darauf festgelegt haben, hinter Moses' Auftraggebern *außerirdische* Ankömmlinge zu vermuten, dann deswegen, weil auch die Texte der jüdischen Geheimlehre *Kabbala* deutliche Hinweise in diese Richtung liefern. So in einer Legende, die sich auf ein Wesen namens *Metratron* bezieht. Metratron wird als Anführer der *Yorde Merkabah* bezeichnet – angebliche »himmlische« Reisende, die manchesmal in ihren »fliegenden Wagen« zur Erde herabgekommen sein sollen und alle Geheimnisse des gestirnten Himmels kannten.
Von Rabbi *Simon ben Jachai* erfahren wir im »Sohar« außerdem, daß die Chronisten der »Kabbala« von jeher mit der Ankunft überlegener Wesen aus dem Kosmos rechneten – ohne sich freilich zeitmäßig festzulegen.
Wußte auch Moses davon?
Mit Sicherheit kann angenommen werden, daß der wahrscheinlich uneheliche Sohn einer Pharaonentochter eine umfangreiche priesterliche Ausbildung erfahren hat. Welche Erkenntnisse mag Moses dabei gewonnen haben?
Gewisse Andeutungen hierüber sind nicht nur allein der Bibel zu entnehmen; auch mythologische Überlieferungen aus Ägyptens Altem Reich verschaffen uns Einblick. *Eliphas Levi* (1810–1875), einer der gelehrtesten Okkultisten in Frankreich (sein richtiger Name lautete *Alphonse-Louis Constant*), Verfasser von mehr als zweihundert Werken, bezog sich in seinen Schriften auf die außerordentlichen Fähigkeiten der altägyptischen Priesterschaft. Sie sei in der Lage gewesen, behauptete er, nach eigenem Ermessen ihre Tempel »in Wolken zu hüllen« sowie »in überirdischer Klarheit« *erstrahlen* zu lassen. Was dazu geführt habe, daß es im Umkreis der Tempel »tagsüber stockdunkel, nachts hingegen taghell« geworden sei. Lampen sollen sich auf wunderbare Weise »wie von selbst« entzündet haben, Götterbildnisse plötzlich »lichtum-

strahlt« gewesen sein – und ein fernes dumpfes Grollen habe die Gläubigen verängstigt.

Haben wir Grund, diese Erzählungen in Bausch und Bogen abzulehnen? Wäre es nicht vielmehr an der Zeit, jenen alten Texten größere Aufmerksamkeit zu schenken? Sie zu überprüfen und vorurteilslos zu analysieren? *Kein Volk* der Antike hat sich sachlich besser darzustellen verstanden als das *ägyptische!*

V
Pioniere, Forscher, Tempelräuber

Kann einem jungen, ehrgeizigen Archäologen Schlimmeres passieren? Schlimmeres als dem Idol aller Altertumsforscher, dem Franzosen *Auguste Mariette?*

Ausgerechnet ihm, dem es schon zu Beginn seiner Ausgräber-Tätigkeit in Ägypten gegönnt war, Mitte des vorigen Jahrhunderts archäologische Kostbarkeiten zu entdecken und aus dem Erdreich zu buddeln, ausgerechnet ihm hatte man zugemutet, Funde aus der Totenstadt in *Abu'u-Naga* im »Tal der Könige« – wieder *einzugraben!* »An markanter Stelle«, wie Mariette von hoher ägyptischer Behörde aufgetragen worden war.

Und alles deswegen, weil aus Paris der Besuch von *Louis Bonaparte*, ein Vetter Napoleons III., angekündigt worden war. Der kaiserliche Gesandte hatte es sich in den Kopf gesetzt, Ägyptens archäologische Sehenswürdigkeiten zu besichtigen. Das sollte an Ort und Stelle geschehen und außerdem Aktualitätswert besitzen. Also wurden die musealen Artefakte aus ruhmreicher Vorzeit von Auguste Mariette geschickt eingegraben, um sie, während Louis Bonapartes Besichtigung des Gräberfeldes, scheinbar zufällig ans Tageslicht befördern zu können.

Alle Mühe war vergeblich. Der junge Ägyptologe erhielt keine Gelegenheit, dem hohen Gast seine Funde persönlich zu überreichen. Im Gegenteil: Ihm blieb nur der Auftrag, das kunstvoll Vergrabene wieder aus dem Sand zu buddeln. *Ohne* Louis Bonaparte. Aber der hatte inzwischen umdisponiert und war zu Hause geblieben.

In dieser unerquicklichen Situation bewies Auguste Mariette, daß er, ein ehrgeiziger Archäologe, nicht nur außerordentlich begabt war – er verstand es fast ebensogut, sofort spontan und *diplomatisch* zu reagieren. Trotz des vergeblich in Szene gesetzten Täuschungsmanövers in Abu'u-Naga, machte der kluge Mann gute Miene zum blamablen Spiel, verpackte seinen wertvollen »Fund«, und schickte ihn »zu Handen seiner Durchlaucht Louis Bonaparte« mit ehrerbietigen Grüßen nach Paris.

Sein Tun wurde mit Zinseszinsen belohnt. Dank des Einflusses der Bonapartes in Frankreich und Ägypten avancierte Auguste Mariette postwendend zum »Directeur de Service des Antiquités« – zum *Konservator der ägyptischen Altertümer*.

So geschehen 1858. Im selben Jahr erfolgte auch Mariettes Ernennung zum Direktor des neugeschaffenen *Nationalmuseums* in Kairo.

Eindringlich appellierte jetzt der siebenunddreißigjährige Ägyptologe an die Gilde der Kunstsammler in aller Welt, den kostbaren archäologischen Schätzen aus dem alten Ägypten ihren Respekt zu erweisen, sie zu schonen und späteren Generationen unbeschädigt zu erhalten:

»Es besteht keine Notwendigkeit, die Bedeutung der Monumente, die die Ufer des Nils säumen, noch hervorzuheben. Für die Ägypter sind es Zeugen der früheren Größe und sozusagen die Patente ihres alten Adels. In den Augen der Fremden handelt es sich um die fragmentarischen Blätter der Archive einer der ruhmvollsten Nationen der Welt. Aber je höher wir Ägyptens Monumente einschätzen, desto mehr sollten wir bemüht sein, sie zu erhalten. Von ihrer Konservierung hängt zum Teil der Fortschritt jener interessanten Studien ab, die die Geschichte des alten Ägyptens zum Gegenstand haben. Außerdem ist ihre Erhaltung nicht nur für uns, die wir heute den Nutzen davon haben, sondern auch für die Ägyptologen späterer Zeiten sehr wichtig. Noch in fünfzig, hundert, ja in fünfhundert Jahren sollte Ägypten den Gelehrten, die es besuchen, dieselben Monumente zeigen können, die wir heute beschreiben.«

Mariette wußte, wovon er sprach. Und seine Mahnung war nicht zufällig erfolgt. Denn es war ein Landsmann von ihm gewesen, der in seiner hohen Position als napoleonischer Verwalter Oberägyptens eine nicht wiedergutzumachende Freveltat begangen hatte: General *Louis Charles Antoine Desaix*, seit dem Jahr 1820 in Amt und Würden, ließ es sich nämlich angelegen sein, den weithin als skrupellos bekannten Kunsthändler *Sébastian Louis Saulnier*, einen berüchtigten Sammler antiker Kostbarkeiten, höchstpersönlich auf eines der wertvollsten Stücke altägyptischer Herkunft aufmerksam zu machen: Auf den berühmt gewordenen *astronomischen Tierkreis* im *Hathor*-Tempel von *Dendera*. Er befand sich auf dem Flachdach der Kultstätte – in einer Mysterienkapelle im Deckengewölbe. Zwar ist die Rarität dort noch immer zu bewundern, doch handelt es sich *nicht* um das Original!

Es ist ein imponierendes Kunstwerk, das uns aus altägyptischer Zeit erhalten geblieben ist. Der große Kreis ist übersät mit Abbildungen tierischer, menschlicher und göttlicher Gestalten. Sie wurden in einen Globus eingemeißelt, umrahmt von den zwölf Zeichen des Tierkreises.

Vollendet wird der Symbolismus von den Gestalten zwölf verschiedener Götter und Göttinnen, die mit erhobenen Armen und ausgebreiteten Händen um den Globus verteilt worden sind. So haben es die Schöpfer des *Zodiakus* (gr.-lat. Wort für »Tierkreis«) vortrefflich verstanden, das gesamte Universum mit seiner unendlichen Bewegung im Sinnbild der Skulptur darzustellen.

Der Tierkreis von Dendera muß (um ihn richtig zu deuten) als eine Beschreibung des Himmels während einer bestimmten Epoche der Vergangenheit gelesen und verstanden werden. Um *welche* Epoche es sich handelt, bleibt verborgen. Jedenfalls stimmt die auf dem Zodiakus sichtbare Anordnung abgebildeter Konstellationen nicht mit jener überein, die wir heute am Himmel erkennen.

Dem Kunsthändler Louis Saulnier war sofort klar, welches Kleinod geradezu darauf wartete, in Besitz genommen zu werden. Sein Trachten war von nun an darauf ausgerichtet,

die Skulptur in die Hände zu bekommen. Natürlich preiswert, um sie später für eine entsprechend hohe Summe zu verkaufen.
Saulnier hatte sich alles genau überlegt. Es gelang ihm, einen Mann ausfindig zu machen und für seine kriminellen Pläne zu gewinnen, der das Abenteuer suchte und gewillt war, den Zodiakus aus der Mysterienkapelle in Dendera mit roher Gewalt (und illegal) an sich zu bringen. Danach sollte die altägyptische Rarität auf schnellstem Weg nach Kairo gebracht werden. Saulniers Komplice hieß *Jean Baptiste Lelorrain.* Sein Auftraggeber versorgte ihn mit einer hübschen Summe und wappnete ihn gegen finanzielle Eventualitäten. In seinem Gepäck verbarg Lelorrain zudem eine heikle Fracht: Mehrere Kilo *Schwarzpulver.* Damit sollte er – wenn Hammer und Meißel nicht ausreichten – den Tierkreis aus dem Deckengewölbe der Mysterienkapelle *sprengen!*
Lelorrain gelang es tatsächlich, den Sprengstoff in *Alexandria* unbemerkt an Land zu schmuggeln. Als harmloser Tourist getarnt, besuchte er Dendera, stieg auf das Tempeldach und hatte dort Zeit genug, um in der Mysterienkapelle die genaue Lage des Zodiakus im Deckengewölbe zu studieren und den Kunstraub vorzubereiten. Als erstes erkannte er die Nutzlosigkeit, für diese Tat Hammer und Meißel heranzuziehen. Die Skulptur war zu massiv in das Kapellendach eingearbeitet worden. Er mußte sprengen!
Lelorrain, ein ausgebildeter Ingenieur und versierter Techniker, traf umfangreiche Vorbereitungen. Zunächst engagierte er einige Fellachen (orientalische Bauern), was ihm bei der Armut dieser Leute nicht schwer fiel – entlohnte er sie doch relativ großzügig. Danach konnte das frevelhafte Werk beginnen.
Die günstigste Zeit hierfür, das wußte Lelorrain aus Erfahrung, war – die *Siesta.* Das ist jene Zeit des Tages, wo sich Touristen und Tempelpersonal in die Restauration nächst der Kultstätte beziehungsweise unter die schattigen Torbögen des Gebäudes flüchten, um der sengenden Mittagshitze zu entgehen.

Während dieser Stunden ist man innerhalb des Tempels völlig ungestört. Wir haben das selbst erlebt. Es war uns während dieser Zeitspanne möglich, unbelästigt vier Stunden in einer wichtigen Krypta Denderas zuzubringen und unser vorgesehenes Programm zu absolvieren. Lelorrain erging es nicht anders. Keiner der Wärter (die er mit einem entsprechenden »Bakschisch« geködert hatte) störte sein Vorhaben. Problemlos gelangte er mit seinen Helfern auf das Tempeldach. Der erste Sprengversuch ging jedoch daneben. Die Deckenkonstruktion der Mysterienkapelle war viel zu massiv. Zwei Wochen lang mühte sich die kleine Gruppe, ehe es ihr gelang, das Dach dieses Heiligtums (das *Osiris* geweiht ist) zum Einsturz zu bringen. Und selbst dann bedurfte es noch größter Anstrengungen, um die steinerne Himmelskarte mit Hilfe von Steinsägen und Meißeln aus ihrer Verankerung zu schlagen.

Auch beim Abtransport des Beutestücks gab es unerwartete Komplikationen. So wäre das Tierkreis-Artefakt beim Verladen auf ein gemietetes Boot um ein Haar über Bord gegangen und konnte gerade noch gerettet werden. Das Gewicht des Zodiakus hätte spielend ausgereicht, um ein für allemal im tiefen Schlamm des Nils zu versinken. Dann wäre die altägyptische Kostbarkeit unwiederbringlich für die Nachwelt verloren gewesen.

Aber Lelorrain hatte unverschämtes Glück. Es gelang ihm, sein Raubgut unversehrt nach Paris zu bringen und seinem Auftraggeber auszuhändigen.

Der Dendera-Tierkreis erwies sich für alle Beteiligten als gewinnbringendes Geschäft. Lelorrain wurde von Saulnier ausreichend entschädigt, und auch der rücksichtslose Kunsthändler kam auf seine Kosten: Er verkaufte das wertvolle Kleinod um stattliche 150 000 Francs an niemand geringeren als den französischen König *Louis Philippe*.

Seither kann im Osiris-Heiligtum am Flachdach des Hathor-Tempels nur noch ein *Gipsabdruck* der steinernen Himmelskarte besichtigt werden. Der originale Zodiakus befindet sich im Pariser *Louvre*.

Noch Jahrzehnte nach diesem spektakulären Diebstahl zeigte sich davon ein Mann betroffen, dem der Schutz altägyptischen Kulturgutes ein Anliegen war: jener Franzose namens Mariette, der 1858 zum ersten Direktor des Ägyptischen Nationalmuseums in Kairo ernannt wurde.
Im Jahr 1821 in *Boulogne* geboren, hatte sich *Auguste Ferdinand François* (so lautet Mariettes vollständiger Name) frühzeitig dem Studium der Archäologie zugewandt, wobei er sich bevorzugt der Spezialdisziplin Ägyptologie zuzuwenden begann.
Nach dem Abschluß seines Studiums erhielt Mariette, als Achtundzwanzigjähriger, eine Stellung im Louvre. Er wurde dort Wissenschaftlicher Assistent. Obwohl nur von geringem Wuchs, entwickelte sich Auguste Mariette, dank des sich in sieben Universitätsjahren angeeigneten profunden Wissens über die prä-ägyptische Kultur, zu einer dominierenden Persönlichkeit. Er beherrschte Englisch und Arabisch perfekt und las fließend die Hieroglyphen. Altägyptischen Texten widmete sich Mariette mit besonderer Hingabe. Er übersetzte sie gekonnt ins Französische.
Aber nicht nur Franzosen, auch die Engländer waren während dieser Zeit überaus aktiv. Archäologen aus dem Inselreich waren in Ägypten emsig unterwegs, um alte Schriften aufzukaufen. Auch in Frankreich wurde man auf die Briten aufmerksam. Man wollte dort deshalb nicht länger tatenlos zusehen, wie die wertvollsten Fundstücke nach London wanderten. Also faßte die Akademie der Wissenschaften in Paris den Beschluß, einen der ihren in das Land am Nil zu schicken, um den Engländern zuvorzukommen. Die Wahl fiel auf den Wissenschaftsassistenten Auguste Mariette, dem der Auftrag erteilt wurde, den Konkurrenten aus Großbritannien die wertvollsten Papyri vor der Nase wegzuschnappen.
Man schrieb das Jahr 1850. Am 2. Oktober desselben Jahres betrat der junge Ägyptologe zum erstenmal das Land seiner Sehnsucht. Kaum in Kairo angekommen, wurde Mariette ak-

tiv. Er besuchte sofort das koptische Patriarchat, hoffte er doch, über koptische Klöster an altägyptische Papyri heranzukommen. Die Wunschliste, die er den Klosterbrüdern vorgelegt hatte, war umfangreich: Er bat um koptische, syrische, arabische und äthiopische Manuskripte für die nationale Sammlung Frankreichs. Aber Mariettes Eifer wurde jäh gebremst: Am 17. Oktober vertröstete ihn das koptische Patriarchat mit der Auskunft, es würde längere Zeit dauern, ehe eine Entscheidung über seine Wünsche, jene Papyri käuflich zu erwerben, getroffen werden könnte.
Mariette war maßlos enttäuscht. Um sich abzulenken, bestieg er die Zitadelle von Kairo. Gedankenverloren starrte er auf die vor sich hindämmernde Stadt.

»Vom goldenen Dunst und dem feuerroten Schein der untergehenden Sonne umgeben, bildeten die zusammenstehenden Pyramiden ein imponierendes Schauspiel, das mich völlig überwältigte und mich mit einer beinahe schmerzverursachenden Pein überfiel.«

Diese so überaus plastische Beschreibung verfaßte Auguste Mariette allerdings erst sieben Jahre später.

Pionier in Hathors »Unterwelt«

Wenn auch die Suche nach den Apis-Stieren für den französischen Ägyptologen Mariette nicht von Erfolg gekrönt war (wobei es wirklich unsicher bleiben muß, ob die riesigen Sarkophage göttlichen Tierleichen dienten. D. V.), so steht außer Zweifel, daß er zu den produktivsten Ausgräbern seiner Zeit zu zählen ist. Er war der erste Ägyptologe, der alle Funde in diesem Land genauestens katalogisieren ließ. Er hatte die Idee, ein Museum in Kairo zu errichten und mit wichtigen Artefakten dieses Kulturkreises auszustatten, und – was wohl nur wenige wissen werden – auf ihn, Auguste Mariette, geht sogar das Libretto für die Oper »Aida« zurück, die *Guiseppe*

Verdi eigens zur Eröffnung des Suez-Kanals komponiert hatte. 1879 wurde der tatendurstige Franzose, der Ägypten schon längst zu seiner zweiten Heimat erkoren hatte (und wo er nunmehr auch lebte), mit dem Titel eines *Pascha* für seine Verdienste um dieses Land ausgezeichnet. Mariettes Sarkophag befindet sich im Vorgarten des Ägyptischen Museums in Kairo.

Wir aber wollen jetzt unser Augenmerk auf jene Phase im Leben des Auguste Mariette richten, in der die Galionsfigur unter Frankreichs Ägyptologen in das Gebiet von *Dendera* gelangte, um sich dort mit großer Akribie der Erforschung des *Hathor*-Tempels zu widmen. Dieses vorchristliche Heiligtum der alten Ägypter beeindruckte Mariette in besonderem Maße. Er war der erste, der dem Geheimnis der Kultstätte nachzuspüren versuchte; der erste, der es sofort unternahm, drei Stockwerke tief in die unbekannte untere Welt des Tempels hinabzusteigen, um dort, ambitioniert wie immer, nach archäologischen Schätzen zu suchen. Auguste Mariette verkroch sich in die engen, stickigen und völlig lichtlosen Katakomben (zwölf insgesamt). Fasziniert studierte der Ägyptologe – beim schwachen Schein einer Öllampe – jene ungewöhnlichen Reliefabbildungen, die man vor Jahrtausenden in die Kryptawände graviert hatte.

Mariettes zeichnerisches Talent kam dem Forscher dabei sehr entgegen. Mit sicherer Hand und feinem Strich skizzierte er die ihm vielfach unverständlichen Motive, die er erst Jahre später, 1869, in seinem fünfbändigen Werk über Dendera veröffentlichte. Es war im übrigen nicht die einzige Neuerscheinung, die sich mit dem Hathor-Tempel beschäftigte. Acht Jahre danach, 1877, präsentierte auch ein deutscher Altertumsforscher, *Johannes Dümichen*, seine »Bauurkunde von Dendera«.

Daß sich Auguste Mariette bei seiner ersten Erkundung des Hathor-Tempels mit dem Zeichenstift beholfen hatte und nicht, wie wir das heute tun, einen Fotoapparat benützte, lag daran, daß in jenen Jahren die Fotografie noch in ihren Kinderschuhen steckte. Das erste halbwegs brauchbare Verfah-

ren in dieser Richtung geht auf einen Landsmann Mariettes zurück – auf den Maler und Erfinder *Louis Jacques Mandé Daguerre*. Der Franzose entwickelte 1838 seine sogenannte *Daguerreotypie*, de facto die Vorläuferin der Fotografie: Versilberte Kupferplatten, mit Hilfe von Joddämpfen lichtempfindlich gemacht, die danach in der »Camera obscura« belichtet und mit Quecksilberdämpfen entwickelt imstande waren, ein *positives* Bild auf die Platte zu produzieren.
Ihm folgte die *Kollodiumplatte* (Archer 1851), *Trockenplatten* (Maddoy 1871), *farbempfindliche Platten* (Vogel 1873), und schließlich der 1884 von dem nordamerikanischen Industriellen *George Eastman* erfundene *Rollfilm* (dem vier Jahre darauf der *Kodakapparat* folgen sollte). Eastman begründete damals die heute weltbekannte »Eastman-Kodak-Gesellschaft«.
Was Mariette noch verwehrt war, wurde fünfundsechzig Jahre später, 1934, seinem Landsmann, dem Ägyptologen *Emile Chassinat*, möglich gemacht. Er veröffentlichte zwischen 1934 und 1952 mehrere Bände mit vielen präzis angefertigten Schwarzweiß-Fotos für das Institut *Français d'Archéologie Orientale* in Paris, wobei sämtliche Ausgaben in *Kairo* verlegt wurden. *(Le Temple de Dendera*, Bd. 1–4, Kairo 1934) Es wird den Leser interessieren: Die meisten der bei Chassinat und in diesem Buch dargestellten Fotos können in natura leider nicht mehr nachgeprüft werden. Seit dem Herbst des Jahres 1973 darf im Hathortempel von Dendera nur noch eine einzige Krypta von Touristen besichtigt werden. Die elf anderen Katakomben sind aus verschiedenen Gründen (über die noch zu sprechen sein wird. D. V.) für die Öffentlichkeit *gesperrt*, die an Schlupflöcher erinnernden Zugänge mit *Eisentüren* verschlossen.
So fleißig Auguste Mariette auch gewesen war, und wie gewissenhaft er die verschiedenen Darstellungen auf den unterirdischen Dendera-Reliefs mit dem Zeichenstift zu Papier gebracht hatte – sein Unverständnis für die Bedeutung jener Motive vermochte der Ägyptologe nicht zu leugnen. Er versuchte es auch gar nicht. Offenherzig machte Mariette in sei-

nem fünfbändigen Werk deutlich, daß weder Hieroglyphentexte noch damit verbundene Bilderszenen imstande gewesen waren, ihm irgendwelche »Hinweise zum Verständnis der Darstellungen« zu geben. Wen verwundert das? Als Auguste Mariette an seinem großen Werk über Dendera arbeitete (das 1869 erschien), hatte *Edison* die epochale Erfindung der Glühbirne noch nicht gemacht (1871). Möglicherweise war dem französischen Forscher der Begriff »Elektrizität« völlig fremd. Wie also sollte er den wahren Aussagegehalt der einzigartigen Reliefs begreifen? »Wenn auch Mariette zu jener Zeit in diesen Zeichnungen nichts Vernünftiges erblicken konnte«, kommentiert der dänische Schriftsteller und Elektroingenieur *Tons Brunés*, »so ist es doch verwunderlich, daß man heutzutage dieses eigenartige Bildmaterial nicht neu zu deuten versucht hat, denn mit unseren Kenntnissen von Elektrizität und elektrischen Prozessen braucht man nicht viel Phantasie, um in diesen Darstellungen die Kraftquelle Elektrizität wiederzuerkennen«. (*Energien der Urzeit*, Zug 1977)

Während man aber Auguste Mariettes Unverständnis über die tatsächliche Bedeutung der Dendera-Bilddokumente damit entschuldigen muß, daß darin gewisse Techniken behandelt werden, die erst Jahre und Jahrzehnte später Allgemeingut der Öffentlichkeit geworden sind, so erstaunt doch die oft zur Schau gestellte Ignoranz und Eingleisigkeit der neuzeitlichen Altertumsforschung im Hinblick auf die Aussagekraft der Tempelreliefs.

Fast scheint es, als werde dort der gelegentliche Gebrauch menschlicher Phantasie für ein verabscheuungswürdiges Delikt angesehen.

Um so höher muß heute die Arbeit Mariettes eingeschätzt werden, der, wenn er auch in den Wandgravuren keine ihm verständlichen Geschehnisse zu erkennen vermochte, ungeachtet dessen die einzelnen Reliefszenen mit dem Zeichenstift penibel wiedergab. Verständnis muß auch für die Bemühungen des Forschers aufgebracht werden, den von ihm diesen Darstellungen unterlegten Sinn aus seinem Weltbild heraus

zu deuten. »Aus seinem Gesichtswinkel und mit seinen Voraussetzungen sind die Interpretationen richtig«, befindet auch der Däne Brunés, »aber eine solche Interpretation ist für unsere Zeit nicht ausreichend.«
Die Voraussetzungen zum Verständnis der wahren Bedeutung dieser Reliefabbildungen hätten sich aber nunmehr geändert, setzt der Elektrofachmann fort. »Darum muß das gesamte Gebiet aufs neue mit größter Genauigkeit von Ägyptologen einerseits und Technikern andererseits, welche die übersetzten Texte interpretieren können, untersucht werden.« Nur dann, glaubt Brunés, könnte es möglich werden, »aus dieser gigantischen Bibliothek in Stein« ganz andere Dinge herauszulesen, als dies bisher geschehen ist.

Mafiosi – oder wer?

Lieber Leser, unternehmen Sie mit uns einen Ausflug in die jüngere Vergangenheit Ägyptens. Besteigen Sie mit uns eine imaginäre »Zeitmaschine«, und dirigieren wir sie zurück in das Jahr 1972. Wir befinden uns im Monat Dezember. Es kann aber auch – ganz wie Sie es wünschen – das Folgejahr (und irgendwann in den Monaten Januar bis Oktober) sein. Das nämlich ist der Zeitraum, an dem sich Unfaßbares in Dendera ereignete. Ein Kunstdiebstahl größten Ausmaßes, und offensichtlich unter Duldung der hierfür zuständigen Behörden. Buchstäblich unter ihren Augen plünderten damals unbekannte Täter mehrere der zwölf unterirdischen Kammern im Hathortempel, brachten unersetzliches Kulturgut außer Landes und konnten sich bei ihrem geglückten Raubzug auf die offensichtliche Wohlmeinung offizieller Stellen verlassen. Diese nämlich unternahmen zunächst nichts, um der Täter habhaft zu werden. Und als man schließlich (um den Schein zu wahren) aktiv wurde – war alles längst zu spät. Unersetzliche und überaus wertvolle Reliefs waren auf Nimmerwiedersehen verschwunden.
Seither sind elf der zwölf Krypten in Dendera für Besucher ge-

sperrt. Die im untersten Stockwerk liegenden hat eindringendes Grundwasser arg beschädigt, jene aber im nächsthöheren gelegenen kamen durch Menschenhand zu Schaden. War es üble Profitgier, die sich an kostbaren kulturellen Gütern Altägyptens bereicherte – oder waren die Hintergründe noch verwerflicher?
Einer, der es wissen wollte, war der deutsche Weltreisende *Peter Ehlebracht*. Er machte sich daran, den verwischten Spuren eines Unternehmens zu folgen, das in seiner Planung seinesgleichen sucht. Was er dabei herausfand, veröffentlichte er in dem Buch »Haltet die Pyramiden fest!« in dem sich Ehlebracht mit diversen Raubzügen in Ägypten auseinandersetzte. Und die Behörden mit unangenehmen Fragen »löcherte«. Was ihm nicht zum Vorteil gereichte – wie man verstehen kann.

»Mit dem Stichwort Dendera wurde der Inspektor noch reservierter, ja spürbar unangenehm, ein ängstlicher Mann, der seine Kühle spielte; er vermied es, mich anzusehen, ein Benehmen, das unter Arabern einer Beleidigung gleichkommt... Auf meine Fragen schwieg er... Die Genehmigungen des staatlichen Informationszentrums in Kairo akzeptierte er nicht, nicht mal den sonst wie ein Sesam-öffne-dich wirkenden ägyptischen Presseausweis. – In der blaugestrichenen Paschavilla erging es mir beim Polizeichef von Qena nicht anders: ›Wir gestatten Ihnen, was wir auch Touristen erlauben. Fragen Sie nicht nach den Vorfällen von 1973!‹«

Wer spricht schon gerne davon, oder will darauf antworten, was in jenen Monaten zwischen Dezember 1972 und Oktober 1973 hinter den dicken Tempelmauern Denderas geschehen ist? Wer ist schon bereit, nach erfolgreich verlaufenem Kunstraub Rede und Antwort zu stehen, wo doch das Ganze offensichtlich unter der Duldung höchster Stellen durchgeführt worden war? Und wo wohl beträchtliches »Bakschisch« (die Lieblingswährung verarmter Ägypter) jene Leute zum Wegschauen und Stillhalten bewogen haben dürfte, auf die es den Tätern letztlich ankam. »Auch andere ägyptische Tempel haben Krypten, doch nur die in Dendera waren mit Darstellungen in der ›erhabenen Form‹ ausgeschmückt«, erkannte auch Peter Ehlebracht. »Solche Reliefs waren Zeichen von besonderer Vornehmheit und großem Reichtum.«

Überhaupt kein Zweifel kann daran bestehen, daß der großangelegte Raubzug von langer Hand geplant worden war. Von wem – das ahnen oder wissen wohl nur jene, die damals, vor jetzt zwanzig Jahren, an der ruchlosen Tat beteiligt gewesen sind. Direkt oder indirekt (in dem sie dafür ihre Zustimmung gaben)...

»Quadratmetergroße Steinplatten lassen sich nicht mit dem Spatel oder der Pinzette von den Wänden lösen«, befindet Ehlebracht zu Recht. Auch ihr Abtransport muß offiziell getarnt und vertuscht worden sein, denn: »Ein Diebstahl über Monate konnte nur in Zusammenarbeit mit Gafiren (Grabwächtern) und unter einer jede Entdeckung in Betracht ziehenden Leitung durchgeführt werden. In Dendera war eine GmbH in Sachen Raub tätig...« So urteilt Peter Ehlebracht.

Seltsam, wie hilflos sich die ägyptischen Behörden nach dem Bekanntwerden des Kunstraubes verhielten. Selbst als sie von dem Direktor eines deutschen Museums einen Hinweis erhielten, wonach auf dem internationalen Kunstmarkt eine Relieftafel aus dem Hathortempel von Dendera aufgetaucht wäre und dort zum Verkauf angeboten worden sei, erfolgte keine Reaktion. Ein höchst eigenartiges Verhalten der offiziellen Stellen.

Mehr als *fünfzehn* Relieffragmente sollen aus dem Hathortempel entwendet worden sein. Das haben jedenfalls spätere Untersuchungen herausgefunden. Um so seltsamer deshalb das beharrliche Schweigen der zuständigen Behörden. Waren sie samt und sonders veranlaßt worden, den Mund zu halten, Gras über die Sache wachsen zu lassen?

Es sieht so aus, denn möglicherweise sind die eigentlichen Hintergründe um den Kunstraub von Dendera noch subtiler als angenommen. Ein mediales Gerücht machte nämlich

Jahre danach die Runde, das nichts weniger besagt, als daß die skandalöse Ausplünderung der Dendera-Krypten von langer Hand vorbereitet und auf höchster Ebene ausgehandelt worden sein soll. Nicht Kunstraub-Mafiosi seien es gewesen, die für die schändliche Tat verantwortlich gemacht werden müßten, sondern *die Regierungen von Frankreich und Ägypten* selbst seien eigentlich als Drahtzieher des Ganzen zur Rechenschaft zu ziehen. Jedenfalls sollen die verschwundenen Reliefs in den Archiven des *Louvre* verschwunden sein, um dort wissenschaftlich ausgewertet zu werden. Was Frankreich nützte, dürfte Ägypten finanziell geholfen haben.

VI
Dendera ruft!

Zwei spannende Sachbücher waren es, verfaßt von einem Amerikaner sowie einem Dänen, die den Namen *Dendera* in unser Gesichtsfeld rückten. Bei dem Yankee handelt es sich um *Charles Berlitz*, einem Enkel des Begründers der weltbekannten Berlitz-Schools, der aber seine Dollarmillionen nicht mit English-Lessons sondern mit Buchbestsellern über ungelöste Rätsel des im westlichen Atlantik befindlichen »Bermuda-Dreiecks« gescheffelt hat. Er weckte unsere Neugier, weil er in seinem gleichnamigen Buch von einer uralten Kenntnis der Elektrizität zu berichten wußte und in diesem Zusammenhang auf Wandreliefs in Krypten eines alten ägyptischen Tempels aufmerksam machte.

Darauf zu sehen: seltsame Gebilde, riesigen Glühbirnen ähnelnd , mit Glühfäden in Form von Schlangen. Das alles mit einer Kapsel oder einem Schalter mit umsponnenen Kabeln verbunden, was sofort an starke elektrische, durch Hochspannungsisolatoren verstärkte Lampen denken ließ.

Berlitz zitierte zudem einen Dr. *John Harris* aus Oxford, der kühn behauptete, das Kabel sei offensichtlich »die exakte Kopie einer technischen Illustration, wie sie gegenwärtig gebräuchlich ist«. Es sei sehr stark »und gestreift« dargestellt und gleiche eher einem Bündel vieler »und für viele Zwecke vorgesehener« Leitungen als einem einzigen Hochspannungskabel.

Um die hier geäußerte Vermutung anschaulich zu illustrieren, prangte auf der gegenüberliegenden Seite die gezeichnete Darstellung eines Wandreliefs aus dem erwähnten Tempel.

Die Illustration im Berlitzbuch war für uns ausschlaggebend, der sonderbaren Sache auf den Grund zu gehen. Es bestand kein Zweifel: Waren die Motive aus Dendera vom Zeichner nicht verfälscht worden, hatte er ihre Aussagekraft wahr-

heitsgetreu wiedergegeben, dann mußten die Reliefdarstellungen ernst genommen werden.
Anhaltspunkt Numero zwei war das Buch jenes Dänen, der sich in seiner Publikation mit »Energien der Urzeit« auseinandersetzt und vor allem dem der Göttin *Hathor* geweihten Tempel von Dendera viele Seiten widmet.
Wieder stießen wir auf verschiedene, gezeichnete Illustrationen von Wandreliefs, die uns schon bei Berlitz stutzig gemacht hatten. *Tons Brunés*, der Verfasser, vertritt sogar die Ansicht, das Geheimnis der Elektrizität und ihre Anwendung sei im alten Ägypten bekannt gewesen und die Tempelpriester hätten damit experimentiert. Er besitzt das Privileg, derartig phantastische Dinge zu behaupten.
Brunés ist ausgebildeter *Elektroingenieur*. Ihm war zuzutrauen, daß er wußte, worüber er spekulierte. Und wir gestehen es unumwunden ein: Das Thema »Dendera« begann uns zu faszinieren. Die rätselhaften Illustrationen beider Bücher machten uns neugierig und mißtrauisch zugleich.
Neugierig, weil wir nie ähnliches gesehen hatten; *mißtrauisch*, weil Nachgezeichnetes bewußt oder unbewußt *manipuliert* worden sein könnte.
Deshalb wollten wir es genauer wissen. Wollten mit eigenen Augen sehen, was es mit diesen Reliefs auf sich hatte. Wollten sie im originalen Zustand überprüfen. Unsere einzige Chance lautete daher: *Auf nach Ägypten!*
Vorher aber galt es, so viel Material wie möglich zusammenzutragen. Schriftgut, das bekannte Ägyptologen veröffentlicht hatten. In dem sie ihre Gedanken offenlegten, ihre Ansicht äußerten, welcher Sinn in den seltsamen Bildnissen Denderas zu suchen sei. Die Ausbeute unserer Spurensuche war beachtlich, auf unserem Schreibtisch stapelten sich die Publikationen. Darin war allerdings nirgends von Elektrizität die Rede, von Priestergeheimnissen und ähnlichem. Es lief immer nur auf eines hinaus: Auf den Reliefs manifestierten sich ausschließlich kultische Handlungen.
Symbolik war Trumpf!
Auch wenn uns diese Aussagen nicht zufriedenstellten, eines

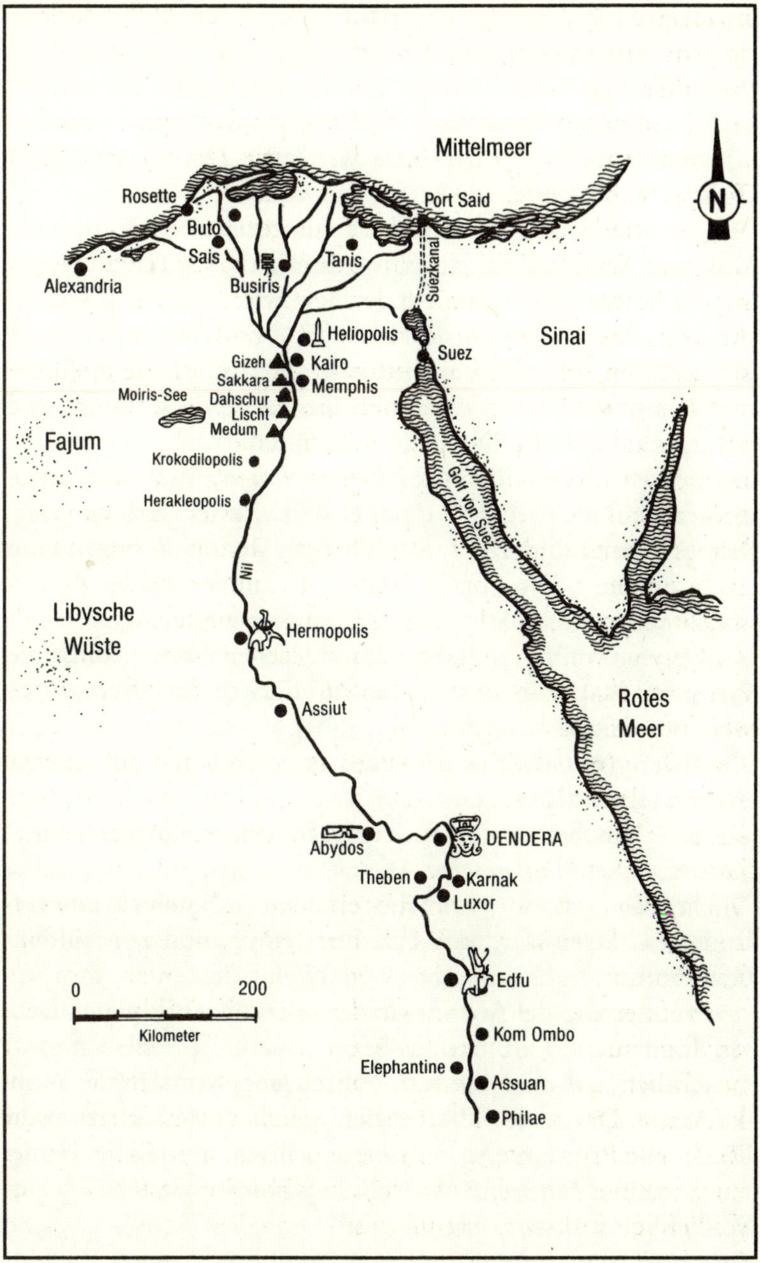
Mittelmeer
Rosette
Buto
Sais
Alexandria
Busiris
Tanis
Port Said
Suezkanal
Heliopolis
Suez
Sinai
Gizeh
Kairo
Sakkara
Memphis
Moiris-See
Dahschur
Lischt
Medum
Fajum
Krokodilopolis
Herakleopolis
Golf von Suez
Nil
Libysche
Wüste
Hermopolis
Assiut
Rotes
Meer
Abydos
DENDERA
Theben
Karnak
Luxor
Edfu
0
200
Kilometer
Kom Ombo
Elephantine
Assuan
Philae

wußten wir bestimmt: *Originalfotos* mußten her! Sie waren das beste Stimulans, um unsere Ägyptenreise gewissenhaft vorzubereiten.

So begann eine »Forschungsodyssee«: die Suche nach Bildern aus den Krypten von Dendera. Wir vergruben uns in Bibliotheken, durchstöberten Archive – und entdeckten schließlich, wonach wir so fieberhaft gefahndet hatten: Alte Bücher, längst vergriffen, erschienen vor vierzig oder fünfzig Jahren. Sie enthielten einen archäologischen Schatz:

Fotos von den Dendera-Reliefs!

Diese Bilder sind unbestechlich. Sie wurden vor Jahrzehnten angefertigt. Es handelt sich um durchweg gelungene Schwarzweiß-Aufnahmen, gestochen scharf. Alle zeigen dasselbe Motiv: Blasenförmige Gebilde ruhen in schräger Lage auf vierstrebigen Stützen. Und sie ähneln langgezogenen *Kolben*. An ihrem unteren Ende verengen sich die Gegenstände und scheinen mit einem fünfzackigen Blumensymbol verbunden zu sein. Dessen Stengel führt zu einem viereckigen Behälter. Ungewöhnlich ist die in jeder »Birne« sichtbare Schlange. Ihr Ausgangspunkt ist stets die Mittelspitze der »Blume«. In wellenförmigen Bewegungen windet sie sich innerhalb des blasenartigen Gebildes in ähnlicher Schräglage empor. Ihr Kopf ist angriffslustig erhoben.

Ägyptologen bezeichnen die Abbildungen auf den Dendera-Reliefs als *Schlangensteine*. Die vierstrebigen Stützen werden *Djedpfeiler* genannt, und die Blumensymbole am unteren Ende der Blasen werden als die Darstellung von *Lotosblüten* und ihrer *Stengel* gedeutet.

Uns vermittelte die Ansicht der alten Fotos einen ganz anderen Eindruck: Die blasenförmigen Gebilde erinnerten an – *Glühbirnen*; die aggressiven Schlangen: symbolisierten sie die Wirksamkeit der *Elektrizität?* Glichen die vierstrebigen Djedpfeiler nur zufällig dem Aussehen von modernen *Hochspannungs-Isolatoren?* Waren Lotosblumen und Stengel in Wahrheit *Birnenfassungen* mit *Kabelsträngen?* Welche Funktion hatten die viereckigen Behälter? Handelte es sich um *Generatoren?*

Karl Mays Orientromanen, hatten wir uns mit langen, weißen Schweißtüchern ausgerüstet, die mittels Stirnreif aus geflochtener schwarzer Baumwolle getragen werden. Sie sind die wohl praktischste Kopfbedeckung im sonnendurchglühten Morgenland und schützen vor Hitze und Sonnenbrand. Dennoch hatten wir es eilig, die schattig-kühlen Hallen des Tempels zu erreichen.

Bevor es uns vergönnt war, in die einzige noch zugängliche Krypta hinabzusteigen, versuchte sich eine Gruppe aufgeregt durcheinanderschnatternder Italiener beiderlei Geschlechts dieser schweißtreibenden Prozedur zu unterziehen. Es blieb beim Wollen: Schon nach kaum fünf Minuten machten die Südländer kehrt. Sie hatten sich die Exkursion in die bewußte Krypta zu einfach vorgestellt.

Schon der Abstieg in die Unterwelt Denderas ist nicht gerade vergnüglich. Eine Holztreppe, mehr Hühnerleiter als Treppe, führt in »kryptische« Dunkelheit, die auch die wenigen armseligen Kerzen des Tempelführers nicht zu erhellen vermögen. Und dann erst der Einstieg! Spätestens hier müssen größere, zur Korpulenz neigende Mitreisende klein beigeben: Das enge, niedere Schlupfloch (anders kann man diese Beleidigung, die sich »Eingang« nennt, kaum bezeichnen) macht ein Durchzwängen unmöglich. Was unsere italienischen Vergnügungsreisenden dort unten eigentlich erwartet hatten, wissen wir nicht – sicher aber kein derartiges Desaster wie jenes, das sie in Dendera ereilte.

Wir hingegen hatten uns entsprechend vorbereitet. Und da wir beide ziemlich schlank sind, gab es beim Einstieg in die Krypta keine Probleme. Mit Helmscheinwerfern, Taschenlampen, Meßbändern, Blitzlichtgeräten und Fotoapparaten expeditionsmäßig ausgerüstet, hatten wir mit Bedacht die Mittagsstunden für unser Vorhaben der Kryptabesichtigung gewählt. Wußten wir doch, daß während dieser Zeit, der *Siesta*, da unten kein Andrang fotografierbesessener Besucher zu erwarten war. Vorzugsweise flüchten die Touristen in diesen heißesten Stunden des Tages in nahegelegene Restaurationen, um sich mit jeder Art von Durstlöschern zu erquicken,

während die Torwächter faul im Schatten des Tempels dösen.
Ein einziger Angehöriger des Personals konnte sich nicht dem Mittagsschläfchen hingeben. Er war ständig an unserer Seite, ließ uns nicht aus den Augen und mußte schmollend mitansehen, wie wir die mittäglichen Mußestunden nützten, um unsere Arbeiten in der engen, stickigen Krypta zu erledigen. Wir fotografierten beim hellen Schein unserer Helmscheinwerfer, studierten aufmerksam die verschiedenen Reliefs an den Wänden, vermaßen Länge, Breite und Höhe der Kammer, und verbrachten so an die *vier* Stunden in diesem Gewölbe. Endlich hatten wir Gelegenheit, in natura zu sehen, was uns zuvor bereits auf Fotos in Erstaunen versetzt hatte:

»Für uns symbolisieren die Bilder, besonders die Schlange in den Röhren, eine Kraft wie Elektrizität. Die eine Schlange wendet das Haupt nach vorn, die andere nach hinten, was das Symbol für PLUS und MINUS sein kann. Die Halterungen ruhen auf einer Stütze, einer sogenannten Djedsäule. Jeder Techniker wird sagen, daß in diesem Zusammenhang der betreffende Gegenstand stark an einen Isolator des Typs erinnert, wie sie bei Hochspannungsanlagen verwendet werden.«

So beschreibt *Tons Brunés* den Eindruck, den er von den Reliefdarstellungen gewann. Ein Eindruck, dem auch wir uns nicht zu entziehen vermochten. Wer selbst schon in Dendera war und in dem engen Schlauch unter der Erde vor diesen außergewöhnlichen Bildern einer fernen Vergangenheit gestanden ist, wird zumindestens nachdenklich werden. In einem sind wir uns sicher: Die Reliefmotive können nie und nimmer mit Symbolerklärungen gedeutet werden. Hier offenbaren sich *reale* Handlungsabläufe.
Lieber Leser, betrachten Sie die Illustration auf der gegenüberliegenden Seite. Sie hält sich exakt an die Reliefvorlage im Bildteil unseres Buches: Blasen- oder ballonartige Gebilde, anzusehen wie *Glasbirnen*. Sind die sich darin windenden

»Schlangen« lediglich Abbilder von *Glühdrähten* oder ähnlichem stromleitenden Zubehör? Und wie verhält es sich mit der *Birnenfassung?* Sie wird auf den Reliefs in Form des *Lotos* dargestellt. Sicher kein Zufall: Lotosblumen galten im alten Ägypten als *heilige* Pflanzen. Den Ägyptern der Pharaonenzeit waren Lotosblüten sogar so heilig, daß sie lediglich ihr Abbild zu tragen wagten – in Form eines *Amuletts.* Die Blume selbst war als Opfergabe allein den Göttern vorbehalten.

Thot, der Gott der Weisheit und der Wissenschaften, kam – so weiß es eine Legende – am Anfang der Zeiten angeblich auf einem »Lotos« zur Erde. Er brachte den Menschen in Ägypten (erfährt man weiter) »das Licht«. Noch heute gilt der Heilige Lotos Ägyptern wie Buddhisten als esoterisches Symbol »der Erleuchtung«.

In jedem Fall ist der Lotos ein wichtiger Bestandteil der Glühbirnen-Darstellung auf den Dendera-Reliefs. Nicht anders verhält es sich mit den Kabelsträngen (Lotosstengeln) sowie den viereckigen Behältern (auf denen der »Luftgott« *Schu* thront), in die jene schlauchähnlichen Gebilde hineinführen.

Und schließlich dürfen auch die sogenannten *Djedpfeiler* nicht unerwähnt bleiben, da ihnen ganz offensichtlich eine Aufgabe von besonderer Bedeutung zukam. Was sich anhand der Reliefabbildungen unschwer erkennen läßt. Nicht von ungefähr erinnern Djedpfeiler an moderne *Hochspannungs-Isolatoren* – was im übrigen eine experimentelle Erprobung

im Labor bestätigt hat. Die Ägyptologen erkennen dahinter freilich bloß *Fetische*, sogenannte *magische* Geräte – was immer darunter zu verstehen ist. Einig sind sich die Fachleute über die einstige Bedeutung der Djedpfeiler allerdings nicht, was in deren unterschiedlichen Interpretation zum Ausdruck kommt. Welche Auslegung gefällt Ihnen am besten?
Hier ein paar Beispiele:

- Symbol für Stabilität
- Symbol für Beständigkeit
- Prähistorischer Fetisch
- Entlaubter Baum
- Mit Kerben versehener Pfahl
- Fruchtbarkeitszeichen
- Ährenform
- Palmwedel

Dann noch die »akademische« Deutung eines Mannes, den wir in Kairo trafen – ein in der ägyptischen Hauptstadt lehrender Wissenschaftler und anerkannter Ägyptologe: Universitätsprofessor Dr. *Francis Abd el Malek Ghattas*. Freundlich erklärte er uns, was hinter dem Djedzeichen gesehen werden müsse: »Es steht als Symbol für den Begriff ›Ewigkeit‹...«
Aber trotz aller Erklärungsversuche der Schulwissenschaft, die in der Darstellung von Djedpfeilern ausschließlich kultische Geräte zu erkennen glaubt, ist dahinter etwas ganz anderes zu entdecken. Zunächst wissen wir (was auch die Ägyptologen nicht leugnen), daß Djed nach altägyptischer Lesart mit den Begriffen *Stabilität, Dauer* und *Beständigkeit* gleichgesetzt wird. Das hat etwas zu bedeuten. Und auch der Hinweis, den wir in alten Pyramidentexten fanden, worin die Installierung des Djedpfeilers auf die altägyptische Gottheit *Osiris* zurückgeführt wird. Aber nicht nur ägyptische Quellen haben uns das überliefert – auch der griechische Schriftsteller *Plutarch* (46–120 n. Chr.) nimmt darauf Bezug. Wer war dieser Osiris?
Der Legende nach wurde er in Theben geboren. Seine Mutter war *Nut*, die Himmelsgöttin – sein Vater hingegen *Thot*. Daß

es sich hierbei um eine Allegorie handelt, wird schon daraus deutlich, wenn man weiß, daß Nut kein körperliches Wesen, sondern lediglich symbolische Figur war: Sie verkörperte bei den alten Ägyptern »das Himmelsgewölbe«. Was es mit solchen Umschreibungen auf sich hatte, wird später verständlich werden. Erst wollen wir aber den mythischen Text weiterverfolgen, worin es heißt, Thot habe Nut geliebt, habe ihr bestimmte »Lichtquellen« zur Verfügung gestellt und sich später dann des gemeinsamen »Sohnes« angenommen. Unter anderem erfahren wir, daß Osiris durch seine Feinde einmal lebensgefährlich verletzt wurde. Obzwar er bereits »im Koma« lag, habe ihn Thot »durch Zaubersprüche« wieder zum Leben »erweckt«.

Es ist also sehr wahrscheinlich, daß das Djedsymbol, das sehr wesentlich mit elektrischer Energie zu tun hat, auf Osiris zurückzuführen ist – und damit in unmittelbarem Zusammenhang mit Thot gebracht werden muß. Mit Thot, dem *Wissenschaftler!*

Hauptsitz des Osiris war die im Delta gelegene Stadt *Djedu*, die dann später in *Per-Usire* (nach *User*, dem *ägyptischen* Namen des Osiris), danach von den Griechen in *Busiris* umbenannt worden ist. Die Bedeutung des griechischen Stadtnamens ist noch nicht geklärt. Er kann sowohl mit »einen Thron schaffen«, mit »Sitz« aber auch mit »Macht des Auges« übersetzt werden. Letztere Bezeichnung – wir werden es noch erfahren – hat einen durchaus dramatischen Hintergrund. Busiris wiederum hieß damals allgemein »die Pfeilerstadt«, und auch das hat seinen besonderen Grund.Sie galt als wichtigste Siedlung des 9. unterägyptischen Gaus. Ihr Standort konnte aber bislang von den Archäologen nicht ausfindig gemacht werden. Busiris' Überreste werden im allgemeinen südwestlich von *Samanûd* vermutet, nahe dem am sebennytischen Nilarm gelegenen *Abusir*.

Von altersher neigten die Ägypter dazu, Kräfte oder Mächte, deren Wesen sie nicht verstanden, zu *personifizieren*. Das war wohl mit ein Grund, weswegen Osiris seinerzeit als »toter Pharao« dargestellt wurde. Seine Machtfülle wurde dahingehend dokumentiert, indem man ihm die sogenannte »Atef-Krone« aufs Haupt setzte. Sie bestand aus der *weißen* Krone Oberägyptens und den beiden *roten* Kronen der Stadt Busiris – Residenz dieses Gottes. Dazu kamen noch die Enbleme höchster Macht: der Krummstab und die Geißel. Auf Papyrusrollen gemalt oder in Stein graviert, wurde Osiris' Körper entweder in roter Farbe (Erdzeichen) oder in grüner (Pflanzensymbol) dargestellt. Auch die Sonnenscheibe wurde manchmal hinzugefügt. Ein Hinweis auf den »Sonnengott«?

Federn galten im Alten Reich als absolutes *Licht*-Symbol. Keineswegs zufällig sind derartige Hinweise an den Wänden des Hathortempels von Dendera mehrfach zu finden. Solche Gravuren haben ihre Bedeutung.

Da wir nunmehr feststellen konnten, daß die undefinierbare Gottheit Osiris in bestimmter Weise eine Zugehörigkeit zu *Thot* anklingen läßt, dieser aber wiederum als *Lichtbringer* in Ägypten (besonders in der Priesterschaft) beträchtliches Ansehen genoß, dürfte Osiris' Naheverhältnis (was seine Federkronen sichtbar machen) zu bestimmten Lichtquellen bewiesen sein. Auffallenderweise wurde Osiris stets in passiver Haltung porträtiert: entweder stehend oder thronend. Oft genug begnügte man sich, wenn von ihm die Rede war, damit, ihn lediglich *symbolisch* darzustellen: als *Djedpfeiler* bzw. durch einen Kasten, der angeblich seinen »Kopf« enthielt. Klingt eine solche Beschreibung auch zunächst absurd, so werden wir später erkennen, daß hinter all dem sonderbar Anmutenden ein realistisches Verhalten zu entdecken ist. Man beginnt sich zu fragen, ob hinter der Darstellung jenes kastenartigen Behälters das gleiche Gerät zu suchen ist, wie jenes, das sich auf verschiedenen Reliefs mit den glühbirnenähnlichen Abbildungen in den Dendera-Krypten wiederfindet? Sollte es sich dabei um die »kryptische« Wiedergabe eines Energiespeichers oder Generators handeln? Diese Überlegung ist weniger weit hergeholt, wie es zunächst scheinen mag. Der Leser möge dabei auch die symbolische Osiris-Darstellung in Gestalt des *Djedpfeilers* nicht außer acht lassen.

Gerade der besitzt im Zusammenhang mit stromerzeugenden Gerätschaften (wie wir sie in der Zur-Schau-Stellung der Glühbirnen-Motive auf den Dendera-Reliefs vermuten) eminente Bedeutung. Djedpfeiler erinnern uns keinesfalls zufällig in Form und Aussehen an allgemein gebräuchliche Isolatoren. »Ich weiß, es gibt da verschiedene Vermutungen, wonach Djedpfeiler als Energieträger angesehen werden«, bestätigte uns in Kairo der dort ansässige Arzt und Ägyptologe Dr. *Khalil Messiha*, um aber dann sofort abzublocken: »Aber bisher wurden stets nur solide Pfeiler gefunden, ohne irgendwelche Einbauten, wie sie bei Hochspannungs-Isolatoren Voraussetzung sein müßten.«
Seine Überlegungen in Ehren, aber Messiha scheint dabei nicht in Betracht gezogen zu haben, daß es sich bei den bisherigen Funden in bestem Fall um »Modelle« derartiger Gerätschaften handelte. Ein funktionstüchtiger Nichtleiter von elektrischer Energie muß damals in völlig anderer Größenlage bestanden haben. Daß ein solcher Isolator bisher noch nicht aufgefunden werden konnte, spricht zunächst einmal keineswegs gegen seine frühere Existenz.
Grundsätzlich anderer Meinung als Dr. Messiha ist der Wiener Elektrofachmann Dipl.-Ing. Walter Garn. Auf den wirklichen Sinn des Djedpfeilers in alter Zeit angesprochen, gab er uns zu verstehen: »Der Aufbau des Djedpfeilers entspricht durchaus jenem eines modernen Hochspannungs-Isolators. Die Form derartiger Isolatoren wird ganz allgemein deshalb gewählt, um die ›Kriechwege‹ für die elektrische Entladung entlang der Isolatoroberfläche möglichst groß zu machen, und um geschützte Strecken zu erhalten, die bei der Beregnung oder Verschmutzung der Isolatoroberfläche isoliert bleiben. Daraus läßt sich ableiten, daß jene ›Arme‹ auf den Dendera-Reliefs unter großer Spannung gestanden haben.«

Die merkwürdigsten Gefühlswallungen durchströmten uns, als wir endlich in einer jener schlauchförmigen Kammern standen, in einer der Krypten, die sich – auf drei Stockwerke verteilt – unterhalb des Tempelplateaus befinden. Die Begleiterscheinungen, die sich während unseres Einstiegs in Denderas »Unterwelt« nicht vermeiden ließen – Schweißbäche rannen über das Gesicht und brannten in den Augen, feuchte Schwüle lähmte unsere Glieder –, waren zwar unangenehm, ließen es uns aber dennoch in keiner Phase bereuen, das Wagnis einer Reise zum Tempel von Dendera eingegangen zu sein. So wurde uns nämlich erst bewußt, welche Strapazen beispielsweise der französische Ägyptologe *Auguste Mariette* auf sich genommen hatte, als er ohne all die Annehmlichkeiten, die uns zur Verfügung standen – Helmscheinwerfer, Taschenlampen, Fotoapparate –, viele Stunden in den stickigen Gewölben des Hathor-Heiligtums verbrachte, nur um dort unten, beim schwachen Schein einer Öl- oder Petroleumlampe, akribisch Szene um Szene der großartigen Reliefdarstellungen abzuzeichnen, die Abbildungen an den Wänden so erstmals auch der Fachwelt sichtbar zu machen.

Wir verbrachten insgesamt *vier* Stunden völlig ungestört in der einzigen zugänglichen Krypta. Und wir nutzten unsere Chance, während der Mittagszeit von sonstigen neugierigen Touristen unbehelligt zu sein: Unverdrossen fotografierten, filmten, vermaßen und notierten wir alles, was mit diesen einzigartigen Motiven zusammenhing. Kein anderer Tempel in Ägypten hat derlei anzubieten. *»Solche Reliefs waren Zeichen von besonderer Vornehmheit und großem Reichtum«*, befindet *Peter Ehlebracht* in seinem Buch *»Haltet die Pyramiden fest!«* – und kombiniert mutig: *»Da die Krypten des Tempels große Kostbarkeiten geborgen haben könnten, wurden sie von den Baumeistern des Altertums vermutlich so gut versteckt und schwer zugänglich angelegt.«* Letzteres können wir aus eigener Anschauung bestätigen. Durch ein enges

Schlupfloch, das uns zwang, auf allen Vieren die Krypta zu »betreten«, gelangten wir in einen (wir haben ihn vermessen!) bloß 4,60 Meter langen, 1,20 Meter breiten und kaum zwei Meter hohen Schlauch. Die Luft in der Krypta war buchstäblich »zum Schneiden«, und Sauerstoff war dort Mangelware. Und dennoch: Kein Foto, keine Zeichnung, auch keine filmische Demonstration vermag aufzuwiegen, was wir dort unten »in natura« zu sehen bekamen. Allen Strapazen zum Trotz: Es war ein Erlebnis!

»Der gesamte Tempel ist praktisch aufgebaut, um Wissen zu übermitteln«, schreibt der dänische Buchautor *Tons Brunés*, und wir können uns seiner Meinung nicht verschließen. Aber um welches Wissen, um welche Detailkenntnisse der Priester könnte es sich dabei gehandelt haben? Ein paar Überschlaue werden jetzt vermutlich auf die *Hieroglyphen* verweisen, die es ja auch auf den Reliefabbildungen der Dendera-Krypten in großer Anzahl gibt. Und sie werden hinzufügen, daß eine Entschlüsselung derselben unproblematisch sein müsse – wisse man doch über sie und ihre Bedeutung seit der Auffindung des Rosettensteins ausreichend Bescheid.

Diese Folgerung hatte bis vor kurzem Haken und Ösen. Zum Zeitpunkt unserer Ägyptenaufenthalte war die Aussage der »kryptischen« Schriftzeichen nämlich noch ein wissenschaftliches Niemandsland. Ihre Aussage lag im dunkeln. Ganz offensichtlich bedienten sich damals die Priester des Hathortempels einer hieroglyphischen Geheimschrift bzw. müssen jene Schriftzeichen in eine frühere Epoche zurückdatiert werden.

Seither hat sich einiges geändert. Dr. *Wolfgang Waitkus*, ein ambitionierter Ägyptologe aus Hamburg, hat sich der Runen in Denderas Tiefen angenommen. Im Rahmen seiner Dissertationsarbeit gelang es ihm, die Botschaft auf den Reliefs zu übersetzen. Natürlich weicht seine Auslegung der Schriftzeichen von der unseren erheblich ab – aber das tut nichts zur Sache. Wesentlich ist das Ergebnis! Es brachte auch uns ein gutes Stück weiter und bestätigte unsere »elektrisierende« Hypothese auf verblüffende Weise.

VII
Ein Gott stieg vom Himmel

So wie das meist trübe Wasser des Nilstromes allen in seinem Bereich lebenden Menschen seit Jahrtausenden gleich einem Lebenselexier unentbehrlich geworden ist, wird auch Ägyptens wechselvolle Geschichte in seiner nur noch mythologisch erfaßbaren Vergangenheit von dem Namen einer Persönlichkeit überstrahlt, die wesentlich zum kulturellen, aber auch wissenschaftlichen Aufstieg des traditionsorientierten Landes beigetragen hat. Ihrer damals dominierenden Erscheinung huldigten Reiche und Arme, von ihr getroffene Entscheidungen nötigten allerorts, ihrer Weisheit wegen, Respekt und Bewunderung ab und beeindruckten Gebietende und Untertanen gleichermaßen. Ihm zur Ehre baute man Kultstätten, und Generationen von Hohenpriestern huldigten seiner Macht. Er war ein Titan an Leistungskraft, betätigte sich ebenso als Ratgeber wie als Lehrmeister. Ihm wurde ein geradezu universelles Wissen zugesprochen, und als er schon längst das Land verlassen hatte, machte man aus ihm ein göttliches Wesen. Sogar Tiere wurden seinetwegen heiliggesprochen.

Wer war diese Ausnahmeerscheinung? Was hat dazu beigetragen, dieses Genie zu einem kosmischen Symbol der ägyptischen Vorzeit werden zu lassen? Man nannte ihn *Thot*. Seine Herkunft ist von einem Schleier des Geheimnisvollen verhüllt. Wohin er, am Ende seiner wegbestimmenden Tätigkeit im Land der Pyramiden, entschwand, weiß niemand.

Hört man zum erstenmal den Klang seines Namens, so läßt uns der zunächst fälschlicherweise in die Irre gehen. Wir werden an ein düsteres Phantom erinnert, das als »Gevatter« *Tod*, als unerbittlicher Sensenmann, durch die europäische Sagenwelt spukt, darauf erpicht, uns irgendwann den Lebensfaden abzuschneiden.

Aber mögen ihre Namen auch akustisch harmonieren, der Thot Ägyptens läßt sich mit dem schwarzen Gesellen unserer Todesahnungen nicht vergleichen. *Thot* war zu seiner Zeit Verkünder eines tugendhaften *Lebens*, eines erfüllten Daseins. Er lehrte die Menschen das *Schreiben* und *Lesen* sowie die rhetorische Kunst der *Rede*. Er gilt als Erfinder der *Sprache*, der *Schrift* und der *Mathematik*. Die Bedeutung der *Ziffern* wird ihm ebenso zugeschrieben wie eine umfassende Kenntnis von *Astronomie* und *Astrologie*. Der *Tierkreis* ist seine Schöpfung. Er teilte Tag und Nacht in jeweils *zwölf* Stunden, und er veranlaßte manuell begabte Menschen dazu, das Handwerk des *Flechtens* und *Webens* zu erlernen. Den Bauern am Land zeigte er vor, wie Äcker *vermessen*, Kanäle in die *richtigen Bahnen* gelenkt werden mußten. Priester wies er an, ihre Tempel für Götter und Herrscher nach zuvor *durchdachten Plänen* zu bauen, und er erklärte ihnen, wie sie betreut werden mußten. Thot war es angeblich auch, dem es schließlich gelang, die sich feindlich gesinnten Reiche von Ober- und Unterägypten *zu einen*, sie zu einem *gemeinsam verwalteten* »blühenden Garten« werden zu lassen.
Liest man derlei heutzutage, fällt es einigermaßen schwer, an solch eine makellose Persönlichkeit zu glauben, ihre behauptete Identität ernst zu nehmen. Die Frage scheint daher berechtigt: Hat dieser *Thot* in Ägyptens legendenumwobener Vorgeschichte tatsächlich existiert? Ist er nicht eher bloß die imaginäre Idealgestalt unerfüllt gebliebener Hoffnungen?
Als Autoren des vorliegenden Buches, die wir mit großer Akribie und Ausdauer die vielfältigen Überlieferungen aus dem Alten Reich am Nil studiert und analytisch aufgearbeitet haben, die wir versuchten, ohne Vorurteil realistisch Scheinendes von kultischem Beiwerk zu trennen, sind wir uns nunmehr sicher: *Thot hat wirklich gelebt!* Seine Persönlichkeit hat *Konturen!* Seine wohl einzigartige Ausstrahlung, die ihm gegebene Fähigkeit, seine Umwelt zu überzeugen, haben wesentlich dazu beigetragen, den kulturellen Aufstieg Ägyptens in all seinen Facetten einzuleiten.
Thots Kenntnisse müssen phänomenal gewesen sein. Sie er-

streckten sich über sämtliche Bereiche der Wissenschaft. So war er ein Meister der *geheimen* Künste *Alchimie* und *Magie*. Alchimie, Vorläuferin von *Chemie* und *Physik*, barg in sich auch die Kenntnis, unedle Metalle in *Gold* zu verwandeln. Wer dies vermochte – und Thot gehörte zu diesen Eingeweihten –, besaß den berühmten »Stein der Weisen«...
Auch die Beherrschung der Magie hatte zu jener Zeit nichts mit primitivem Hokuspokus zu tun. Nicht auf Illusionen beruhte ihr Geheimnis, sondern allein auf dem *Wissen*, sich die Naturkräfte dienstbar zu machen. Fähigkeiten, die Thot in offenbar vollendeter Weise besaß. Ihm sprach man in seinen Tagen sogar die Kenntnis der »Gottesworte« zu. Er wurde als »Großer Zauberer« und »Zeitenmesser« respektiert. Besaß Thot bereits das Rezept zur Kernspaltung? Kannte er die hierfür erforderlichen Formeln? Die Wahrscheinlichkeit für eine solche Annahme ist gegeben. Wer über ein Waffenarsenal gebot, wie es Thot augenscheinlich zur Verfügung stand, muß auch Strategen des Atomzeitalters verblüffen.
Aber Thot galt andererseits ebenso als Garant und Urheber von Recht und Gerechtigkeit, von Staats- und Lebenskunst. Er besaß überragende medizinische Kenntnisse, und der Ruf als begnadeter *Heiler* eilte ihm voraus.
In der gnostischen Literatur Ägyptens (der sogenannten »Hermetik«, die Uneingeweihten außerhalb der Tempel nicht zugänglich war. D. V.) galt Thot, nach seiner Inthronisierung als Gott der Weisheit und der Wissenschaften, künftig als »Erlöser«, ja als Verkünder des ewigen Lebens. Kultdichter priesen die von ihm propagierte Weltordnung als die *beste* aller Welten.
War Thot wirklich »göttlicher« Herkunft?
Bestimmt nicht. Aus den uns überlieferten Texten geht auch nirgends hervor, daß er solches jemals behauptet hat. Sicher ist: Er war ungewöhnlich intelligent, umfassend ausgebildet – und unbekannter Herkunft. Sicher ist auch: Er war *kein* Ägypter. Aber wer war er dann? Woher war er gekommen? Aus einem fremden Land? Von einem fernen Erdteil? Oder aus einer Region jenseits unseres Begriffvermögens?

Um dies herauszufinden, bleibt uns keine andere Wahl, als eine weite Reise anzutreten. Eine Reise in die Vergangenheit der Menschheit. Wir tauchen sozusagen ein in eine Zeit, aus der bloß bruchstückhafte Überlieferungen erhalten geblieben sind. Dabei stoßen wir auf zum Teil phantastisch anmutende Textstellen, die aber dennoch nicht negiert werden dürfen. Was auch der deutsch-amerikanische Schriftsteller, Sinologe und Anthropologe *Berthold Laufer* nicht getan hat. Vor vierundsechzig Jahren machte er sich daran, Hintergrund und Bedeutung von Mythen sowie ihre Vielschichtigkeit zu analysieren. Daraus entstand seine Publikation *»The Prehistory of Aviation«* (Die Vorgeschichte des Flugwesens), die auch heute noch Beachtung verdient.

»Es ist eine bequeme Methode und nicht mehr als eine konventionelle Weise des Denkens, frühe Überlieferungen als mythologisch oder legendär abzustempeln. Dies ist eine engstirnige Phrase, die wenig Gewinn einbringt und aus der keine greifbare Bedeutung erwächst. Ein wißbegieriger Geist beschäftigt sich mit der Enträtselung der Struktur eines Mythos und sucht nach dem Zeitpunkt seines Ursprungs. Wenn es den Mythos gibt, wie konnte dieser plötzlich entstehen? So, wie es eine Logik des menschlichen Urteilens gibt, so gibt es auch eine Logik der menschlichen Einbildungskraft. Die Imaginationskraft des menschlichen Geistes kann sich keine Dinge ausdenken, die in der Realität überhaupt nicht vorhanden sind. Ein Produkt unserer Einbildung wird immer erst hervorgebracht durch etwas, das existiert oder worüber wir Grund haben zu glauben, daß es existiert.«

Das Erscheinen des Lichtes

In der ägyptischen Mythologie gilt er als »Gott«. Daß er dies nicht gewesen ist, haben wir bereits zu verstehen gegeben. Wer war er dann?
Da wäre zunächst einmal sein Name. Trotz großer Anstren-

gungen der Altertumsforscher konnte dessen ursächliche Bedeutung bislang nicht herausgefunden werden. Selbst die wissenschaftlich wahrscheinlichste Deutung seiner Herkunft – »Der von Dehut« – ist nicht nachzuweisen, da wir einen Ort dieses Namens leider nicht kennen. »Thot« ist dem Griechischen entnommen, koptisch wird sein Name »Thout« geschrieben. Immerhin nannten ihn die alten Ägypter trotz aller Ortsunkenntnis »Dehuti« (was der erstgenannten Fassung »Der von Dehut« recht nahe kommt. D. V.). Im Neubabylonischen erfährt Thots Name eine Veränderung in »Tichut«; Philologen vermuten allerdings, daß er in älterer Zeit dort »Dahaut« geheißen hat. Als »Tautos« hat uns wiederum der jüdische Philosoph *Philo von Alexandria* (ca. 25 v. bis 50 n. Chr.) Thots Namen überliefert.

Völlig im dunkeln tappt die Ägyptologie hinsichtlich der *Heimat* des altägyptischen Kulturheroen. Andeutungen lassen sich einmal mehr nur mythologischen Fragmenten entnehmen. Angeblich wurde Thot *in einem fernen Lande des Westens*, in einer Stadt geboren, die am Rande des *Meeres*, nahe zweier feuerspeiender *Vulkane*, lag. Die Sage berichtet darüber Eigenartiges: Eines Tages soll sich in Thots Heimat die Sonne verfinstert haben, so daß selbst die Götter in Furcht geraten seien. Nur einer habe in dieser kritischen Phase die Fassung bewahrt: der kluge Thot.

Er half angeblich den Göttern, sich aus dem zum Untergang verdammten Gebiet in ein Land *im fernen Osten* zu retten. Um es aber zu erreichen, wird überliefert, seien die Flüchtlinge gezwungen gewesen, *das Meer zu überqueren.*

Eine merkwürdige Erzählung. Sie läßt einen unwillkürlich an die durch *Plato* überlieferte Sage vom Untergang des legendären Inselreiches *Atlantis* denken (eine Story übrigens, die der griechische Philosoph nach eigenen Angaben aus *ägyptischen* Quellen erfahren haben will. D. V.); eine durchaus in Erwägung zu ziehende Möglichkeit, wenn man in Rechnung stellt, daß diese Kultur angeblich über unerreichte Kenntnisse in der Beherrschung der Naturkräfte verfügt haben soll.

Waren Thot und seine wenigen Getreuen, die mit ihm nach

Ägypten kamen – *Hohepriester* einer untergegangenen Kultur? Es ist eines von mehreren Denkmodellen, würde aber in jedem Fall besagen, daß jener Fremde und seine Begleiter auch *technologisch* in hohem Maße ausgebildet waren.
Die Ägyptologie denkt darüber natürlich anders. Sie sympathisiert mit der theoretischen Überlegung, wonach sich in frühester Zeit verschiedene Überlieferungen vermischt haben könnten, was dazu geführt habe, Thot zu einer Art Überwesen zu formen. Motiviert werden ihre Verfechter durch den Umstand, daß Thot seinerzeit in Gestalt zweier Tierarten verehrt worden ist: als *Ibis* und als *Pavian!*
Aber auch wenn viele Ägyptologen eher der Auffassung huldigen, der Storchvogel Ibis sei Thot wohl schon deshalb näher gestanden, weil ein Ibiskopf von alters her ein Merkzeichen dieses Heroen gewesen wäre und deshalb seine wahrscheinliche Heimat im *Delta* gesucht werden müßte, bleibt diese Annahme dennoch anfechtbar. Zwar ist im Delta der Ibiskult im 15. Gau tatsächlich nachweisbar (er führt ein Ibisbild als Gauzeichen. D. V.), und es konnten in diesem Gebiet auch mehrere Städte festgestellt werden, von denen wenigstens eine als ein sogenannter »Ort des Thot« in früher Zeit bezeugt ist – aber im Grunde genommen sind auch diese Versuche, Thots Identität auf die Schliche zu kommen Spekulation geblieben.

Der große weiße Pavian

Weit eher könnte uns da schon mythologisch Überliefertes auf eine richtungweisende Spur führen. Beispielsweise Texte des »Magischen Papyrus 500«, wo in einem Spruch zu lesen ist:

»Heil dir, du Pavian von 7 Ellen, dessen Auge aus Gold ist und dessen Lippe aus Feuer ist, und alle seine Worte sind aus Glut.«

Ein paar Dinge scheinen uns in dieser höchst dramatischen Schilderung aufklärenswert: Zunächst Thots Aussehen und Größe. Er selbst beschrieb sich als ein nach außen hin affenartig anmutendes Wesen, das offenbar einem Pavian mit weißem Fell ähnelte:

»Ich trete ein vor dir (dem König) in der Gestalt eines großen weißen Pavians.«

So steht es auf einem »Denkstein« des Königs *Mer-en-Ptah*, der sich ursprünglich im Amun-Tempel von Hermopolis befunden hatte – jener Metropole, die Thot zu seiner allerersten Wirkungsstätte nach seiner Ankunft in Ägypten auserwählte.
»7 Ellen« wiederum werden als Größenbezeichnung angeführt; Körpermaße, wie sie in jener Zeit wohl niemand der Nilanrainer aufzuweisen hatte. Den Angaben zufolge war Thot fast dreieinhalb Meter groß – ein »Riese« also,und das nicht nur aus damaliger Sicht, selbst wenn man hierbei einräumt, daß die übliche orientalische Übertreibungssucht das nötige Augenmaß verloren haben könnte.
Aber auch die sonstige Wiedergabe von Thots angeblichem Aussehen (»Auge aus Gold«, »Lippe aus Feuer«, »Worte... aus Glut«) klingt seltsam und erinnert auffallend an eine Textstelle im slawischen »Henochbuch« der AT-Apokryphen, worin der biblische Patriarch ein beeindruckendes Erlebnis überlieferte:

»Da erschienen mir zwei sehr große Männer, wie ich nie auf Erden gesehen. Ihr Antlitz leuchtete wie die Sonne, ihre Augen wie brennende Fackeln; aus ihrem Munde sprühte Feuer...«

Mit größter Wahrscheinlichkeit waren hier, wie auch im Papyrustext über Thot, bestimmte »Randerscheinungen« miteinbezogen, die das Auftreten der handelnden Personen auf spektakuläre Weise begleiteten. Konkret beziehen wir uns dabei auf Landemanöver von Fluggeräten, mit denen die biblischen »Männer« sowie Thot zur Erde kamen. Später heißt es bei Henoch, die Kleider der »großen Männer« seien *weiß* gewesen, und ihr Gewand wie auch ihr Antlitz habe geleuchtet »wie Schnee«. Können gewisse Gleichklänge denn völlig negiert werden, wenn im Zusammenhang mit dem Aussehen von Thot dieser als »großer Weißer« (Pavian) bezeichnet wurde?

Das offensichtlich imponierende Aussehen des altägyptischen »Weisheitsgottes« wird auch auf anderen Artefakten aus früher Zeit bestätigt. So auf einem Denkstein aus der Ära des Königs *Nacht-nebôf* (30. Dynastie). Darauf wird Thot als »zweimal groß« bezeichnet. Ein schmückendes Beiwort, das auch auf einem losen Block (210/VII) wiedergegeben wird, der aus einem späten Tempelbild stammt und auf dem Terrain von Hermopolis gefunden wurde.

Aber wie das so kommt bei der irgendwann eingetretenen Verklärung imposanter Persönlichkeiten: ihre Vorzüge wurden mit fortschreitender Zeit immer größer. Wortwörtlich kann das am körperlichen Wuchs des Lichtbringers Thot nachvollzogen werden: Aus »zweimal groß« wurde später ein »*dreimal* groß«. Gleichzeitig aber auch ein erster Hinweis auf Hermes Trismegistos, der von griechischen Philosophen aus ägyptischen beziehungsweise ägyptisierenden Elementen identitätsmäßig überarbeitet und in Verbindung mit theologischen, mystischen und magischen Elementen zum griechischen Götterboten umgeformt worden war. In Wahrheit darf in Hermes lediglich ein Spiegelbild seines (im Gegensatz zu ihm) real existent gewesenen Thot gesehen werden, gleichbedeutend mit einem unfreiwilligen »Abgesang« einer Kultur, die – wie jene in Griechenland – vergeblich versucht hatte, das Niveau der ägyptischen zu erreichen.

Thot, so lesen wir in religiösen Texten, wird (wie z. B. im »Totenbuch«) als »der Geheime, der alles Wissende« bezeichnet. Er soll einst (laut »Lexikon der Ägyptologie«) aus einem »goldglänzenden Stein« oder einem »geheimen Ei« gekommen sein. Eine andere Überlieferung sieht in ihm den

»Sohn eines Steines, der aus den Eierschalen hervorging«. Sein Antlitz soll »mit Strahlenkräften« aufgeladen gewesen sein. Vielleicht die Begründung, weshalb man Thot auch als Ibis verehrte. Die Federn des Storchvogels wurden, ebenso wie die des Falkengottes *Horus*, mit »in den Himmel auffliegen« interpretiert und galten damals als »Lichtsymbol«. Kann uns mythologisches Material auch sonst weiterhelfen? Am »Uranfang« (ist überliefert) sei der »Sonnengott« *Rê* auf einem »hohen Hochland« als »Urhügel« in Erscheinung getreten.

Aber Vorsicht! Bei jenem »Urhügel« handelte es sich beileibe um *keine natürliche* Aufschüttung. Das wird bereits aus der Beschreibung offenkundig, die uns in dem uralten Bericht mitgeliefert wird. Hier haben wir es mit einem Gegenstand zu tun, der völlig andere Eigenschaften besaß. Alte, uns erhalten gebliebene Zeichnungen zeigen ihn in Gestalt eines *rechtwinkeligen Dreiecks*, als architektonisch gefertigten Körper von hügelartigem Aussehen mit einer *Treppe* an einer Seite.

Noch deutlicher verrät sich die wahre Identität solcher »Urhügel« anhand bestimmter Gravuren an Tempelwänden.

Da ist so ein Ding im Tempel von *Meroé* abgebildet und als ein *oben abgerundeter Kegel* – »Omphalos« genannt – in den Sandstein graviert worden. Das Original befindet sich im Besitz des amerikanischen *Museums of Fine Arts* in Boston. Nach *wissenschaftlicher* Auslegung entspricht jener abgerundete »Kegel« haargenau der Form des *Untersatzes* der Ibis-Darstellung des Gottesnamens Thot in der hieroglyphischen Schreibweise.

Der Leser wird es wahrscheinlich längst erkannt – oder zumindest vermutet haben: Bei jenem sogenannten »Urhügel« handelte es sich in Wirklichkeit um ein *fliegendes Gefährt*, wie wir ähnlichem auf den folgenden Seiten noch mehrmals begegnen werden.

Somit sind wir direkt beim Thema. Bereits aus Texten, die wir der im Jahre 1959 vom Hildesheimer *Pelizaeus-Museum* veröffentlichten Publikation »Hermopolis 1929–1939« entnommen haben, wird klar, daß wir es hier mit einem unzwei-

felhaft *technologischen* Vorfall zu tun haben (und nicht um ins Metaphysische hineinspielende Symbolismen).
Was hat sich damals ereignet?
Gehen wir analytisch vor. Im Bereich der einstmals zu Oberägypten gehörenden Stadt *Hermopolis* kam es »in der Urzeit« (also zu einem heute nicht mehr zu eruierenden Zeitpunkt) zu einem äußerst spektakulären Zwischenfall:

»Gestern erblickte ich die Geburt des Rê,
Der aus den Tiefen des Himmels erschienen.
Erfahret, seine Kraft ist fürwahr meine Kraft!
Denn ein mächtiges Wesen bin ich,
Ein Gott inmitten der Götter, die Horus umringen...«

Diese Verse stammen aus Ägyptens berühmtestem Epos, dem sogenannten *»Totenbuch«*, und wurden in dessen 17. Kapitel aufgezeichnet. Und der Denkstein aus der Zeit des Königs *Nacht-nebôf* (30. Dynastie) ergänzt den Bericht. »Zum ersten Male« sei der »Sonnengott« erschienen, genannt »Rê, der hervorging aus dem großen See der Flammen-Insel«. Der »Urhügel« des angeblichen »Sonnengottes« befand sich, laut »Totenbuch«, in *Chmunu* oder *Wenu* – wird doch darin ausdrücklich angeführt, am 15. Tag des Überschwemmungsmonats seien »der Ibis und der Pavian nach der hohen Stätte in Chmunu geschickt« worden.
Ibis und Pavian, das wissen wir inzwischen, waren die »Wappentiere« des *Thot*, und ihm wird bekanntlich attestiert, am Anfang der Zeiten nach Ägypten gekommen zu sein.
Wo lag Hermopolis?
Ganz genau weiß man es nicht, doch wird der ungefähre Standort dieser Stadt 300 km südlich von *Kairo* auf der linken Nilseite, aber in einigem Abstand vom Flußufer, vermutet. Nur wenige, kärgliche Überreste blieben erhalten. Sie liegen inmitten einer Oase von Palmenwäldern und Seen. Darin verborgen die Ruine des damals wichtigsten Tempels, der Thot, dem Hauptgott von Hermopolis, und den acht Urgöttern geweiht war. Zwölf Kilometer weiter östlich, am Rande

der Wüste, jenseits des Bahr Jûsuf, finden wir die Totenstadt *Tuna*. Die Nekropole enthält u. a. auch einen riesigen Brunnen, der den Garten von Thots für »heilig« angesehenen Tieren – der *Ibisse* und *Paviane* – bewässerte sowie nicht endenwollende unterirdische Gänge voll von *Mumien* dieser Geschöpfe.

Es muß damals ein gewaltiges Aufsehen gegeben haben, als sich plötzlich vom Himmel her ein riesiger Flugkörper zur Erde senkte. Die Erinnerung daran (für deren bleibendes Echo sicher auch der in Hermopolis residierende Thot gesorgt haben dürfte) wird in den auf Papyri erhalten gebliebenen Niederschriften entsprechend dramatisch wiedergegeben.

Man stelle sich vor: Ein (offensichtlich) rundes Ding (daher der Vergleich mit einer »Insel«. D. V.) senkt sich auf Flammensäulen langsam zu Boden. Wir sprechen hier absichtlich in der *Mehrzahl*, denn die feurige Erscheinung wird zuweilen auch als »Insel der *beiden* Flammen« beschrieben – noch deutlicher: »Insel des *Aufflammens*«. Hat dies seine besondere Bedeutung?

Und ob. Denn auf dem Landeplatz des Flugkörpers – dem »hohen Hochland« – befand sich damals ein größenmäßig nicht näher definierter See. Er wurde später (als Thot längst nicht mehr unten den Menschen weilte) »Messer-See« oder »See der *beiden* Messer« genannt. Er gehörte von da an zu den »Heiligen Stätten« von Hermopolis, die in einem großen Park angesiedelt waren. Darin befanden sich außerdem auch noch mehrere Tempelgebäude.

»Wir haben uns also in dem Park des Heiligen Bezirks einen See zu denken«, liest man in dem von dem Ägyptologen *Günther Roeder* herausgegebenen Ausgrabungsbericht »Hermopolis 1929–1939«, und erfährt u. a. weiter: »In dem Urhügel lebt die Erinnerung an die Insel fort, die in der Urzeit aus dem sumpfigen Niltal herausragte...« Derlei Annahmen stützen sich wiederum auf die Deutung des Ägyptologen *Nöldeke*, worin es heißt: »Aus dem Überschwemmungswasser tauchte ein trocken bleibender Hügel auf, vielleicht durch eine frühe

Regelung der Überschwemmung veranlaßt, entweder eine diluviale (angeschwemmte) Bodenschwelle oder eine Grundrippe.«

Es ist ein wenig erheiternd, wenn man die Bemühungen der Ägyptologen sonderzahl beobachtet, »symbolisch die Landschaft« wiederzugeben, »die die urzeitlichen Einwanderer in vorgeschichtlicher Zeit im Niltal in der Gegend des späteren Hermopolis vorgefunden haben« sollen. Da man sich anders das Vorhandensein einer im See befindlichen und darin angeblich erst *angelegten* »wahrscheinlich umgemauerte(n) Insel« nicht vorzustellen vermag. Natürlich war dann auf ihr, nach ägyptologischer Ausdeutung, »als Kultgegenstand ein Hügel (der vom Himmel gekommene Flugkörper. D. V.) aufgeführt worden«.

Fürwahr: eine komplizierte Konstruktion, die man uns da präsentiert, nur um annähernd die uralten überlieferten Angaben nachzuvollziehen. Was sich aber auch nicht vermeiden läßt, wenn man Symbole den unübersehbaren *Tatsachen* vorzieht.

Dabei haben die mythologischen Bezeichnungen in jeder Hinsicht ihre Richtigkeit: Die »Insel der beiden Flammen« deckt sich absolut mit dem »See der beiden Messer«, denn zweifellos waren *flammende Düsenaggregate* beim Landemanöver des Flugkörpers für alle Stadtbewohner, die das Geschehen beobachteten, deutlich genug sichtbar. Und selbstverständlich *verloschen* diese Aggregate in dem Augenblick, als sie das nasse Element des Sees berührten, ins Wasser eintauchten. Die Flammenzungen der Aggregate mit Messern gleichzusetzen (die bekanntlich bei Lichteinfall *grell* zu *blinken* beginnen), scheint uns ein guter Vergleich.

Noch treffender ist die Charakterisierung des damaligen Ereignisses, wenn es in dem Grabungsbericht als »erstes Erscheinen des Lichtes« beschrieben wird. Denn damit kommen wir direkt zum »Verursacher« zurück – zu *Thot*, der ganz offensichtlich den fremden Flugkörper steuerte; Kommandant einer *achtköpfigen* Crew, die ihm bei seinem Expeditionstrip zur Seite stand.

»Die Mythologie der drei heiligen Stätten drehte sich um den Sonnengott, dem Ramses III. in ihrer Nähe zwei Kapellen bauen ließ«, erfahren wir aus dem Grabungsbericht. »Dort hat der Hohepriester Pet-Osiris ›das Gotteshaus des Rê in dem großen Park gegründet‹ (wird der Ägyptologe *Petosiris Lefebvre* von 1924 zitiert).« Weiter heißt es: »Ich baute es (das Gotteshaus) aus weißem schönem Kalkstein, vollendet in jeder Arbeit, seine Türen aus Zedernholz, beschlagen mit asiatischem Erz. Ich ließ Rê, der in der Flammen-Insel genährt ist, in ihm (dem Park) ruhen.«

Wer war nun dieser Rê (manchmal auch »Ra« geschrieben)? War er der Anführer des Unternehmens? Der Kommandant?

Oberflächlich betrachtet, läuft man Gefahr, das anzunehmen. Aber nichts wäre fataler, als eine derartige Fehlinterpretation. Die Wahrheit mag manchen überraschen – ist jedoch nicht wegzuleugnen: Rê war keine Person, Rê war lediglich der Name für einen *Gegenstand!* Hinter Rê verbarg sich in Wirklichkeit die Raumfähre des tatsächlichen »Sonnengottes« *Thot*, der mit seiner achtköpfigen Mannschaft in einem Außenbezirk der Stadt Hermopolis eine Wasserlandung vollzog. Das sind keine haltlosen Annahmen, sie bestätigen sich anhand überlieferter Texte. Wie so vieles im alten Ägypten, wurde auch hier eine »Sache« *vergöttlicht* – und damit zur *Person* erklärt.

Das »Herz des Rê«

Es soll hier nicht verschwiegen werden: Auch wir, die Autoren, waren in keiner Weise darauf vorbereitet, was sich im Verlauf unseres Studiums der von Ägyptologen übersetzten alten Texte immer klarer herauszukristallisieren begann: Bei jenem als »Sonnengott« bezeichneten Wesen *Rê* handelte es sich *in keinem Fall* um einen *Hominiden*, sondern ganz eindeutig um ein – *mechanisches Gerät!* Um den Flugkörper einer offensichtlich *außerirdischen* Intelligenz.

Wir sind uns jetzt ziemlich sicher: Eine andere Interpretation scheint kaum vorstellbar. Für unsere Behauptung gibt es einen (wenn auch wahrscheinlich unfreiwilligen) *Zeugen*: den Ägyptologen und Herausgeber des uns vorliegenden Grabungsberichtes über die Hermopolis-Expedition 1959, *Günther Roeder*. Seine Übersetzung der Texte jenes sogenannten »Denksteins«, der, aus *Sandstein* gefertigt, etwa *60 cm hoch* ist und einen *Hohlraum* aufweist, in dem sich auf dem Boden eine *rechteckige Standspur* für eine, allerdings nicht mehr vorhandene, Figur o. ä. befindet (Museum of Fine Arts Nr. 21.3234, Boston, USA), läßt nur die eine *logische* Deutung zu. Der Denkstein mit der Abbildung eines *Urhügels* in Gestalt eines nach oben hin *abgerundeten Kegels*, nennt den Tempel der *Wosret Nehmet-awaj* (der sich in der Nähe des Urhügels befunden haben soll. D. V.) als jenen »Ort, an dem Rê sich befand, als er in Frieden *aufstieg*« (Kursiv durch d. V.).
Und weiter heißt es bei Roeder:

»Das große Wasser der Flammen-Insel tat, was er wünschte, als seine Majestät (Rê) ein schönes Kind war, WÄHREND SEINE GÖTTERSCHAFT HINTER IHM WAR, DIE GÖTTER DER URZEIT DES HÜGELS, *und Neit, die große Himmelskuh,* DIE DEN RÊ AUS NUN GEBAR.«

Neit bekleidete in der altägyptischen Götterhierarchie den Rang der »Großen Göttin«, der ihr auch deshalb zugestanden wurde, weil sie nebenher auch als »*Mutter* der Götter« Verehrung genoß. Neit besaß angeblich »Zauberkräfte«. Was damit eventuell gemeint war, läßt sich vielleicht daraus ersehen, daß Neit den Rê »aus Nun« *geboren* haben soll. *Nun*, das war bei den Gebildeten jener Tage das Synonym für den damals populäreren Begriff »Ur-Ozean« – im modernen Sprachgewand die Bezeichnung für das *Weltall!*
Somit war Neit, die »Große Göttin« (verbindet man ihre Kenntnis von sogenannten »Zauberkräften« mit ihrem geglückten Versuch, Rê »aus Nun« – im All – »geboren« bzw.

angefertigt zu haben. D. V.), eine *Wissenschaftlerin*, wahrscheinlich sogar eine *Raumfahrtexpertin*. Auf sie geht offensichtlich auch die *Konstruktion* (Geburt) jenes Raumfahrzeuges zurück, das danach unter dem Kommando des »Wissenschaftsgottes« *Thot* mit weiteren *acht* Astronauten (»seine Götterschaft hinter ihm«) den Flug zur Erde angetreten hat. »Jede weit genug entwickelte Technologie ist von Magie nicht zu unterscheiden«, befand kein Geringerer als der Wissenschaftsautor Arthur C. Clarke, Verfasser des verfilmten Science-Fiction-Bestsellers »2001 – Odyssee im Weltraum«. Daß es sich bei »Rê« lediglich um die Bezeichnung für die außerirdische »Sonnenbarke«, die Raumfähre der kosmischen Besucher, gehandelt haben kann, geht aus einem weiteren Mythentext hervor. Darin heißt es: »Seine Majestät ist alt geworden. Seine Knochen sind Silber, sein Fleisch ist Gold, und sein Haar ist echter Lapislazuli (ein undurchsichtiger Schmuckstein von blauer Farbe).«
Diese Beschreibung widerlegt die Annahme, bei »Ré« habe es sich um die Sonne oder um ein göttliches Wesen gehandelt.
Wenn es noch eines Hinweises bedurft hätte, der imstande ist, unsere realistische Interpretation zu bestätigen, dann findet sich ein solcher mühelos in der ägyptischen Mythologie, wo es u. a. heißt:

»Thot wurde durch die Macht des (Gottes?) Wortes geschaffen und galt als Erfinder der Sprache. Nach den Behauptungen der Priester von Hermopolis hatte er sich selbst gezeugt und war beim Zeitbeginn auf einer Lotosblume erschienen. – Auch in den Kosmogonien (Weltentstehungslehren) von Heliopolis und Memphis spielt Thot eine Rolle; ER GALT DORT ALS ›HERZ DES RÊ‹, das heißt als Personifikation der Erkenntnis des Gottes als Schöpfer sowie als dessen Zunge, die schöpferische Kraft. ER GEHÖRTE ZUR MANNSCHAFT, DIE DIE SONNENBARKE DES RÊ VERTEIDIGTE…«

Läßt man einmal den in diesen mythischen Erzählungen gehandhabten Drang zur weitschweifigen Ausschmückung beiseite, und beschränkt man sich auf das, was uns einzelne Textstellen verraten, dann tritt der eigentliche Aussagegehalt der vorangegangenen Zeilen klar zutage.
Thot, so ist zu lesen, sei durch die »Macht des Wortes« geschaffen worden. Folgerichtig dargestellt, denn so wird seine Herkunft und Geburt dokumentiert. Weil Priester seit jeher ihren Worten einen *religiösen* Hintergrund zu geben verstehen, läßt sich der *Sinn* ihrer Ausführungen mühelos erkennen: Hinter allem kosmischen Geschehen müsse *Gott* gesucht werden; erst sein »Machtwort« habe zum Werden der Schöpfung geführt. Und damit auch zur Entstehung des Menschen.
Im Absatz danach wird der mythologische Text womöglich noch deutlicher: Unmißverständlich wird darin festgestellt, Thot sei das »Herz« des Rê gewesen. Wie sollte das funktioniert haben? Muß man sich nun vorstellen, Thot, ein hominides Wesen, habe im Körper eines anderen Hominiden gelebt? Frei nach dem Beispiel der vor allem im slawischen Raum beliebten »Matrjoschka«, wo jeweils Püppchen über stets etwas kleinere Püppchen gestülpt werden, bis zu guter Letzt die größte Puppe, gleich einer Matrone, über der restlichen Schar thront und sie solcherart vor der Umwelt verbirgt. Eine höchst widersinnige Vorstellung.
Aber so war es ja auch nicht gemeint. Den Vorgang *richtig* zu interpretieren, ist viel einfacher als es zunächst aussieht: Thot war eine Schöpfung Gottes, besaß also einen eigenständigen Charakter. Ihm war die »Zunge« gegeben worden, um damit *reden* zu können. Die ihm verliehene »schöpferische Kraft« versetzte ihn in die Lage, wohlüberlegt zu *handeln*. Thot war somit, dank seiner ihm vom Allgeist übertragenen *Fähigkeiten*, imstande, *Verantwortung* zu übernehmen – für sich und alle, die ihm anvertraut waren. Er war in jeder Hinsicht »Herz« und Verstand des Rê – denn Rê war ja auch kein menschliches Wesen: Er war ein *mechanisches* Gerät; die Raumfähre von Thots außerirdischer Mannschaft.

Thot war der Kommandant des Unternehmens. Er saß im Cockpit des Schiffes, steuerte das Fluggerät, konnte also auch in dieser Hinsicht als das »Herz« der Raumfahrercrew bezeichnet werden. Uns jedenfalls scheint dieser Vergleich gut gewählt: Das Herz ist bekanntlich das wichtigste Organ jedes Lebewesens. Erlischt seine Tätigkeit, dann endet auch das Leben.

Wer bislang trotzdem an unseren Ausführungen gezweifelt haben sollte, den müßte eigentlich jene Textstelle eines besseren belehren, die besagt: »Er gehörte zur Mannschaft« – wobei mit »Er« unmißverständlich *Thot* gemeint war – »die die Sonnenbarke des Rê verteidigte...« Mit ihrem Kommandanten umfaßte die auf der sogenannten »Sonnenbarke« stationierte Equipe neun Astronauten. Acht von ihnen, Thot unterstellt, fanden als *Urgötter* spätere mythologische Erwähnung.

Die Ägyptologie wußte mit ihnen allerdings nichts anzufangen. Also mußte das Begleitpersonal des Thot dafür herhalten, die chaotischen Elemente vor der Schöpfung zu verkörpern. Eine an den Haaren herbeigezogene Interpretation, der man schon allein aus logischen Erwägungen heraus nicht zu folgen vermag. Hier gelingt der Altertumsforschung das »Kunststück«, anstatt Licht in eine undurchschaubare Angelegenheit zu bringen, Ägyptens Vorgeschichte noch mehr zu verdunkeln.

Hermopolis' Bürger bzw. die Priester gaben damals ihrer Stadt – zu Ehren der acht Astronauten aus der Raumfähre »Rê« – den Namen *Chemenu*, was so viel heißt wie »die Stadt der Acht«.

Was das mit angeblich chaotischen Elementen vor der Schöpfung zu tun gehabt haben soll, muß uns schon der bekannte Scharfsinn der Ägyptologen beantworten...

Aus unwissender Gläubigkeit sowie aus Aberglauben wurden im Altertum oft Dinge zu Göttern erhoben. Man personifizierte sie – wie das bekanntlich auch mit »Rê«, der Raumfähre des Thot, geschehen ist. Wie weit damals die Priesterschaft davon betroffen war, oder ob sie ganz bewußt diesem Irrtum der Massen nicht widersprochen hat, ist heute kaum noch zu eruieren. So kam es auch, daß viel später die Ägyptologie Rê bzw. die Sonnenbarke als Sonne selbst interpretierten – ungeachtet *klarer* Differenzierungen in alten Schriften. *Heinrich Brugsch'* Übersetzung von 1870 macht den Widersinn solcher Auslegungen sichtbar:

»Hor-hut flog empor gegen die SONNE *als große,* GEFLÜGELTE SCHEIBE. *Auch nahm er die Süd- und die Nordgöttin zu sich, in Gestalt zweier* SCHLANGEN, *damit diese durch ihren* FEUERATEM *die Feinde bei lebendigem Leibe verzehren. Ihr Mut war gesunken, denn sie hatten Angst vor ihm. Sie widerstanden nicht mehr, sondern starben auf der Stelle.«*

»Hor« ist der *ägyptische* Name des später latinisierten *Horus.* »Hor« bedeutet *Gesicht*, womit ausgesagt werden sollte, daß es sich hierbei um ein sowohl *männliches* als auch *hominides* Geschöpf gehandelt haben muß. Der *eigentliche* Name des Horus (den wir, um des allgemeinen Verständnisses wegen, vorwiegend *unter diesem Namen* darstellen werden. D. V.) ist der Fachwelt nicht geläufig. Jedoch wurde dieser »Gott« von Anfang an mit dem *Fliegen* in Verbindung gebracht. Und so wie »Rê« in Verkennung der Tatsachen zur *Sonne* und damit erst zu einem »Sonnengott« gemacht worden ist, avancierte auch Horus zu einem vergöttlichten himmlischen Wesen. Mit dem einen, feinen Unterschied: »Rê« wurde zwar personifiziert, war jedoch immer nur *Sache.* War in Wirklichkeit ein »Ding« – ein Fluggerät unbestimmter Größe, dem man einen Namen, eine *Kennzeichnung*, gegeben hatte, so wie das noch heutzutage bei der Benennung moderner Flugzeuge üblich ist.

Horus hingegen war »Person«. Er war *Pilot* eines Gefährts, das in seinem Aussehen einer der uns heute geläufigen »Fliegenden Untertassen« geähnelt haben dürfte. Sein Flugsymbol war folgerichtig – ein *Falke!* Heinrich Brugsch' genaue Übersetzung jener Hieroglyphenbotschaft aus fernen Tagen ist darüber erhaben, etwaige ägyptologische Begriffe durcheinandergebracht zu haben. Der im konkreten Fall verwendete Urtext unterscheidet streng zwischen dem Zentralgestirn unseres Planetensystems – der *Sonne* – sowie dem Gefährt, mit dem Hor-hut (Horus) himmelwärts flog: der *großen, geflügelten Scheibe.* In dem Zusammenhang darf die Inschrift »hut« (»api«) nicht übersehen werden, die den ägyptischen Namen des Horus (»Hor«) absichtlich ergänzte. Sie begleitete fast immer die für ein himmlisches Zeichen angesehene »geflügelte Sonnenscheibe«, die nahezu jeden altägyptischen Tempel schmückt. In dieser Verbindung wird ihre Bedeutung mit »Flügelausspanner« oder »Flieger« angegeben.

Wer sich die zuvor als Beispiel zitierte Textstelle auf der Zunge zergehen ließ, dem wird nicht entgangen sein, wie präzise das darin geschilderte Ereignis beschrieben wurde: Horus (der »Flügelausspanner« bzw. »Flieger«) nahm mit seinem Fluggerät Kurs in Richtung Sonne, ohne aber darauf vergessen zu haben, »die Süd- und die Nordgöttin« mit an Bord zu nehmen; »in Gestalt zweier Schlangen« vermeldet der Text hierzu kryptisch. Abermals sind damit keine hominiden Wesen gemeint, natürlich auch keine Reptilien – vielmehr handelt es sich zweifelsfrei um zwei höchst gefährliche und wirksame *Waffen.* Daß diese Kampfwerkzeuge mit den Synonymen angeblicher »Göttinnen« umschrieben worden sind, zeigt auf, daß es sich dabei um besonders schwere Kaliber gehandelt haben dürfte. »... und damit diese durch ihren *Feueratem* die Feinde *bei lebendigem Leibe* verzehren«, wird kein Pardon gegeben. Der energische Einsatz des Horus im erdnahen Weltraum wurde erfolgreich zu Ende geführt: »Sie widerstanden nicht mehr, sondern starben auf der Stelle.«

Um welche Waffenart könnte es sich hier gehandelt haben? Man ist versucht, an Flammenwerfer zu denken. Vielleicht aber gebrauchten die »Götter-Astronauten« des alten Ägypten noch weit furchtbarere Kampfmittel zur Vernichtung ihrer Feinde. Um *welche* Feinde? Das entzieht sich unserer Kenntnis; vorstellbar ist jedoch, daß es vielleicht innerhalb der Raumfahrerkommandos zu Rivalitäten gekommen sein könnte, daß man um die *Vorherrschaft* über diesen Planeten gestritten hat und es solcherart zu apokalyptischen Zusammenstößen *auf* und *über* der Erde gekommen ist. Indiens Mythen sind voll davon. Die heiligen Bücher der Hindus, Mahābhārata, Ramayana u. ä. m., können in diesem Zusammenhang geradezu als reportagenhafte Wiedergaben damaliger Gefechte angesehen werden.
Das führt uns wieder zu *Thot* zurück, der sich bei solchen »fliegenden« Einsätzen als abgeklärter Feldherr bewährte. *Heinrich Brugsch* schöpfte ein weiteres Mal aus altägyptischen Quellen, die sich (jede für sich) mit der »Sage von der geflügelten Sonnenscheibe« auseinandersetzen. Der Text schildert überaus anschaulich, was sich damals ereignete.

»Es sprach die heilige Majestät des Rê-Harmachis zu deiner heiligen Person Horhut: o du Sonnenkind, du Erhabener, der erzeugt ist durch mich, schlage nieder den Feind, welcher vor dir ist, in kürzester Zeit. Darauf flog Horhut zur Sonne empor in Gestalt einer großen Sonnenscheibe mit Flügeln daran. Darum wird er seitdem: ›der große Gott, der Herr des Himmels‹ benannt. – Als er an der Himmelshöhe die Feinde erblickte, machte er sich daran, sie zu verfolgen, in Gestalt der großen geflügelten Sonnenscheibe. Er stürmte grad von vorn so gewaltig auf sie ein, daß sie weder sahen mit ihren Augen, noch hörten mit ihren Ohren, und daß ein jeglicher seinen Nebenmann tötete. In dem kurzen Zeitraum einer Minute war kein lebendes Haupt mehr vorhanden. Horhut, buntfarbig glänzend, kehrte in seiner Gestalt als eine große geflügelte Sonnenscheibe in das Schiff des Rê-Harmachis zurück. Der Gott Thot, er sprach zum Rê: Herr der Götter! der Gott von

Hut ist zurückgekehrt in Gestalt einer großen geflügelten Sonnenscheibe... Darum sei er genannt Hor-hut von diesem Tage an.Es sprach Harmachis: es sei genannt die Stadt Apollinopolis ›die des Horhut‹ von diesem Tage an.«

Zunächst sei angemerkt, daß zu Beginn des reportagenhaften Berichtes »die heilige Majestät des Rê« einmal mehr personifiziert wird. Der Leser möge sich aber erinnern, daß wir ein solches Beispiel schon einmal hatten. In einer Roeder-Übersetzung von jenem »Denkstein« in Boston geschah das nämliche mit Rê, *»als seine Majestät... ein schönes Kind war«*, wobei auch dort in Wirklichkeit einer blumigen Beschreibung und Belobigung der Raumfähre des Thot das Wort geredet wurde. Auch wenn das alles auf den ersten Blick ein wenig kompliziert erscheinen mag – die Lösung ist weit einfacher, als man annehmen möchte. Es gilt nur wieder einmal, »die Spreu vom Weizen zu trennen«.
Da ein Raumschiff wohl kaum imstande sein dürfte, zu sprechen, müssen erst Ursache und Wirkung voneinander *getrennt* werden: Tatsächlich hatte wohl an Bord des Gefährts zunächst eine eingehende Beratung sämtlicher Besatzungsmitglieder unter der Leitung des Kommandanten (Thot!) stattgefunden. Es ging darum, welche Maßnahmen gegen feindliche Angreifer in die Wege geleitet werden sollten. Für einen entsprechenden Gegenschlag hatte sich Horus angeboten. Er war ein erprobter Kampfflieger (so würde man ihn jedenfalls heute bezeichnen), und so genoß er offensichtlich das Vertrauen der Schiffsmannschaft. Thot dürfte bei dem Kriegsrat im wesentlichen Wortführer gewesen sein, und ihn könnte man auch dafür verantwortlich machen, Horus zuvor eingeschult zu haben *(»o du Sonnenkind, du Erhabener, DER ERZEUGT IST DURCH MICH...«)*. Das damalige Geschehen wurde jedoch in der mythologischen Wiedergabe vereinfacht dargestellt, Thots Worte und die wahrscheinliche Zustimmung seiner Acht-Mann-Crew deshalb dem imaginären (Raumfahrzeug) »Rê« in den »Mund« gelegt. Einen deutlichen Hinweis über den tatsächlichen Verlauf der Einsatzbe-

sprechung gibt das Wort »Harmachis«, das im Legendentext dem Rê beigefügt wurde. »Harmachis« bedeutet soviel wie »Horus im Horizont«, womit wohl der himmelwärts strebende Kampfflieger gemeint war, der seine Aktionen – wie auch hier wieder – mittels eines kreisförmigen Begleitfahrzeuges vom Bord der großen Raumfähre »Rê« in Angriff zu nehmen pflegte.

Das Hauptproblem bei diesen Texten besteht darin, die gewollt oder ungewollt vorgenommene Verquickung von Person und Sache (»Götter«-Mannschaft bzw. Raumfähre) zu erkennen und *auseinander* zu halten. Das ist in manchen Fällen kein leichtes Unterfangen, schafft Verwirrung, wird jedoch erst *verständlich*, wenn man sich an diese Regel hält.

Horus, dessen Flugsymbol des *Falken* seine Begabung und seinerzeitige Tätigkeit widerspiegelt, machte sich also auf den Weg. Er flog »zur Sonne empor«.

Um auch hierbei keine Mißverständnisse aufkommen zu lassen: Selbstverständlich war das Zentralgestirn unseres Planetensystems nicht Zielpunkt des Piloten. Der legendäre Bericht wollte damit nur andeuten, daß Horus in den erdnahen Weltraum gestartet war, somit (symbolisch) der Sonne entgegenflog. Klar wird auch hier wieder unterschieden: Auf der einen Seite die »Sonne«, im Gegensatz dazu Horus' »große Sonnenscheibe mit Flügeln«. Sein Einsatz erfolgte *»in Gestalt«* jener Flugscheibe, was nichts anderes besagt, als daß er sich zum Zeitpunkt der Aktion *innerhalb* seines kreisrunden Gefährts befand.

Es dürfte sich um ein außerordentlich schnelles und vorzüglich manövrierbares Luftfahrzeug gehandelt haben, und – auch das macht der Text deutlich: Horus verfügte ganz offensichtlich über eine grauenhafte Vernichtungswaffe. Ihre Wirkung war von solcher Intensität, *»daß sie* (die Feinde) *weder sahen mit ihren Augen, noch hörten mit ihren Ohren, und daß ein jeglicher seinen Nebenmann tötete«.*

Um was für eine Art Waffe könnte es sich dabei gehandelt haben?

Die Antwort scheint abermals aus der betreffenden Textstelle hervorzugehen. Zweifellos war es nichts, daß *optisch* erfaßt werden konnte, da die gegnerischen Kräfte vom Wirkungsgrad des Kriegsgerätes völlig überrascht und – ohne die Chance einer Gegenwehr zu haben – *»in dem kurzen Zeitraum EINER MINUTE«* vernichtet wurden. Niemand kam mit dem Leben davon *(»...war kein lebendes Haupt mehr vorhanden.«)*

Aus der dramatischen Schilderung des Geschehens ist zu folgern: Horus' Waffe funktionierte auf *akustischer* Basis. Er dürfte mit *Ultraschall* operiert haben, was die davon überrumpelten Feindeskräfte buchstäblich verrückt werden ließ. Die Männer der Gegenseite waren in jenem Augenblick nicht mehr Herr ihrer Sinne. Sie drehten dermaßen durch, daß sie sich schließlich selbst auf Null reduzierten.

Nach seinem erfolgreichen Einsatz steuerte Horus sein Gefährt wieder zum Ausgangspunkt – dem Mutterschiff »Rê« – zurück. Durchaus denkbar, daß dieses Manöver vom Boden aus sichtbar gewesen ist, wird doch Thots Raumfähre an dieser Stelle als Rê-*Harmachis* bezeichnet. »Harmachis« aber bedeutet, wie wir bereits erfahren haben, nichts anderes als »Horus im Horizont«. Offenbar wurde das Geschehen damals von Zeitzeugen beobachtet, machte es Chronisten möglich, Horus' »geflügelte Sonnenscheibe« im Luftraum zu erkennen und als *»buntfarbig glänzend«* zu beschreiben.

Der legendäre Bericht vergißt auch nicht darauf, die Belobigung zu erwähnen, die Horus für sein siegreiches Gefecht durch seinen Befehlshaber *Thot* erfuhr. »Darum sei er genannt Hor-hut von diesem Tage an«, erfahren wir aus Brugsch' Übersetzung, was durchaus bedeutet haben könnte, daß *Hor*(us) mit der zusätzlichen Bezeichnung »hut« eine Art *Rangerhöhung* zugesprochen erhielt. Eine Auszeichnung, wie solches ja auch noch heute auf militärischem Gebiet üblich ist. Damit nicht genug zu seiner Ehre, läßt jene Textstelle vermuten, daß es damals einen einstimmigen Beschluß der gesamten Schiffsbesatzung der »Rê« gegeben haben dürfte. »Harmachis« – hier wohl gleichzusetzen mit der Mannschaft der »Sonnenbarke« – gab nunmehr der Stadt *Apollinopolis*

Horus' Namen (»die des Horhut«). Apollinopolis ist übrigens mit *Edfu* identisch.
Der Ort Edfu, von Arabern, Kopten, Berberinern und auch Nubiern bewohnt, liegt westlich des Nils, etwa fünfzehn Minuten landeinwärts. Er erhebt sich hügelartig auf den Schuttbergen der schon lange untergegangenen Stadt Apollinopolis. Im Gegensatz dazu ist der alte Tempel der Stadt fast vollständig erhalten geblieben. Die Anlage befindet sich im Zentrum von Edfu, in einer Tiefe von etwa zehn Metern unter dem Erdboden. Um Irrtümer auszuräumen: Wie *Apollinopolis* zu Zeit des Thot geheißen hat, entzieht sich unserer Kenntnis. Ihren griechischen Namen erhielt die sich damals *Hor-hut* nennende Stadt erst später – wie ja auch Horus' Name selbst danach zu *Apollo* umgewandelt worden ist.
Heinrich Brugsch weist nach, daß das heutige Edfu eine von jenen Kampfstätten gewesen sein muß, an welchem, der Sage nach, der »strahlende Lichtgott« Hor dem ägyptischen Erbfeind *Typhon* eine Schlacht geliefert hat. Brugsch führt aus:

»Diese Sage führt uns unmittelbar auf den Gegenstand, ... zu welchem das Bild der geflügelten Sonnenscheibe in ganz besonderer Beziehung steht.«

Der Ägyptologe erkannte aber auch die gewollte Darstellung in den mythologischen Texten, die nach ihm so viele seiner Kollegen in die Irre führte. Sie ist der »springende Punkt«, den es zu beachten gilt. Brugsch macht darauf aufmerksam:

»Es ist ein durchgehender Grundzug in dem Wesen des ägyptischen Altertums, alles, was in näherer oder fernerer Berührung mit dem religiösen Kultus stand, nicht durch äußere Symbole, sondern selbst durch die Benennung im Worte zu VERHÜLLEN und für den Nichteingeweihten UNVERSTÄNDLICH zu machen. Die PRIESTERSCHAFT hielt den Schlüssel dazu in den Händen und ihre Eingeweihten ALLEIN vermochten das Symbol zu begreifen und das dunkle Wort RICHTIG AUSZULEGEN.«

In den ältesten Zeiten des Priesterlebens sei dieser »Schlüssel« durch *mündliche Lehre* überliefert worden, vermutet Brugsch. Das sei so lange geschehen, bis der zu behaltende Lehrstoff so überhand genommen habe, daß es notwendig wurde, die *Schrift* als Träger und Erhalter der Tradition zu Hilfe zu nehmen. Als »sehr beredtes Beispiel« nennt Brugsch das »Ägyptische Totenbuch«. Darin lasse sich erkennen, »wie im Laufe der Zeit uralte Vorstellungen von dem Wesen der Gottheit *selbst für den Eingeweihten* in ihrer eigentümlichen Ausdrucksweise *dunkel und unverständlich* wurden und wie man *neuer Erklärungen* benötigt war, um das alte Wort zu erfassen«. Es erscheint daher angebracht, die alten Überlieferungen nicht noch mehr zu komplizieren, sondern *sehenden Auges* zu studieren, sie mit dem *heutigen Wissen* zu deuten. Das läßt uns anknüpfen an jene Szene, die *Thots* Kampfpiloten *Hor*(us)-*hut* in seiner »buntfarbig glänzenden« *geflügelten Sonnenscheibe* an Bord der Sonnenbarke Rê zurückkehren ließ, nachdem er gegen den gemeinsamen Feind einen so triumphalen Erfolg erzielt hatte.
Diesmal hatte er (so Brugsch) »die Feinde *am Himmel* überwunden und *auf die Erde* geschleudert«, was dem mutigen Piloten neuerlich Lorbeeren einbrachte.

»Der Gott Thot, nachdem er gesehen hatte, wie die Feinde dalagen auf der Erde, sprach also: ›Freuet euch, ihr Götter des Himmels, freuet euch, ihr Götter auf Erden! Horus, der jugendliche, er kehrt zurück in Frieden, nachdem er Außerordentliches vollbracht auf seinem Zuge, gemäß dem Buche, welches handelt von der Überwindung des TYPHON*...‹ Darauf verwandelte sich Horus wieder in die Gestalt einer Sonnenscheibe mit Flügeln daran, er nahm seinen Platz ein* OBERHALB DES VORDERTEILES DES SCHIFFES *des Rê. Auch nahm er die Süd- und die Nordgöttin zu sich, in Gestalt zweier Schlangen, damit diese durch ihren Feueratem die Feinde bei lebendigem Leibe verbrennen sollten, in ihrer Gestalt... allenthalben, wo sie sich auch immer in Ober- und Unter-Ägypten befänden.«*

Erstmals erfahren wir in diesem Abschnitt den Namen des offensichtlichen Oberbefehlshabers von Thots Gegnerschaft. Das war, wie es scheint, ein zäher Bursche und nicht so leicht unterzukriegen. Typhons richtiger *(ägyptischer)* Name war *Seth*, und als seine Heimat wird *Libyen* angenommen. Hauptsitz war *Nubt* (Ombos) in Oberägypten. Aus dem Gewirr legendärer Überlieferungen läßt sich entnehmen, daß es unter den außerirdischen Kolonisatoren schon sehr bald zu Eifersüchteleien und Machtkämpfen gekommen sein dürfte und Seth (Typhon) zunächst die Herrschaft über das gesamte ägyptische Reich beansprucht hat. Thot aber bevorzugte Horus, den er gegen Seth in die Schlacht schickte. Den Ausgang dieser Auseinandersetzung kennen wir, doch ist es nicht bei diesem einen Kräftemessen geblieben. Der Ägyptologe *Heinrich Brugsch* fand in den alten Texten Anhaltspunkte dafür, wonach Typhon alias Seth trotz seiner Niederlage die Fähigkeit besaß, sich immer wieder zu erheben. Seine Attacken gegen den ihm verhaßten Thot seien in Form von »Verwandlungen« erfolgt, lesen wir bei Brugsch. Was es mit derartigen Fähigkeiten in Wahrheit auf sich hatte, ist uns jedoch längst etwa bei Horus klargeworden. Dies hatte alles nichts mit märchenhaftem Hokuspokus zu tun, sondern besaß einmal mehr einen *technologischen* Hintergrund:

»Da nahm Seth die Gestalt einer brüllenden Schlange an. Er verkroch sich in die Erde bei dieser Stadt, so daß er unsichtbar ward. Es sprach Rê: ›Es hat sich... (Seth) verwandelt in eine brüllende Schlange. Es möge sich Horus... oben darauf stellen, damit er nimmer wieder herauskomme.‹«

Aufs Äußerste ergrimmt, gab Thot den Einsatzbefehl. Er wies seinen Paradestreiter Horus an, den offenbar unbelehrbaren Rivalen Mores zu lehren: *»Da landete das Schiff der Sonne bei der Stadt Pe-cherau...«*

»Pe-cherau« wird mit *Kampf-Stadt* übersetzt. Es war also mit der Bezeichnung kein bestimmter Name verbunden. In dem Text wird auch nicht beschrieben, auf welche Weise es dieses

Mal Horus gelang, siegreich zu bleiben. Dafür erhielt seine »geflügelte Sonnenscheibe« einen eigenen Namen: »Von diesem Tage an wird das heilige Schiff des Horhut ›Neb-Cherau‹ (›das des Herrn der Fahrt‹) genannt.« Zusätzlich wurde Horus zum Kommandanten von Thots Kriegsflotte ernannt (»Es soll Horhut immerdar ein Meister im Kampfe sein, um zu töten seine ausländischen Feinde!«), was auch in dem Ausspruch Thots deutlich wird, wo es u. a. heißt: »*... deiner Schiffe*, o Horhut, *waren viele* auf dem Gewässer...«
Nicht minder interessant ist für uns, wie Seths Kriegsgerät bezeichnet wurde: *Brüllende Schlange!* Läßt sich daraus ableiten, daß dies mit der *Akustik* zu tun hatte, die den Wirkungsbereich von Seths Waffe begleitete? War es das *Dröhnen* einer *Kanone* in Verbindung mit ihrem Aussehen, die zu dieser Namensgebung (brüllende Schlange) führten?
Daß die alten Ägypter ihre Gottheiten fast durchweg in Zwittergestalt darstellten, ist bekannt: *Horus* mit einem *Falken*kopf, *Thot* mit dem Kopf des *Ibis*vogels oder *Bastet*, die Göttin mit dem Kopf einer *Katze*. So kann es nicht überraschen, daß sich uns auch der erbittertste Gegner Thots – *Seth* – sowohl in menschlicher als auch in tierischer Gestalt offeriert. Sein Kopf hatte das Aussehen eines solchen des *Typhons*, eines schwarzen *Wildschweines*.
Dieses seltsame Tier mit seiner langen, gebogenen Schnauze, den aufrecht stehenden, oben eckig beschnittenen Ohren und dem erhobenen, an der Spitze gespaltenen Schwanz läßt sich zoologisch nicht so recht einordnen. Für unsere analytische Untersuchung der alten Texte ist das auch nicht von Belang. Horus blieb ein weiteres Mal gegen Seth erfolgreich. Was sicher auch durch die Überlegenheit seiner Waffen möglich wurde. Entsprechende Ehrung wurde ihm, wie es sich für den Sieger geziemt, in seinem offensichtlichen Hauptquartier zuteil. Von Heinrich Brugsch erfahren wir:

»Es fuhr Harmachis in seinem Schiffe und er landete bei der Stadt ›Horus-Thron‹. Es sprach Thot: ›Der STRAHLENSENDER, DER ERZEUGT IST VOM RÊ, er hat die Feinde

geschlagen in seiner Gestalt. Er sei von diesem Tage an genannt: Der Strahlensender, der erzeugt ist vom Lichtberge.‹«

Wir wissen inzwischen, daß »Harmachis« (was auch mit »Horus im Horizont« übersetzt wird) in jedem Fall besagen soll, daß die Sonnenbarke »Rê« am Himmel *sichtbar* ward. Um unmittelbar danach nahe von »Horus-Thron«, der offensichtlichen Residenzstadt des tapferen Kampfpiloten aus Thots Korps, zu landen. Wo diese Stadt »Horus-Thron« lag, bleibt ungewiß. Mit einiger Gewißheit kann angenommen werden, daß sie seit langem von der Bildfläche Ägyptens verschwunden ist. Natürlich wurde »Rê«, wie auch sonst immer, von Thot befehligt, und er ist es auch, der Horus gegenüber das Wort ergreift. Was uns in dem Zusammenhang interessiert, ist Thots erstmalige Erwähnung einer Waffe, die er »Strahlensender« nennt, und unzweifelhaft in seiner »Waffenschmiede« entstanden sein muß (»der erzeugt ist vom Rê«).
Worum könnte es sich dabei gehandelt haben?
Fast alles spricht dafür, daß sich die Stärke dieses Gerätes bereits in seiner *Bezeichnung* manifestierte: Strahlensender! Ganz klar ein Ding, das wohl einer modernen *Laserkanone* entsprochen haben dürfte. Im übrigen müssen wir uns darauf gefaßt machen, diversen Vernichtungswerkzeugen unter vielfältigen Bezeichnungen wiederzubegegnen. Es scheint deshalb angebracht, in dem nun folgenden Abschnitt etwas intensiver auf die damals im Gebrauch befindlichen Waffen einzugehen, die Thot, Horus und deren Gefolgsleute gegen ihre Gegnerschaft in Stellung brachten. Schon jetzt können wir dem Leser versprechen: Er wird dabei ein paar saftige Überraschungen erleben!

Tödliche Augen

Thots Raumfähre dürfte ein respektables Schlachtschiff gewesen sein. Nicht allein Horus' »Geflügelte Sonnenscheibe« fand darin Platz, es besaß auch noch andere Satelliten an Bord, die mit Waffen ausgerüstet waren, deren Wirkungsgrad absolut vernichtend gewesen sein muß. Legendär in diesem Zusammenhang ist »das Auge des Rê«. Um einen Begriff zu geben, welche Kräfte diesem Fluggerät innewohnten, sei darauf verwiesen, daß dieses »Auge« mit der *feuerspeienden Uräus-Schlange* gleichgestellt wurde.

Natürlich war das als *Auge* bezeichnete fliegende Gefährt ein eigenständiger Gegenstand. Seine Benützung war auch nicht ausschließlich der Besatzung der Sonnenbarke vorbehalten. Abwechselnd diente es – in wahrscheinlich mehreren Variationen – den Leuten der »Rê« aber auch *Horus* als willkommenes Instrument zur Vernichtung der zahlreichen Feinde. Es wurde, wie so vieles im Alten Reich, aus naiver Gläubigkeit (oder auch aus priesterlicher Berechnung) vergöttert, und auf diese Weise wurde auch *Tefnut* zu einer Göttin erhoben. Gemeinsam mit ihrem »Bruder«, dem *Luft*gott *Schu*, verkörperte sie in der Kosmogonie von Memphis die höchste göttliche Macht. Worin diese bestanden hat, läßt sich aus einer mythologischen Erzählung erahnen, wo es heißt, Tefnut, das *linke* Auge des Horus«, sei einmal als »Auge des Rê« diesem abhanden gekommenen und in der Nubischen Wüste gelandet. Vielleicht ein Fehler in der »Computerschaltung«. Thot machte sich deshalb mit »Schu« auf die Reise, um das Satellitengerät zurückzuholen. »Nachdem sie sich in Paviane verwandelt hatten«, erfahren wir weiter, »entdeckten sie die Göttin dicht beim Berg des Sonnenaufgangs...« Thot gelang es, die Kontrolle über das »Auge« wieder zu erlangen – er »überwältigte« es angeblich »durch Zauberei«, um es dann (mittels Schu) »durch die *Luft*« wieder an Bord zu hieven.

Wie sehr in jener Zeit der Sinn der Worte durch priesterliche Manipulationen »verhüllt« worden ist, wird deutlich, wenn wir aus legendärer Sicht erfahren, Tefnut habe Thot nach ihrer Rückkehr aus Nubien »geheiratet«. Jedoch erst in jenem Augenblick, als Rê sie »als furchterregende Uräus-Schlange« auf *seine* Stirn gesetzt habe. Oder um den Tatbestand zu enthüllen: Thot machte die »feuerspeiende« Uräus-Waffe erst einsatzbereit, als sich das störrische als »Auge« bezeichnete Beiboot wieder auf dem Mutterschiff »Rê« befand. *Tefnut* war also *keine Göttin*, sie war überhaupt kein eigenständiger Charakter, sondern *künstlicher* Bauart. Ein Gebrauchsgegenstand wie auch der »Sonnengott« selbst. Sie war eine Art »Dingi« an Bord der »Rê« und gehorchte Thot und seiner Mannschaft. Allerdings war »Tefnut« ausreichend bewaffnet: Sie war mit jenem todbringenden Superding ausgestattet, von dem wir in späterer Folge noch einiges hören werden – der »Uräus-Schlange«.

Die Vernichtung der Götterfeinde an sämtlichen Orten des alten Reiches, an der Horus maßgeblichen Anteil hatte, und die ihm durch den Einsatz zweier grauenhafter Vernichtungswaffen möglich gemacht worden war – dem »Strahlensender«, der ähnlich einer *Laserkanone* funktioniert haben mag, sowie der »feuerspeienden« *Uräus-Schlange* –, führte auf direktem Wege zur Verehrung und Verbreitung der »Geflügelten Sonnenscheibe«. Darüber berichtet uns die Tempellehre von *Edfu*. Demnach wurde über die Befehlszentrale *Rê-Harachte* (also dem Raumschiff des Thot) Anweisung gegeben:

»Mache diese Flügelsonne an jedem Platze, wo ich mich niedergelassen habe, auch an den Plätzen der Götter in Oberägypten und den Plätzen in Unterägypten. Da machte Thot (der offensichtlich dabei selbst Hand anlegte. D. V.) dieses Bild an jedem Gottessitz an jedem Ort, wo sie gewesen waren, und wo Götter und Göttinnen sind bis zum heutigen Tage.«

»Harachte« bedeutet u. a. soviel wie »Horus der beiden Horizonte« – was wohl den *totalen Überblick* anschaulich machen sollte, den Thot und seine achtköpfige Besatzung über den gesamtägyptischen Raum besaßen.

Was aber hat die Ägyptologie aus jener Darstellung, der »Geflügelten Sonnenscheibe«, gemacht?
Ein Dekorationsmotiv mit Flügeln, das Ober- und Unterägypten als Himmelsdach überspannt – ein Reichssymbol für das Königshaus. Ein Sinnbild der Sonne oder des Sonnengottes, der anfangs mit Horus gleichgesetzt wurde.
Im Laufe der Geschichte verschmolzen immer mehr unverstandene Texte und Begriffe miteinander. Daraus entwickelte sich die These, Sonne und Mond seien mit den Augen des Horus gleichzusetzen. Ebenso geschah es aus ägyptologischer Sicht mit dem himmlischen »von Gold erstrahlenden« Sonnenschiff, das sich nunmehr in *zwei* Schiffe teilte: in die *Morgen*barke »Manezet« (das *rechte* Auge) sowie in die *Abend*barke »Mesektet« (das *linke* Auge). Vereinfachend erklärt, aber nicht weniger verwirrend in seiner Bedeutung, läßt sich sagen, der *Mond* müsse mit dem *Auge des Horus* (Mondauge), die Sonne hingegen mit dem *Auge des Rê* gleichgesetzt werden. Allerdings: Obwohl sich diese Interpretation nach wie vor in den diversen ägyptologischen Lexika wiederfindet, ist ihr Inhalt inzwischen innerhalb der Ägyptologie bereits heftig umstritten. Was nicht verwundert.
Der Grund für diese hochwissenschaftliche Meinungsverschiedenheit ist ebenso brisant wie – aus unserer Sicht – auch *amüsant*. Es sind die vielen so unterschiedlichen Legenden über »fliegende Augen«, die von den diversen »Göttern« (oder was dafür gehalten wird) zur Beobachtung, Suche und rigorosen Vernichtung unliebsamer Feinde eingesetzt wurden.
Zu den ältesten Überlieferungen zählt der Mythos vom *Sonnenauge*, »das in der Fremde war«. Es handelt sich dabei um jene Geschichte, die wir gerade zuvor wiedergegeben haben und worin *Tefnut* (die abwechselnd als »linkes Auge des Horus« und als »Auge des Rê« agiert) eine entscheidende Rolle spielt. Es ist in gewisser Weise ebenso erheiternd wie unverständlich, was die Ägyptologie in dieser Darstellung zu erkennen glaubt. Sie wird beispielsweise vom »Falkenauge« des Falkengottes Horus abgeleitet, neuere Abhandlungen

wiederum sehen darin ein »*Stierauge, dessen Abgrenzung durch das Nasenbein und die untere Lidpartie mit schwarzer und grüner Schminke nachgezogen wurde*« (Manfred Lurker in »Götter und Symbole der alten Ägypter«, München 1980) usw., usf.

Man kann sich darüber, wenn man den Blick für klare Verhältnisse nicht verloren hat, nur wundern. Die Ägyptologen ertrinken geradezu in Symbolik. Dabei dringt in den altägyptischen Überlieferungen der wahre Urgrund durchaus an die Oberfläche, wenn es etwa heißt: »Wenn er die Augen aufschlägt, *füllt er das All mit Licht*, wenn er sie aber schließt, *entsteht Finsternis.*« Gemeint war hierbei *Thots* »Paradepilot« *Horus*, der mit seiner geflügelten Sonnenscheibe vorwiegend in kriegerischem Einsatz stand, und der diese gefährlichen Instrumente nicht zuletzt als todbringende Waffen benützte. Die sogenannten »Augen des Rê« (denn Thot besaß auf seiner großen Raumfähre ganz offensichtlich mehrere – zumindestens aber *zwei* von dieser Kategorie. D. V.) waren samt und sonders mit einer Art Laserkanone oder einem ähnlich zerstörerisch wirksamen Kaliber bestückt, und auch der Ägyptologe *Lurker* war sich sicher, die Ägypter hätten »um das *Strahlen* und *Leuchten*, um das *Blitzen* und die *Glut der Augen*« gewußt, »so daß diese als *Herrschaftszeichen* und als Symbol des *Feuers* gebraucht« worden wären. Zudem: »Die *Uräus-Schlange* galt als *feuerspeiendes* Auge des Sonnengottes.«

Und weil wir schon beim entmythologisieren sind: So wie wir die angebliche »Göttin« *Tefnut* letztendlich als ein Begleitboot für die fliegenden Schiffe von Thot und Horus – enttarnt haben, wird jetzt auch die eigentliche Identität des »Gottes« *Osiris* offenkundig: Auch hierbei handelte es sich nämlich *keineswegs* um eine Person! Die Bestätigung hierfür liefert uns die Ägyptologie, auch wenn ihre Verfechter den *wahren Hintergrund* ihrer analytischen Betrachtung wieder einmal gründlich übersehen. Manfred Lurker läßt uns wissen:

»Die bekannteste und in ihrer Symbolik vielleicht umfassendste Gestalt des ägyptischen Pantheons (Göttertempels) ist Osiris. SEIN NAME KÖNNTE ›SITZ DES AUGES‹ BEDEUTEN und würde dann mit seinem Schriftzeichen ÜBEREINSTIMMEN.«

Na also, warum wird dann dort alles so verkompliziert? *Osiris*, heißt es ohne Umschweife, sei »Sitz des Auges« gewesen – war also, wie auch *Tefnut*, ein sächlicher Gegenstand: ein mit der Uräus-Waffe ausgestattetes Begleitboot von Thots Kommandoschiff »Rê«. Gleiches gilt auch für die »Göttin« *Isis*, deren Name ebenfalls »Sitz« bedeutet – wobei sie aber ganz offensichtlich in engem Zusammenhang mit Osiris gestanden haben dürfte, möglicherweise etwas ähnliches wie die Computersteuerung, vielleicht auch die Funkzentrale dieses Raumgleiters darstellte.

Jetzt erst gewinnt jene Sage an Aussagekraft, die von dem gemeinen Anschlag berichtet, den *Thots* erbittertster Gegner und Konkurrent um die Herrschaft über das gesamte Reich Ober- und Unterägyptens unternahm, und der ihm auch tatsächlich gelang.

Seth (oder Thyphon) – von ihm ist hier die Rede – hatte sich dafür besondere Festlichkeiten in der Stadt *Memphis* (wo Thot und seine achtköpfige Crew aus der »Rê« nach ihrem ursprünglichen Auftreten in *Hermopolis* ebenfalls residierten) ausgedacht, wird uns erzählt. Man feierte dort wieder einmal eine »triumphale Rückkehr des Osiris«, was wohl besagt, daß in dieser Stadt der »Hangar« bzw. die Aufbewahrungsstätte von Thots und Horus' Uräus-Waffe zu suchen war. Andere Legenden behaupten wiederum, daß sich der vernichtende Anschlag in *Nedit*, nahe von *Abydos*, ereignet haben soll, doch scheint uns die geographische Lage des betreffenden Gebietes hierfür nicht entscheidend. Sicher scheint hingegen, daß Seth es auf irgendwelche Weise gelungen war, sich in den Besitz des gefährlichen Instruments zu setzen bzw. die Möglichkeit wahrnahm, es bei einem überraschenden Attentat zu zerstören. Der Legende nach soll er »Osiris« (das

Begleitboot, die Waffe oder vielleicht beides) »in vierzehn oder sechzehn Teile zerstückelt« und danach im Nil versenkt haben. Eine andere Sage weiß zu berichten, daß der »Leichnam« Osiris' von den Fluten des Nils stromabwärts getragen wurde und sich im Schilf der Deltasümpfe verfing. *Isis* und *Nephthys* (sie werden als »Schwester-Gottheiten« angesehen), angeblich »Augenzeugen« des schändlichen Vorfalls, hätten die Fragmente des »Auges« gefunden und danach »wieder zum Leben erweckt«.
Offenbar handelte es sich bei jenen sogenannten »Göttinnen« um ein kompliziertes technisches Gebilde (vielleicht etwas Ähnliches wie eine *sich selbst* regenerierende *Computeranlage*) – sozusagen »die Seele« der Raumfähre »Osiris«, denn alle uns zugänglichen Überlieferungen berichten übereinstimmend, Seth habe alle Hebel in Bewegung gesetzt, um »Isis«, die irgendwo im Delta aufbewahrt worden war, habhaft zu werden – was ihm aber anscheinend mißlungen ist.
Im Tauziehen um die entscheidende Vorherrschaft im Alten Reich Ägyptens hatte aber letztlich Thot »die Nase vorn«. Seine beiden gefährlichsten Waffen – der »Strahlensender« sowie die »Uräus-Schlange« – erwiesen sich jenen des Seth (trotz dessen zerstörerischer »Unterweltschlange« *Apophis*) überlegen. Und weil bekanntlich nach jedem gewonnenen Krieg der Sieger (fast) immer recht bekommt, wurde der unterlegene Seth in der Folge mit allen negativen Merkmalen bedacht, die sich nur irgendwie finden ließen. Er wurde mit roten Haaren und rotem Bart dargestellt – ein Farbton, der künftig in Ägypten »das Böse« symbolisierte, und in der 22. Dynastie wurden auch viele Darstellungen des Seth oder Hinweise auf ihn in den Monumenten getilgt und durch Bilder des *Thot* (um dessen wesentlichsten Gegenspieler zu nennen) ersetzt. *»Die einzige Epoche, in der Seth sonst noch Ansehen genoß«*, erfahren wir aus mythologischen Texten (abgesehen von jener Zeitspanne, als er unter den asiatischen, somit nichtägyptischen Hyksos-Pharaonen, die ihn mit ihrem eigenen Gott *Sutech* in Zusammenhang brachten, zu Geltung kam. D. V.), *»war die Ramessidenzeit, als einige der Pharao-*

nen, in ihrem Bestreben, die militärischen Leistungen der Hyksos zu übertreffen, sich selbst Namen gaben wie ›Geliebt von Seth‹. Diese Wiederbelebung war aber nur von kurzer Dauer ...«

Knaurs »Lexikon der ägyptischen Kultur« (München/Zürich 1960 und 1978) bestätigt diesen unerfreulichen Trend zu Ungunsten Seths: *»Seine Darstellungen änderte man damals zum Teil in Bilder des AMUN um ... Aber meist wurden die Bilder und Namen des Seth auf den älteren Denkmälern zerstört und seine heiligen Stätten verflucht. Aus dem Gott, der ›groß an Kraft‹ gewesen war, wurde in der Spätzeit ein böser Dämon.«*

Sicher war es nicht nur Zufall, daß *Amun* (»der Herr des Lufthauchs«) an die Stelle von *Seth* gesetzt wurde, galt dieser doch von nun an als eine Art »Staatsfeind«. Amun hingegen gehörte zu jener Gruppe der sogenannten »Achtheit«, die gemeinsam mit *Thot* in Hermopolis erstmals in Erscheinung getreten war.

Amuns Name war bestimmt nicht sein richtiger, bedeutet vielsagend *»der Verborgene«*. Dafür gab es damals sicher Beweggründe. Einer davon könnte durchaus darin zu suchen gewesen sein, daß sich die Fremden durch ihr *affenähnliches* Aussehen von uns Menschen unterschieden. Was wohl in der Folge dazu führte, sich nur höchst selten in der Öffentlichkeit zu zeigen.

Zurück zum Mythos des »Sonnenauges«.

Hierbei handelte es sich *in keinem Fall* um unsere Sonne. Das beweist auch der Ausspruch von Thot, der in »seinem« *Totenbuch* wiedergegeben wird. Im 161. Kapitel finden wir Anweisungen, »um ohne Hindernis ins Innere des *Sonnendiskus* einzudringen:

»Seht, mit Kraft erzwing ich
Zum Sonnendiskus mir einen Zugang ...
Höret, höret! Die Riegel der mächtigen Pforte
Werden geschoben ...
Überschreiten nun darf ich
Die heilige Schwelle.«

Und es dürfte kein leichtes gewesen sein, ohne entsprechende Schutzmaßnahmen an dieses Ding heranzukommen. Der Papyrus »Kufi« enthält eine recht drastische Beschreibung des Sonnenauges »Tefnut«, und zeigt an, unter welchen Mühen es Thot gelungen sein dürfte, die Kontrolle über dieses Fluggerät wieder zurückzugewinnen.
Der Ägyptologe *Wilhelm Spiegelberg* zitiert in seinem »Ägyptischen Mythos vom Sonnenauge« (Straßburg 1917) die Übersetzung des Originaltextes, worin *Tefnut* in Gestalt »einer brüllenden, wütenden Löwin« *Thot* gegenüberstand:

»Ihre Oberfläche rauchte von Feuer. Ihr Rücken hatte die Farbe von Blut, ihr Antlitz glänzte wie die Sonnenscheibe, ihr Auge glühte vor Feuer. Ihre Blicke loderten wie eine Flamme, indem sie Feuer auswarfen wie die Sonne am Mittag... Sie glänzte davon ganz.«

Der Kommandant der »Rê« war jedoch auf etwaige Schwierigkeiten vorbereitet gewesen. Er wußte, wie man das außer Kontrolle geratene »Auge« wieder in einen flugfähigen Zustand bringen konnte. Unter Zuhilfenahme seiner »Magie«, weiß der Papyrustext zu berichten, sei es Thot gelungen, die Hitze von *Tefnut* abzukühlen und in deren Cockpit einzudringen. Von nun an gehorchte die Steuerung des Sonnendiskus seinen Anordnungen, und er kehrte mit dem Gerät problemlos wieder nach Ägypten zurück.
Wilhelm Spiegelberg vermochte in dieser Schilderung lediglich eine »Tierfabel« oder einen »Naturmythos« zu erblikken. Ähnlich simpel und unbefriedigend sind Erklärungen, die man zuweilen über den Vorgang des *emporsteigenden* und *fliegenden* »Horus-Auges« in ägyptologischen Veröffentlichungen nachlesen kann. Dabei lassen doch die Texte aus dem »Ägyptischen Totenbuch« gerade in diesen Belangen keine Zweifel über die tatsächlichen Zusammenhänge offen. Mehrmals wird das *Aufsteigen* und *Niederfahren* des »göttlichen Auges« wiedergegeben, und in Kapitel *140* heißt es:

»Schauet, ein mächtiger Gott erhebt sich am Himmel.
Tum erscheint, von wohlriechenden Wolken umgeben.
Durch das Strahlen der geheiligten Geister
flammet der Himmel...
Und nun erglänzt das göttliche Auge
Während der langen Nacht...
Dann, vor den Götterordnungen, erglänzet das göttliche Auge.
Seine Herrlichkeit leuchtet wie ehmals am Anbruch der Zeiten...«

Tum ist gleich »Atum«, bedeutet sinngemäß die höchste Gottheit im Kosmos, und kann hier als das Erscheinen eines anonymen (sprich: *unbekannten*) »göttlichen« Piloten in einem fliegenden Gefährt verstanden werden.
Noch deutlicher beschreibt der Papyrus »Nebseni« den Start des »Horus-Auges«, wobei dessen Aufstieg offensichtlich von zahlreichen Augenzeugen beobachtet und die flammende Erscheinung über mehreren ägyptischen Städten gesichtet werden konnte. Keineswegs handelte es sich dabei um die aufgehende Sonne, wie Ägyptologen gerne behaupten. Das Ding war *gesteuert!* In teils beschwörendem, teils reportagehaftem Ton wurde der Papyrusrolle anvertraut:

»O du, göttliches Wesen, das du mit so großen Schritten vorrückst und in Heliopolis aufsteigst, erhöre mich!
...das du in Kher-Aha erscheinst und dessen Arme von einem flammenden Feuer umringt sind...
...das du dich in Hermopolis zeigst und im Einklang mit den Göttern atmest...
...das du im Himmel aufsteigst unter der Form eines doppelten Löwen...
...das du in Letopolis aufleuchtest und dessen zwei Augen wie Dolche stechen und bohren...
...dessen Antlitz eine flammende Maske, daß du langsam nach rückwärts schreitest...

...das du in Herakleopolis aufleuchtest, zermalmend und zerreibend die Gebeine der Toten...
...das du in Memphis wandelst, hoch läßt du sprühen die glühenden Flammen...
...das du in der See-Region erscheinst und dessen Zähne wie die Sonne glänzend glimmern...
...das du neben dem Blutgerüst auftauchst und dich auf das Blut deiner Opfer stürzest gefräßig...
...Wesen, das du deine verborgenen Stätten verläßt...
...Wesen, dessen eines Bein mit Flammen umzüngelt...
...o du, der du am Himmelsgewölbe aufglänzest...«

Ähnlich den Schilderungen im AT der Bibel und den verschiedenen Variationen darin beim Erscheinen der sogenannten »Herrlichkeit des Herrn«, war auch das »Horus-Auge« eine von mehreren *Umschreibungen* vom Aussehen »göttlicher« Fluggeräte. Daß sie zudem bemannt waren, bestätigt das »Totenbuch«:

»Sieh Horus hier weilend in seinem göttlichen Auge!...
Ich tauche ein in den Abgrund des Himmels...«

Und an anderer Stelle:

»Horus, sitzet jetzt auf dem Throne, der ragt aus dem See des Feuers hervor!«

Oder:

»Seht, wie von Strahlen umleuchtet, segelgespannt, gleite ich in der himmlischen Barke empor zu den Sternen!«

Hier ist weit und breit keine Symbolik im Spiel. Was wir hier lesen können, hat tatsächlich stattgefunden.

VIII
Die geflügelte Sonnenscheibe

Selbstverständlich hat es in jenen Tagen Ägyptens gelegentlich auch Unfälle gegeben. Manche sogar mit wahrscheinlich tödlichem Ausgang.

Auch *Horus* hatte Probleme. Nach einem heftigen Gefecht mit seinem hartnäckigen Gegner *Seth* wurde sein Fluggerät, das sogenannte »feurige Auge«, zunächst beschädigt und dann sogar durch Seth erbeutet. Horus gelang es jedoch, sein wertvolles Besitztum zurückzuerobern (»es wiederzufinden«), war dann aber gezwungen, das ramponierte Gefährt reparieren zu lassen (»es zu heilen«). Dafür gab es einen Spezialisten – *Thot.* Diesem gelang es, die Einzelteile des »Horus-Auges« mit Hilfe seiner mathematischen Kenntnisse wieder zusammenzusetzen und einsatzfähig zu machen. Papyrusrollen berichten, daß Thot das nun wieder flugtaugliche Objekt vor dem Abflug »gefüllt« habe, worunter durchaus der Prozeß des »Auftankens« verstanden werden kann. Inhaltlich ähnliche Mythen ranken sich auch um das »furchterregende Sonnenauge«, um das »Auge des Rê« sowie um das »einzigartige Auge des Atum«.

Geht man davon aus, daß bestimmte Tempelbezirke einiger großer Kultstätten (so Dendera, Edfu, Abydos) mit besonderen Aufgaben betraut waren, nicht zugehörigen »Uneingeweihten« deshalb verschlossen blieben (in der Bevölkerung als »heilig« angesehen wurden), dann erscheint es keineswegs zu weit hergeholt, dort in ihrem Bereich wichtige Anlagen für das Flugwesen der »Götter« zu vermuten: Reparaturwerkstätten ebenso wie Tanklager.

Tatsächlich gibt es in Edfu und Dendera spezielle Stiegenaufgänge, die die Ägyptologie, mangels besserer Erklärungen, als »Ritualtreppen« bezeichnet. Versenkt man sich aber in den Inhalt gewisser mythologischer Erinnerungen, dann er-

fährt man, wozu jene Aufgänge dienten, daß sie mit größter Wahrscheinlichkeit ins Nervenzentrum ihrer Tempelanlage geführt haben dürften und daß dort das »Füllen« der fliegenden (Augen-)Objekte bzw. deren Wiederherstellung vorgenommen (»gefeiert«) worden ist. Das solcherart erneuerte Gerät wurde danach als *Udjat-Auge* bezeichnet. Im Zusammenhang mit Horus, der sich im Besitz derartiger Flugmaschinen befand, sieht die Ägyptologie das Udjat-Auge aus drei Bestandteilen zusammengesetzt: Aus Mensch, Falke und Panther. Sie führt diese Mischkulanz auf das angebliche Aussehen des »fliegenden Panthers« zurück, ein himmlisches Wesen. Durchaus verständlich. Wenn auch manches verwischt wurde – eines aber scheint sich erhalten zu haben: das Faktum des *Fliegens.* Und daß es sich bei diesen »Augen« um geflügelte Apparaturen gehandelt hat, die mit todbringenden Waffen ausgestattet waren, haben wir nachgewiesen.
Daß die orthodoxe Ägyptologie solchen Tatbeständen nicht zu folgen vermag, beweisen uns die Erläuterungen verschiedener Fachgelehrter. Professor *J. H. Breasted* erblickt in den alten Überlieferungen lediglich »Jägermotive«. Er interpretiert das »Einholen des feurigen Auges« als »primitive Jagdszene«. Damit und mit seinem Versuch, jene Erzählungen »einfachen Naturmythen« zuzuschreiben, sie als einen »bunten Sagenkranz« zu bezeichnen, »der sehr viele Deutungen zuließe«, beweist Professor Breasted nicht nur Phantasielosigkeit, er läßt es auch an Flexibilität in seinem Fach fehlen.
Noch eine Spur einfältiger beurteilt sein ägyptologischer Kollege, Professor *Rudolf Anthes,* das legendäre Material. Man ist versucht, ihm und ähnlich denkenden Schulwissenschaftlern die Worte aus dem alttestamentlichen »Buch Ezechiel (Hesekiel)« zuzurufen, ihnen einen Zerrspiegel vorzuhalten. Um sie alle endlich zu veranlassen, nicht weiter abstrakt, sondern *logisch* zu denken: *»Vor ihren Reden fürchte dich nicht, und vor ihrem Angesicht ängstige dich nicht; denn ein Haus der Widerspenstigkeit sind sie! Du sollst meine Worte zu ihnen reden, mögen sie hören oder nicht; denn ein Haus der Widerspenstigkeit sind sie.«* (Ez. 2,6–2,7)

Als »ein Spiel mit Worten« sieht Professor Anthes jene Erzählungen an, die von einem Auftanken des leeren Horus-Auges durch ein volles Horus-Auge wissen wollen. Für ihn beinhaltet die Geschichte lediglich »die Einsetzung des Horusauges in die leeren Augenhöhlen« – was immer ein derartiger Vorgang für einen praktischen Sinn gehabt haben soll.
Die Überlegung, wonach das »Auge« des Horus flugtauglich gewesen sei, wischt Professor Anthes generös vom Tisch. *Seine* Interpretation: »Horus hatte zwei natürliche Augen, und das ›Horusauge‹ ist demnach ein zusätzliches, ein eigenartiges drittes, was auch immer gemeint sein mag.«
Daß wir hier von einem enormen Erklärungsdefizit umgeben sind, darf nicht weiter verwundern. In der ägyptischen Mythologie und Sprachwelt vermischen sich häufig wesensgleiche Begriffe. Dies muß fast zwangsläufig zu Mißverständnissen und Widersprüchen führen. Oft ist die ursächliche Bedeutung eines Begriffes nur mühsam, wenn überhaupt, ausfindig zu machen. Gewisse Berührungspunkte liefern uns dabei, stichwortartig angeführt:

- Die Vorstellung vom Himmelsgewölbe als *Falke;*
- der Horusfalke selbst als *Gottheit;*
- als Vogel, als Hor-hut in der Gestalt einer *geflügelten Sonnenscheibe*; ferner:
- die *Flügel*sonne, die *feuerspeienden* Uräus-Schlangen, das *Sonnenauge, das Auge des Rê*, das *»einzigartige«* Auge des Atum, die Sonne als *Gestirn*, das Sonnenboot, die *Morgenbarke*, die *Abendbarke, himmlische* Barken, der Mond, das Mond*auge*, das *»geheilte«* Udjat-Auge, das Auge des *Horus*, das Sonnenauge als Göttin *Hathor*, das Sonnenauge als *Sonnengöttin*, Gott *Thot* als Mondauge – und dergleichen mehr.

Der Leser möge uns glauben: Die Liste ließe sich beliebig fortsetzen.

Zur weiteren Verwirrung tragen natürlich auch unterschiedliche Übersetzungen alter Texte bei, die von unterschiedlichen Auffassungen diktiert sind. Davon abgesehen wurden die verschiedenen Auslegungen auch durch das Schriftbild verursacht, das sich im Laufe der Jahrhunderte veränderte. Dazu kommt, daß sich die Priester im Alten Reich Ägyptens einer nur ihnen geläufigen *Geheimschrift* bedienten, die sich beispielsweise anhand jener Hieroglyphen manifestiert, die wir in den Krypten des *Hathortempels von Dendera* vorfinden, und deren Entschlüsselung nunmehr begonnen worden ist. Gerade hier – wenn wir die dazugehörigen Reliefabbildungen an den unterirdischen Wänden der Dendera-Katakomben als illustratives Beispiel anführen – herrscht derzeit noch ein Erklärungsnotstand. Zu vieles scheint für den heutigen Betrachter unverständlich, zumindest mehrdeutig.
Leider begnügt sich die Fachwissenschaft oft damit, in überholten Erklärungsschablonen zu verharren. Ägyptologen vermögen es vorderhand noch nicht, aus all den Texten, die uns das alte Ägypten erhalten hat, *reale Begebenheiten* herauszufiltern. Man gibt sich mit symbolischen Auslegungen zufrieden, verharrt hartnäckig in Begriffsschablonen, begnügt sich damit, einstmalige esoterische Gebräuche lediglich als *kultische* Handlungen zu sehen, und hat sich auf diese Weise eine Mysterienwelt geschaffen, von der es höchst zweifelhaft erscheint, daß sie tatsächlich damaligen Gegebenheiten entsprochen haben könnte.
Dazu kommt, daß es bei der Auslegung bestimmter Worte schon öfter zu *unterschiedlichen* Auffassungen bei den Ägyptologen gekommen ist. So kann – um nur zwei Beispiele zu nennen – der Begriff *Feuer* (je nach Verwendung im Urtext der Überlieferung) sowohl mit »Ausstrahlen« als auch mit »Glänzen« übersetzt werden, und *aufsteigen* läßt mit »herauskommen«, »aufschweben«, »aussteigen«, »fliegen«, »emporklimmen« sowie »sich entferen« ebenfalls mehrere Interpretationsmöglichkeiten zu.

Angesichts solcher sich ergebender Divergenzen, die gewiß nicht böser Absicht, sondern Ungereimtheiten bei der Übersetzung alter hieroglyphischer Schriften entsprungen sind, ist schon so mancher ambitionierte Ägyptologe in eine ausweglos scheinende Sackgasse geraten. Und das nur deshalb, weil er sich von vorgegebenen Denkmustern nicht freizumachen verstand. Schließlich sollte es doch jedem sich wissenschaftlich Beschäftigenden klar sein, daß die Alten jener Tage nicht unbedingt in den gleichen Kategorien ihr Leben gestaltet haben müssen, wie dies ihnen zum Teil heute im Bereich der Altertumsforschung manchmal aufgezwungen wird. Wenn Originalquellen ein fliegendes Gefährt beschreiben und behaupten, es »durchwandert die sethische Stätte am Himmel, in der Gestalt einer *geflügelten Sonnenscheibe*, glänzend *wie* die Sonne, *gesteuert* von Tefnut und Schu, *aufsteigend* aus der Stadt Heliopolis«, dann sollte man diese Worte nicht gewaltsam in einen vorbereiteten Geschichtsrahmen hineinzuzwängen versuchen. Es ist nicht einzusehen, weshalb jene Chronisten seinerzeit die »geflügelte Sonnenscheibe«, die sich von irgendeinem Startplatz der Stadt Heliopolis ins Blau des Himmels erhob, partout mit der *wirklichen Sonne* verwechselt haben sollen (wie das sehr viele Ägyptologen voraussetzen)? Im Gegenteil: Sie *trennen* beides ausdrücklich, geben kund, jene Flugscheibe habe in ihrem Glanz der Sonne *geglichen*, waren sich damals also des *Unterschiedes* zwischen diesen beiden Dingen durchaus bewußt.

Nun wäre es ungerecht und einseitig, derartige Begriffsverwirrungen sämtlichen in Ägypten forschenden Archäologen ad hoc anzulasten. Daß dem nicht so ist, beweisen die Differenzen, die es unter den Gelehrten seit längerem gibt, die keineswegs und immer bereit waren, an einem gemeinsamen Strang zu ziehen.

So hat der von uns bereits erwähnte Professor *Anthes* inzwischen deutlich gemacht, daß die gängige Auffassung, Sonne und Mond seien mit »den beiden Augen« (von Rê und Horus) gleichzusetzen, in den Pyramidentexten gar nicht vorkommen und somit im Widerspruch zum Begriff des »einzigartigen Auges« stünde, der in den Sarkophagtexten beschrieben worden sei. Anthes' Alternative hierzu ist allerdings nicht minder anfechtbar: Im »Auge des Rê« vermutet der Wissenschaftler nämlich »einen Stern – und zwar den *Sirius* – sowie ganz allgemein einen Morgen- und einen Abendstern, also einen astronomisch unbestimmbaren Stern, der nur um den Jahreswechsel herum der Sirius ist«. Das »Horus-Auge« hingegen sei lediglich eine Bezeichnung für das *irdische Königtum*.

Tut uns leid, solch nebulosen Auslegungen von hochwissenschaftlicher Seite vermögen wir nichts abzugewinnen! Unbestimmter und nichtssagender können Angaben aus der Vorzeit des Menschen kaum noch ausgelegt werden. Und so hat man sie damals der Nachwelt auch bestimmt nicht zu offerieren beabsichtigt.

Auch die These des amerikanischen Schriftstellers und Linguisten *Zecharia Sitchin*, bei derartigen Wiedergaben von geflügelten Sonnenscheiben sei ursprünglich jener *Planet* gemeint gewesen, den er als »den Zwölften« bezeichnet, was er in Buchform veröffentlichte (zuletzt: *Götter, Mythen, Kulturen, Pyramiden*, Herbig, München 1990), geht nach unserer Auffassung an den überlieferten »Facts« vorbei. Sitchin glaubt die Existenz dieses Gestirns in sumerischen Keilschrifttexten gefunden zu haben. Dieser Theorie zufolge bewegt sich »sein« Planet in einer weiten elliptischen Bahn und läßt ihn alle 3600 Jahren einmal in unser Sonnensystem eintreten. In seinem Buch bemerkt er:

»In der Annahme, daß die Himmelsscheibe auf den ägyptischen Abbildungen Rê's Himmelswohnung darstelle, bezeichneten die Gelehrten Rê hartnäckig als Sonnengott und die geflügelte Scheibe als Sonnenscheibe. Es dürfte jetzt klar sein, daß nicht die Sonne, sondern der Zwölfte Planet so dargestellt wurde.«

Ganz abgesehen davon, daß in diesem Fall sämtliche (nach Sitchin: weit fortgeschrittenen, intelligenten) Bewohner des (von ihm postulierten) »Zwölften« Planeten unzumutbaren Belastungen während seiner Jahrtausende dauernden Wanderung durch die Todeskälte des Weltraums ausgesetzt wären, und auch kein wärmendes Sonnenlicht die Ökosphäre des Himmelskörpers aufrechterhielte, widersprechen die textlichen Aussagen aus dem alten Ägypten einer derartigen Hypothese.

Von den Chronisten jener Zeit wurde die Sonne, wenn sie als *Gestirn* gemeint war, in Form von ihr ausgehender *Strahlen* abgebildet. Die »Geflügelte Sonnenscheibe« hingegen bezeichneten sie stets als ein sich im Himmelsraum bewegendes *fliegendes Gefährt!*

Dessen sehr präzise Darstellung läßt sich jedenfalls nur schwer mit der Vorstellung in Einklang bringen, wonach es sich dabei um einen Planeten oder überhaupt um ein Gestirn gehandelt haben könnte. Vielmehr lassen alle diese Überlieferungen vermuten, daß bei der Handhabung jener Geräte besondere technische Kenntnisse erforderlich waren. Dinge also, die später falsch interpretiert worden sind.

Thot's Planet

Der Name »Thot« ist in den ägyptischen Mythologien eng mit dem Begriff »Fliegen« verbunden. Und er selbst gibt im »Ägyptischen Totenbuch« (das inhaltsmäßig ihm zugeschrieben wird) einen Bericht zum besten, der Beschwörung und Reportage in einem zu sein scheint. Natürlich ist auch hier alles ein wenig verklausuliert dargestellt und in der üblichen orientalisch-blumigen Diktion wiedergegeben. Dennoch lohnt es sich, Thots Jubelstimmung während seiner »Himmelsreise« in sich aufzunehmen, sich hineinzuversetzen in die Gefühlswelt dieses prä-ägyptischen Titanen, um dessen wahre Identität ein Schleier des Geheimnisses weht, der niemals ganz gelüftet werden konnte.

»Um im Rê-Boot zu fahren« nennt sich das 136. Kapitel des »Totenbuches«:

»Ihr Sterngeister von Junu
Und ihr, Lichtwesen von Kher-aha!
Seht, ein Gott wurde eben geboren!
Vollzählig ist das Tauwerk seiner himmlischen Barke.
Nun ergreift er die Ruder...
Wahrscheinlich, kräftig bin ich genug, um der Götter Waffen
Zu führen! Nun laß ich gleiten mein Boot, und sieh!
Ich bin schon inmitten des Himmels; seine Kanäle durchstreifend
Gelang ich zu Nut; als EIN AFFENÄHNLICHES WESEN
Begleit ich die Rê-Barke; ferne halt ich vom Weltall die Übel,
Die es bedrohen, wie sie auch Sbagu's Treppe bedrohen.«

Liest man diese Zeilen, läßt dies zunächst einmal an eine Art *Funkspruch* denken, den Thot im Cockpit seiner Raumfähre »Rê« an nicht näher definierbare »Sterngeister« und »Lichtwesen« richtete. Man geht wohl nicht fehl in der Annahme, daß es sich in beiden Fällen um hohe Wesen handelte, die im Alten Reich Ägyptens für »göttlich« angesehen wurden. Mit »Junu« könnte durchaus eine dort im Niltal angesiedelte alte Stadt gemeint gewesen sein, deren Name sich höchstwahrscheinlich von dem Wort *Jun* ableitete. »Jun« bedeutete soviel wie *Pfeiler*. Der besaß eine darüber hinausgehende Besonderheit: Er galt als Fetisch der Stadt *Heliopolis* – womit sich möglicherweise die Namensidentität von »Junu« (hinter welcher sich jenes Heliopolis verbarg) gelöst haben könnte. Bei den hier angesprochenen Pfeilern handelte es sich übrigens (so erfahren wir es in *Manfred Lurkers* »Götter und Symbole der alten Ägypter«) um Gegenstücke zu den *Obelisken*, über deren ursächliche Bedeutung wir im späteren Verlauf noch einiges erfahren werden.
Kher-Aha, die andere Stadt, die Thot in seinem »Totenbuch-Report« erwähnt, lag nahe bei *Memphis* und kann heute zweifelsfrei als *Fustat* (Alt-Kairo) identifiziert werden. Interessant hierzu die Kommentierung im Anhang des »Ägyptischen Totenbuches« durch den französischen Ägyptologen Professor Dr. *Gregoire Kolpaktchy*, der dieses alte ägyptische

Schriftgut aus dem Englischen ins Französische und Deutsche übersetzt hat. *»Es handelt sich hier, wie überall, wo im Totenbuch Städte erwähnt werden, nicht um eine irdische Stadt«*, meint der Wissenschaftlicher, *»sondern um ihren Prototyp, um ihr Urbild auf einem höheren ›Plan‹.«*
Wer zunächst vielleicht angenommen hatte, Thots Erlebnisbericht handle lediglich von einer simplen Bootsfahrt irgendwo auf dem Nil, der wird unmittelbar danach eines Besseren belehrt. Unser göttlicher Reporter spricht ganz eindeutig vom »Tauwerk seiner *himmlischen* Barke«, gibt zu verstehen, daß die »Rê« hinreichend ausgerüstet war und er sich durchaus in der Lage sah, mit »der Götter Waffen« umzugehen. Unmißverständlich läßt er uns wissen, daß die Raumfähre seiner Steuerung gehorchte und er sich im Nu »inmitten des Himmels; seine Kanäle durchstreifend«, befunden habe.
So gelangte Thot zu »Nut«. Sie war keine Göttin im üblichen Sinn, sondern symbolisierte nach der heliopolitanischen Götterlehre schlichthin »das Himmelsgewölbe«. Es ist also anzunehmen, daß Thot, der sich während seines Fluges prächtig fühlte und dies auch enthusiastisch zum Ausdruck brachte (»Seht, ein Gott wurde eben geboren!«), mit seinem Gefährt den erdnahen Raum (die Stratosphäre) verlassen haben dürfte. Auch sein wirkliches Aussehen verschweigt er uns nicht und bezeichnet sich als »ein *affenähnliches* Wesen«. Nicht minder aufschlußreich ist die Anmerkung, die Professor Kolpaktchy jener Aussage folgen läßt: *»Affenähnliches Wesen: Jaani, Thot's Lehnsleute, Götter des esoterischen Wissens, Anbeter der Sonne.«*
Ohne es so gemeint zu haben, bestätigt hier der erfahrene Franzose unsere Vermutung, wonach es sich bei *Thot* und seiner Begleitmannschaft (den acht *»Urgöttern«*) ganz offensichtlich um eine zwar hominide, jedoch *keineswegs irdische* Intelligenz gehandelt haben dürfte. So wird auch die ägyptologische Unruhe begreiflich, die Altertumsforscher darüber rätseln läßt, weshalb der *»Paviangott«* Thot zwar den *Körper* eines Affen, keineswegs aber dessen visuelles Aussehen im *Gesicht* aufzuweisen hat: Der Hamburger Ägyptologe Dr.

Wolfgang Waitkus beispielsweise vergleicht Thots Kopf mit dem einer *Kröte*!

Thot begab sich in der Folge ins erdferne Weltall. Was wir aus dem »Totenbuch« nunmehr erfahren, ist sensationell: Thot scheint zu einer Art Kontrollflug aufgebrochen zu sein (»...ferne halt ich vom Weltall die Übel, die es bedrohen...«), und er begibt sich in eine Region in unserem Sonnensystem, die er als *»Sbagu's Treppe«* bezeichnet. Hier droht anscheinend Gefahr. Wieder ist es der Ägyptologe Kolpaktchy, der im Anhang zum »Totenbuch« die Identität jener rätselhaften »Treppe« im Kosmos lüftet: »Sbagu« (oder »Sebagu«) ist die altägyptische Bezeichnung für den Planeten *Merkur*!

Dieser sonnennächste Himmelskörper ist von unserem Muttergestirn 57,9 Millionen Kilometer entfernt. Sein Äquatordurchmesser beträgt nur 5140 km (im Vergleich zur Erde: 12756 km). Merkur ist in sternenhellen Nächten meist auch mit freiem Auge wahrzunehmen, lebensfreundlich aber ist er nicht: Er besitzt weder Atmosphäre noch Monde, seine Oberflächentemperatur ist mehr als hitzig: zwischen 200 und 400 Plusgrade. Die Rotationsdauer des Planeten ist leider unbekannt – *bekannt* ist uns hingegen seine ursächliche Verbindung mit jenem mythologischen Titanen, von dem eben die Rede war. Der Name *Merkur* leitet sich nämlich von jenem des römischen Gottes *Merkurius* ab. Dessen griechisches Pendant aber hieß – *Hermes*. Hermes wiederum (das haben wir ja inzwischen erfahren) war *niemand anderer* als der uns in Ägypten begegnende göttliche *Thot*!

Als »Hermes der Babylonier« erwähnt ihn *Abu'l Farağ* (1226 in Metilene geboren) in seiner »Dynastiengeschichte«. Hermes/Thot lebte angeblich nicht lange »nach der Sintflut« in »Kalluba, einer Stadt der Chaldäer«. Ihm hatte dieses semitische Volk, heißt es, die vornehmsten Kenntnisse von den Gestirnen zu verdanken. Hermes/Thot soll »als erster nach Nimrod, dem Sohn Kuschs, die Stadt Babylon wiederaufgebaut« haben. Auch der Chronist *Al Bitruği* (lebte im 12. Jahrhundert) weiß von einem »babylonischen Hermes« zu be-

richten. Die Sabier des Mittelalters betrachteten ihn als ihren Religionsstifter, bewunderten seine hervorragenden astronomischen Kenntnisse.
Daß Hermes/Thot zu Lande und auch im Himmelsraum viel unterwegs gewesen sein dürfte, kann uns aufgrund mythologischer Berichte nicht überraschen. So dürfte es auch gekommen sein, daß er bei den Alten zum »Götterboten« avancierte und als Gott der Herden und Beschützer der Reisenden und Karawanen verehrt wurde. Ihm zu Ehren errichtete man an den Wegen steinerne Säulen – sogenannte *Hermen*. Auch die Chaldäer sahen in Hermes (so wie die alten Ägypter in Thot) eine herausragende Persönlichkeit, die offensichtlich im gesamten Alten Orient größte Hochachtung genoß – und, wie wir inzwischen erkannt haben, keineswegs zufällig mit dem Planeten Merkur in Verbindung gebracht wurde.
Aber es waren gewiß nicht astronomische oder gar astrologische Beweggründe, die Thot von Ägypten aus mit seiner Sonnenbarke »Rê« ins Weltall verschlugen und ihn mit seiner achtköpfigen Mannschaft (der urgöttlichen »Achtheit«) Merkur ansteuern ließen. Hierin dürften eher strategische Ursachen zu suchen sein. Und sie offenbaren sich möglicherweise bereits im Anschlußkapitel des »Totenbuches« (dem 137sten), wo sich Thots erprobtester Kampfpilot *Horus* wieder mal zu bewähren hat:

»Sehet, das strahlende Auge des Horus, leuchtend wie Rê,
Erscheinet am Himmel; sich in Brudersphären bewegend,
Zerstört es Seth's dreifache Übermacht.
Denn von den Göttern wurde beschlossen, Seth würde ergriffen
Und ausgeliefert; gegen ihn würde
Des göttlichen Auges verzehrendes Feuer
gerichtet ...«

Es muß eine überaus wirkungsvolle und darüber hinaus auch vernichtende Waffe gewesen sein, deren sich Thot und Horus im Kampf gegen ihren Erzfeind Seth bedienten. Ihr Aktionsradius machte es der Besatzung der Raumfähre sogar möglich, einer immerhin *dreifachen* Übermacht zu trotzen. Wie schon früher, spielte auch diesmal wieder das »strahlende Auge« – ein mit todbringenden Kriegsutensilien wie Flammenwerfern, Laserkanonen und Ultraschallgeräten bestücktes Beiboot der »Rê« – eine entscheidende Rolle bei dem Kräftemessen. Und ebenso wie bei früheren Auseinandersetzungen scheint auch dieses Gefecht mit einem Sieg für Thot und seine Crew geendet zu haben – jedenfalls läßt sich derartiges aus dem Inhalt des 136. Kapitels des »Ägyptischen Totenbuches« entnehmen, das sich fast wie ein vom Kapitän verfaßtes »Logbuch« liest:

»Wohlan, nun bin ich kräftig im Übermaß aller
Kräfte!
Der göttlichen Gerechtigkeit bin ich Meister und Herr,
Deren Zügel die Uadschit-Gebieterin führet.
Die Kräfte, die von allen Ecken und Enden der
Welt mir schützend zufließen,
Rê im Himmel beschützen sie wahrlich!...
Öffne die Kraft, die mich schützet, sie
beschützet auch dich!«

Gleich zu Anfang gibt sich Thot sehr selbstbewußt, fühlt sich geradezu berufen, der göttlichen Gerechtigkeit (wie er es nennt) als eine Art »Auserwählter« zum Sieg zu verhelfen. Ein Garant hierfür scheint ihm u. a. jene »Uadschit-Gebieterin« zu sein, bei der es sich zum wiederholten Male um keine Person, sondern um eine Waffe gehandelt haben muß. Jedenfalls merkt der Ägyptologe *Kopaktchy* dazu an, daß *Uadschit* der Name einer »uralten« Schlangengöttin gewesen sei, deren Tempel sich in Buto (Per-Uadschit) befunden habe. Uadschits Domäne war das Untere Ägypten – hier »Egregor« genannt. Ihr Gegenstück, »Nekhebit«, war hingegen für das Obere Ägypten zuständig. Insgesamt aber handelte es sich in beiden Fällen um *Gegenstände*, was sich aus Kopaktchys Kommen-

tar mühelos herausfiltern läßt: Die beiden »Göttinnen«, wird uns mitgeteilt, seien durch »zwei Uräi auf Rê's Stirne« (sowie auf der Krone der ägyptischen Könige) *symbolisiert* gewesen. *Uräi* wiederum steht in ursächlichem Zusammenhang mit der uns schon bekannten »Uräus-Schlange«, und dabei handelte es sich zweifelsfrei um eine äußerst gefährliche Waffe, die wahrscheinlich auf der Basis wie die heute gebräuchlichen *Flammenwerfer* funktioniert haben dürfte. An anderer Stelle im Anhang des »Totenbuches« vermerkt der Kommentator, *Uadschit* sei mit Rê's »göttlichem Augen« identisch gewesen – womit klar ausgesagt wird, was damit gemeint war.
Offensichtlich vertrauten Thot und seine acht Begleiter (unter denen sich, wie immer, auch der mehrfach erprobte »Kampfpilot« *Horus* befand) voll und ganz der zerstörerischen Kraft dieser flammenden Vernichtungswaffe. Das bestätigt nicht zuletzt auch der textliche Hinweis, der »göttlichen Gerechtigkeit« insofern zu ihrem Recht zu verhelfen zu wollen, indem es der (Uadschit-)*Gebieterin* überlassen war, »deren Zügel« zu führen. Was unübersehbar die Dominanz ihrer feurigen »Ausstrahlung« hervorhebt. Aber auch über seine sich selbst zugeteilte Aufgabe läßt Thot im selbstverfaßten »Logbuch« keinen Zweifel:

»Als ein RÄCHENDER Gott erschein ich im Himmel...
Und für Rê stell ich im Himmel wieder Ordnung her.
Es freut sich das HERZ der Götter, wenn ich die DÄMONEN bezwinge...
Denn ich bin eine Gottheit, eine GEHEIME,
Mit VERSCHLEIERTEM Antlitz...
Kräftestrotzend bin ich, und meine Opfergaben empfang ich
Zu der vom Schicksal geordneten Zeit.«

Seths unausgesetzte Attacken, dessen hartnäckige Kriegsführung um die Vorherrschaft im Alten Reich, gingen Thot gegen den Strich. Und so sah sich der außerirdische Tribun mehr und mehr als ein *Bewahrer* der alten (von ihm gelenkten) Ordnung, sah sich aber auch als *rächender* Geist gegen jene, die es offenbar darauf angelegt hatten – so wie Seth –, das Fundament des alten Ägypten zu erschüttern. Auffallend an dieser Textstelle sind hier auch die Worte »Herz« (der Götter) sowie »Dämonen«. Wir erinnern uns: Bereits im Zusammenhang mit der Identifikation von *Rê* als einer Flugmaschine des Thot, wird dieser als »*Herz* des Rê« bezeichnet – somit als *Mittelpunkt* und Führer des himmlischen Unternehmens.

Auch hier scheint durchaus ein Gleichklang gegeben: Thot als das »Herzstück« der Auseinandersetzung mit *Seth*, als fliegender Feldherr kriegerischer Aktionen im Weltraum. Jener Seth aber, der nach seiner endgültigen Abfuhr im Kampf um den Thron Altägyptens in aller Öffentlichkeit sowie in allen schriftlichen Dokumenten auf eine Art »Watchlist« gesetzt wurde, degenerierte ansehensmäßig aus göttlichen Höhen zum verachteten »Dämonen«. Sehr gut vorstellbar, daß bei der späteren Niederschrift des »Totenbuches« diese Verächtlichmachung beibehalten wurde und Seth sowie seine mit ihm bezwungenen Getreuen pauschal zu »Dämonen« erklärt worden sind.

Thot ließ es sich aber angelegen sein, auch spätere Generationen über seine wahre Identität weiter im unklaren zu lassen. Vielleicht deshalb der kryptische Hinweis, er sei eine »geheime« Gottheit mit »verschleiertem« Antlitz und müsse so auch weiterhin hingenommen werden. Salomonisch klug und füchsisch schlau liest sich hingegen Thots vorgegebene Bescheidenheit, die ihm zustehenden »Opfergaben« – der Tribut, der ihm für seine Tätigkeit selbstverständlich geleistet werden mußte – erst zum gegebenen Zeitpunkt einfordern zu wollen *(»Zu der vom Schicksal geordneten Zeit.«)*.

Wir kennen unter den ägyptischen Gottheiten eine Anzahl, die nie anders als in Menschengestalt dargestellt werden. Allerdings mit besonderen Attributen, beispielsweise sogenannte »Götterstäbe«, die mit den Köpfen bestimmter Gottheiten (oder ihrer heiligen Tiere) geschmückt waren. Andere wiederum, dazu gehörte auch Thot, trugen fremdartige, tieri-

sche Gesichtszüge (vielleicht Masken), die sie vor den Menschen verbargen.
In Hermopolis gab es bereits zu Beginn der Pharaonendynastien ein seltsames Ritual, das stets mit dem Erscheinen des Sonnengottes in Verbindung stand. Thot zeigte sich bekanntlich gerne in Gestalt eines großen weißen Pavians. Das Ritual wurde »Öffnung des Gesichtes« genannt. Was war damit gemeint? Vielleicht ein Hinweis auf das Ablegen des – Raumfahrerhelms?
Im übrigen wird im »Ägyptischen Totenbuch« keineswegs verschwiegen, wo sich die Aufbewahrungsstätten bestimmter Waffentypen befanden. Im besonderen Fall betraf dies das »flammende Auge« des Horus, von dem wir erfahren: *»Wahrlich, es lebt des Horus flammendes Auge! Es lebt im SCHREINE des Tempels, des großen: ›An-Maut-f‹ ist sein Name.«*
Und damit nur ja kein Zweifel aufkommen mag daran, daß es sich bei diesem »Auge« auch tatsächlich nicht bloß um ein symbolisches Zeichen bar jedweder Bedeutung gehandelt hat, verrät uns Thots Vermächtnis, das »Totenbuch« des alten Ägypten, *Funktion* und *Aufgabe* des fliegenden Objekts, das den Namen »Osiris« führte:

»O Osiris!
Horus bin ich, der für dich sorget.
Wahrlich, des Jenseits Mächtige beben
Vor Schrecken, wenn, ein Messer in der Hand,
Du den Duat verläßt...
SIEH HORUS HIER WEILEND
IN SEINEM GÖTTLICHEN AUGE! Sieh Tum
Inmitten seiner Strahlen! Die Götter des Ostens
Und auch des Westens ruhen in seinem Schoße,
Dem an Verwandlungsformen unendlich reichen...
Nun gelang ich zum Ort: er war mir bestimmt.
Das Haupt geziert mit der Krone, durchschreit
ich die Pforte,
O du, Gottheit der doppelten Feder,

Dessen Name Geheimnis! Erfahre:
ICH BIN DER HEILIGE LOTOS.
MEINE STRAHLEN DURCHDRINGEN DIE TIEFEN DES HIMMELS.«

Hier erfahren wir Details über die Startvorgänge im »Hangar« des Horus-Auges. Die »Osiris«, ein eigenständiges Flugobjekt, das aber zumeist in Kooperation mit Kampfeinsätzen der Sonnenbarke »Rê« Verwendung fand, verläßt den *Duat.* Aus den Worten »Wahrlich, des Jenseits Mächtige beben vor Schrecken« läßt sich entnehmen, daß das »Auge« wieder mal in tödlicher Mission unterwegs war – »ein Messer in der Hand«. Womit wohl die besondere Gefährlichkeit des Gefährts hervorgehoben werden sollte.
Das Wort »Duat« bedeutet aus ägyptologischer Sicht den Begriff »Unterwelt«, worunter sich die hiesige Fachwelt das Reich der Toten vorzustellen versucht. Wir sind uns sicher, daß damit nichts dergleichen gemeint war. Zumindest nicht in dem verschwommenen Sinn ägyptologischer Ausdeutung. Wenn man nämlich davon ausgeht, daß das fliegende Auge des Thot'schen »Kamikaze« in jenem zuvor genannten »Schrein« des als groß beschriebenen »An-Maut-f«-Tempels untergebracht war, dann läßt sich mit einiger Gewißheit daraus schließen, daß sich die Aufbewahrungsstätte *unter* der Erde (bildlich gesehen: in der »Unterwelt«) befunden haben dürfte. Weil auf die Weise ein optimaler Schutz des Fluggerätes garantiert werden konnte. Thot zögerte deshalb nicht, in »seinem« Totenbuch ganz besonders auf den Piloten des »göttlichen Auges« hinzuweisen. Dessen Schicksal war ohne Zweifel eng mit dem der »Osiris« (wie der Flugkörper hieß) verbunden. Daraus läßt sich auch erkennen, daß mit dem sogenannten »Horus-Auge« keineswegs nur ein Symbol gemeint war, das stellvertretend für die Gestirne Sonne oder Mond herhalten mußte. Vielmehr verband sich damit ein flugtaugliches Luftfahrzeug. Dieses Gefährt wurde für ganz spezielle Aufgaben innerhalb der Ökosphäre sowie im erdnahen Weltraum eingesetzt. Die »Osiris« war selbstverständ-

lich bemannt. Thot sagt es auch: »Sieh Horus hier weilend in seinem göttlichen Auge!«

Tum (oder »Atum«) muß ebenfalls in diesem Zusammenhang gesehen werden. Aus den Pyramidentexten geht einwandfrei hervor, daß damit absolut keine Person, sondern jener »Urhügel« gemeint war, mit dem Thot und seine ihn begleitende »Achtheit« auf ägyptischem Boden, bei Hermopolis, landeten. »Tum« war damals die allgemeine Bezeichnung für die im Luftraum Ägyptens operierenden »Himmelsschiffe«, die bei den unwissenden Bewohnern des Niltales aufrichtige Bewunderung hervorriefen.

»Sieh Tum inmitten seiner Strahlen!« So könnten die Menschen gestaunt haben, als die Metallhülle eines Flugkörpers im Sonnenlicht aufleuchtete und sie den »Strahlenglanz« des Luftfahrzeuges bewunderten.

IX
Phönix aus Heliopolis

Obelisken, jene Kultdenkmäler Altägyptens, finden wir paradoxerweise nur in ganz geringer Anzahl im Land ihrer Herkunft. Im Niltal selbst stehen höchstens noch fünf dieser steinernen Säulen an ihrem ursprünglichen Ort, während mehrere Städte in Europa und in den Vereinigten Staaten damit in einer Vielzahl brillieren, obwohl sie mit diesem Wahrzeichen des einstigen Pharaonenreiches nicht das mindeste zu tun haben.

Diese obskure Entwicklung ist einerseits dem Kunstverstand andererseits dem Geltungsdrang europäischer Herrscher und amerikanischer Magnaten zuzuschreiben, die es sich angelegen sein ließen, Ägyptens Zeugen der Vergangenheit in die eigenen Länder zu verfrachten. Mehr als fünfzehn Obelisken landeten auf diese Weise an repräsentativen Plätzen europäischer und überseeischer Metropolen.

Wie so vieles in Ägypten, wurde auch das Wort »Obelisk« in späterer Zeit in *Griechenland* geprägt, wo es dem Ausdruck »obeliskos« entstammt. »Obelos« bedeutet eigentlich soviel wie »Spieß, Spitzsäule, Bratspieß«, während »obeliskos« hierfür lediglich vergleichende Maßstäbe anlegt: »spitzsäulisch« oder auch »bratspießisch«.

Frühe arabische Chronisten hatten für den Obelisken hingegen eine andere Bezeichnung parat: Sie beschrieben ihn als »misallat Fir aun«: *Große Nadel des Pharao*. Aber auch als »ain asch-schems«, was mit *Quelle der Sonne* übersetzt werden kann.

Dieser Ausdruck kommt der Bedeutung des Obelisken schon näher. Denn mit »Sonne« hat dessen Existenz tatsächlich im weiteren Sinn zu tun. Die Architektur dieser steinernen Säulen entsprang nämlich einem vorgeschichtlichen Kult in Ägyptens legendärem Alten Reich. Er basiert auf der Vereh-

rung eines angeblich »heiligen Steines« in *Heliopolis* – dem sogenannten *Benben-Stein.*
Ägyptologen führen das alles darauf zurück, daß einst die Sonne bei ihrem morgendlichen Aufgang diesen Stein mit ihren Strahlen glänzen ließ und so seine »Heiligsprechung« einleitete. Vorweg sei es gesagt: Derart trivial läßt sich die Angelegenheit nicht erklären. Da scheint es angebracht zu sein, tiefer in die Entstehungsgeschichte der Obeliskenverehrung Ägyptens hinabzutauchen.
Zunächst muß darauf hingewiesen werden, daß das altägyptische Wort für Obelisk »thn (techen)« lautet, was so viel heißt wie »das Auge« oder »den Augapfel verletzen« – noch deutlicher: »den Himmel verwunden«. Und der Ägyptologe *Wilhelm Spiegelberg* übersetzte 1908 eine Inschrift aus den Pyramidentexten: *»Zwei große Obelisken stehen fest draußen vor Isis und Nephtys und schneiden die Wolken des Himmels.«*
Dazu der deutsche Publizist *Peter Fiebag* in einer jüngst erschienenen Veröffentlichung (*Kosmische Spuren*, Bd. 2, München 1992):

»An dieser Stelle können zwei Arbeitshypothesen zur Diskussion gestellt werden: A) die herkömmliche: Es handelt sich um eine metaphorische Sichtweise im Sinne unseres modernen Begriffes des ›Wolkenkratzers‹; B) die neue: Hier liegt ein metaphorischer Sprachgebrauch vor, denn ein raketenähnlicher Gegenstand ›verletzte‹, ›durchbohrte‹ bei seinem Start scheinbar den Himmel.«

Fiebags Überlegung ist wohlbegründet. Er verweist u. a. auf den Pyramidentext 1178 a und die darin enthaltenen Aussage: *»König Pepi ist einer, der gehört zu den beiden Obelisken des Rê, die auf Erden sind.«* Der Begriff »thn« (für Obelisk) sei in dieser Inschrift *»mit dem Bild des stoßenden Stieres geschrieben, weil die Obelisken vom ›Stoßen in den Himmel‹ benannt waren«* (Pyramidentext 1266 c). In diesem Sinn, so Fiebag, werde wohl auch das griechische »obeliskos«

verstanden: als mächtiger, steinerner Speer, der gleich einem Stier in den Himmel hineinstoße. Und so passen die Einzelteile unseres prä-ägyptischen Mosaiks fugenlos zueinander, wenn wir hierzu erfahren, daß der in dem Pyramidentext (1178 a) erwähnte König *Pepi* tatsächlich der Überlieferung nach (in einem anderen Pyramidentext) mit der Sonnenbarke »Rê« in den Himmel aufgefahren ist. Bevor er allerdings das fliegende Gefährt betreten durfte, mußte sich der König in bestimmte Kleidungen hüllen. Auffallend an dieser Beschreibung: Pepi wurde dabei ausstaffiert wie die ihn empfangenden Piloten *Thot* und *Horus*. Jene Überlieferung knüpft im übrigen an die Phönix-Legende sowie an die Vorstellung des »Benben«-Steines an. Nachfolgende Schilderung von Pepis Aufbruch ins Weltall läßt Erinnerungen an einen Start mit dem Space-shuttle aufkommen:

»Der Himmel spricht, die Erde bebt, die Erde
erzittert: Die beiden Gebiete der Götter rufen,
der Boden bricht auf, wenn der König aufsteigt
zum Himmel, wenn er über das Gewölbe fährt.
Die Erde lacht, der Himmel lächelt,
wenn der König aufsteigt zum Himmel.
Der Himmel jubelt ihm zu, die Erde bebt für ihn.
Der donnernde Sturm treibt ihn, er donnert wie Seth.
Die Himmelswächter öffnen ihm die Türen.«

Jene, die das spektakuläre Schauspiel von der Erde aus miterleben, sind in dem Pyramidentext ebenfalls festgehalten:

»Sie sehen den König wie einen Falken fliegen,
wie einen Gott, zu leben bei seinen Vätern,
zu essen mit seinen Müttern.
Der König ist ein Himmelsstier,
dessen Bauch voller Magie ist von der Flammeninsel.«

Da ist sie, jene Verbindung, wie sie der von Peter Fiebag zitierte Pyramidentext 1178 a hervorgehoben hat (»mit dem

Bild des stoßenden Stieres geschrieben...«). Wobei Fiebags Vermutung, aus der Verbindung mit dem Stier sei der Obelisk dann wahrscheinlich um seinen Fruchtbarkeitsaspekt erweitert worden (was Ägyptologen natürlich annehmen), durchaus zutreffen dürfte.

Was Herkunft und Entstehung des Obelisken anlangt, so muß dessen Existenz in jedem Fall mit der des sogenannten *»Benben«* in Zusammenhang gebracht werden. Archäologisch ist dieser »heilige Stein« – der Ur-Obelisk – nicht belegbar, wohl aber findet er in hieroglyphischen Aufzeichnungen seine Bestätigung. Zumindest die Ägyptologie geht davon aus und dürfte damit richtig liegen. Denn Hieroglyphen sind (ähnlich der *chinesischen* Schrift) durchaus realen Ereignissen nachgebildet worden: Wasser, beispielsweise, wurde durch Wellenlinien dargestellt, eine Pyramide wiederum in Form eines Dreiecks – und der »Benben« bekam auch hieroglyphisch jenes Aussehen, das dem Original entsprochen haben dürfte: *spitz* oder *konisch* zulaufend.

Altägyptischen Mythen zufolge stand der ursprüngliche »Benben« in Heliopolis. Es soll sich dabei um einen Gegenstand gehandelt haben, der befähigt war, vom Himmel auf die Erde herabzukommen. Der Sonnengott selbst (*Thot*, wie wir wissen) soll ihn gesteuert haben, um am Anfang der Zeiten damit – aus dem »Urwasser« kommend (womit natürlich der *Weltraum* gemeint war) – in Ägypten der frühesten Tage zu landen. Über Rê heißt es im Pyramidentext 1652: »Du bist erschienen als Benben«, womit in altägyptischer Vorstellung der Obelisk gemeint war, der von Anfang an als »Wohnung der Gottheit« angesehen wurde. Tatsächlich fanden Archäologen ein *steinernes* Modell einer »Himmelskammer« – einen pyramidenförmigen »Benben« *mit geöffneter Türe*! Darin dargestellt: der Sonnengott mit der Gebärde des Willkommensgrußes. Betrachtet man das Aussehen des »Benben« und verbindet es mit der ihm nachgesagten Fähigkeit »zu fliegen«, dann werden Assoziationen wach, die uns an eine moderne Raumkapsel denken lassen. Zufall? Oder Realität?

Peter Fiebag ist der Historie dieses (später zum Kultgegenstand erklärten) »heiligen Steines« nachgegangen. Von altersher, das steht fest, besaß der »Benben« im alten Ägypten seinen eigenen Stellenwert. Sein Mythos wurzelt in den ersten drei Dynastien des Alten Reiches (2850–2600 v. Chr.), könnte sogar schon davor angesiedelt werden. »Benben« wird eigentlich »bnbn« geschrieben. Was bedeutet dieses Wort? Dazu Fiebag:

»Es ist etymologisch nicht einwandfrei zu identifizieren. Einerseits deutet das Konsonantengebilde ›bn‹ auf ›Stein‹, und tatsächlich gibt es seit der Pyramidenzeit das Wort ›bn‹ mit der Bedeutung ›Art Stein‹. Im Mittleren Reich (2040–1551 v. Chr.) findet das Wort ›bnw.t‹ (Benut) Eingang in die Literatur. Hier versinnbildlicht es ›Art harter Stein‹. Jedoch ›geht die heutige Tendenz dahin, das Substantivum ›bnbn‹ vom Verb ›wbn‹ abzuleiten, das die Bedeutung ›aufgehen‹, ›glänzen‹, auch ›scheinen‹ hat – von der Sonne und den Gestirnen… (Zitat aus *Wörterbuch der ägyptischen Sprache*, Hsg. A. Erman/H. Grapow; Berlin-Leipzig 1926–1931) *Ferner werden Deutungen wie ›das Hinausfließende‹, ›in den Himmel aufschießende‹ gegeben, da das Zeitwort ›wbn‹ determiniert (bestimmt) ist ›durch die von der Sonnenscheibe ausgegossenen Lichtstrahlen‹.«* (Zitat E. Dondelinger: *Der Obelisk*, Graz 1977)

Es hat seine Bedeutung, daß »Benben« und Obelisk stets in ursächlichem Zusammenhang dargestellt wurden. Das obere Ende jeder einzelnen dieser nach oben hin spitz zulaufenden steinernen Monumente zierte nämlich ein »Benben« genanntes – *Pyramidion.* Jene Miniaturpyramide, die zur Gänze mit Kupfer, Gold oder einer sehr leichten Magnesiumlegierung namens »Elektron« (besteht aus 90% Magnesium sowie Spuren von Aluminium, Mangan, Kupfer und Zink; wird heute, originellerweise, u. a. für den *Flugzeugbau* verwendet. D. V.) überzogen worden war. Nimmt man nun das auf diese Weise dargestellte Aussehen des Obelisken zum Anlaß, darüber nachzudenken, welche Bedeutung er in seiner schmucken Gestalt seinerzeit gehabt haben könnte, dann kommt man mit Bestimmtheit zu ähnlichen Schlüssen wie die, welche Peter Fiebag in Form einer »traditionellen These« der von ihm angebotenen »modernen Antithese« gegenübergestellt. Sozusagen A kontra B.

»A) Der Obelisk ist ein mythisch konstituierter Stein mit solarem Aspekt. B) Der Obelisk symbolisiert eine Art Rakete, mit der einst Atum-Rê vom Himmel zur Erde kam und zur Entstehung der ägyptischen Hochkultur beitrug. Das wahrscheinlich metallene Himmelsfahrzeug wurde wegen seiner Festigkeit als ›Art harter Stein‹ bezeichnet, der ›glänzt‹ und ›in den Himmel aufschießt‹.«

Durch die im Sonnenlicht aufleuchtende Kupfer/Gold/Elektron-Schicht war jener Bezug gegeben, den auch Fiebag mit der Vorstellung des »Lichtwerfens« in enge Verbindung brachte und der durch hieroglyphische Angaben besonders hervorgehoben worden ist: der wahrscheinlich »beeindrukkende Start eines Raumfahrzeuges«. Fiebag nennt in diesem Zusammenhang eine von den Ägyptologen als »bedeutsame Abbildung« eingestufte Zeichnung, auf der »Benben« zusammen mit dem Gott *Min* abgebildet wurde. »Min« galt u. a. als der Gott des *Donners*!
Und wieder erscheint es reizvoll, sich Fiebags Gegenüberstellung von traditioneller These (*A*) und moderner Antithese (*B*) vor Augen zu führen:

»A) Ägyptologen mutmaßen: ›Insofern paßt er hervorragend zum Benben-Stein, der ein Meteorit gewesen sein kann und daher, wie später die Ka'aba, seiner himmlischen Herkunft wegen Verehrung genoß‹. (Zitat Wainwright in: *JEA XVI*, 1930) *B) Modernes Kontra: Die enge Verbindung zum Gott des Donners deutet neben dem optischen (Licht-) Aspekt auf den Lärm eines Raketenstarts hin. Die himmlische Herkunft ist zwangsläufig. Auch die Form ist weniger typisch für einen Meteoriten denn eine Rakete.«*

Im übrigen beanspruchten Hermopolis, Heliopolis und Memphis (jede Stadt für sich) die Urheberschaft für das *erstmalige* Auftreten des Sonnengottes. Was in der Folge da wie dort zum Bau eines (natürlich nur nachgemachten) »Urhügels« führte, auf (richtig: *mit*) dem Thot und seine achtköpfige »Götter«-Mannschaft einst landeten.
Dieser Wettstreit zwischen Hermopolis, Heliopolis und Memphis kann uns nicht überraschen: Schließlich waren es ja zuvorderst jene Städte, die Thot zum Ausgangspunkt seiner überaus erfolgreichen Betriebsamkeit in ägyptischen Landen auserwählt hatte. Folgt man allerdings den uns zugänglichen legendären Überlieferungen, dann muß wohl Hermopolis die »Siegespalme« zugestanden werden. Denn dort – und *nur* dort – ist das erstmalige Auftreten von Thot und seiner »Achtheit« sowie die Herabkunft der Sonnenbarke »Rê« auch schriftlich nachgewiesen.
Das muß in der sogenannten *Thinitenzeit*, mehr als drei Jahrtausende vor Christi Geburt, gewesen sein. Jene Ära, als sich Ägypten urplötzlich und geradezu wundersam zu einer Pharaonen-Hochkultur entwickelte. In einer Textstelle zum erstmaligen Auftreten des »Sonnengottes« Thot ist festgehalten:

»Deine Stätte ist seit der Urzeit auf dem Hügel von Wenu (Hermopolis); du bist an Land gestiegen aus dem Meer der Messer, und du bist erschienen in dem Wasser aus dem GEHEIMEN EI.«

Und in den Inschriften des Hohenpriesters *Pet-Osiris* heißt es bestätigend:

»Das Ei hat in einem Nest auf dem Urhügel auf der ›Flammen-Insel‹ in dem Messer-See gelegen.«

Das wiederum läßt uns nach vier Niederschriften greifen, deren Inhalt ähnlich geartet ist und sich mit der »Lehre von Hermopolis« beschäftigt. Es handelt sich dabei um die Pyramidentexte 446 und 1466, den Papyrus »Harris« Nr. 54 sowie um einen Hinweis im 56. Kapitel des »Totenbuches«. *Walter Beltz* hat sie in seinen »Mythen der Ägypter« zusammengefaßt:

»*Als nur das Urmeer Nun da war, wuchs aus ihm der erhabene Boden hervor. Auf diesem herrlichen Hügel des Uranfangs lag das verborgene Ei des großen Schnatterers. Aus ihm ging Amun hervor... Nachdem Amun aber aus dem Ei hervorgetreten war, schuf er eine Ordnung im Dunkeln und unterwarf die Finsternis auch derselben, so daß die Welt sichtbar in die Erscheinung treten konnte... Amun aber regierte die Welt mit der Hilfe seiner Achtheit... in großer Eintracht und Zufriedenheit.*«

Das »Totenbuch« ergänzt diese Schilderung durch die Zeilen:

»*Zum Sitz des Götterfürsten lenke ich die Schritte.*
Ein geflügelt Geist hat mich hierher gebracht.
Heil dir, der du im Himmel schwebst,
Mit deinen Strahlen der Weißen Krone Sohn beleuchtend!...«

Dazu sei bemerkt, daß mit dem »großen Schnatterer« vorzugsweise *Thot* gemeint war, wobei sich die dafür verwendete Bezeichnung auf das *Antriebsgeräusch* des eiförmigen Flugobjekts bezogen haben könnte – also die *Akustik*, die mit dem Kommen des Luftfahrzeuges einhergegangen war. Nimmt man jene legendären Berichte besonders genau, dann muß es als sehr wahrscheinlich angesehen werden, daß mit Thot und Amun (»der Herr des Lufthauchs«) *ein und dieselbe Person* gemeint war. Was der ebenfalls erhalten gebliebene Hinweis »Amun aber regierte die Welt (gleich *Ägypten*) mit der Hilfe *seiner Achtheit*« zusätzlich unterstreicht.
Auch Texte im »Ägyptischen Totenbuch« nähren den Verdacht, daß mit dem sogenannten »Götterfürsten« in Wirklichkeit *Thot* gemeint war (»der du im Himmel schwebst«),

wobei der anonyme Berichterstatter (»der Weißen Krone Sohn«) ein Hoherpriester, somit ein »Eingeweihter«, gewesen sein dürfte. Vielsagend erscheint uns seine Behauptung, auf ungewöhnlichem Weg an seinen Bestimmungsort befördert worden zu sein (»Ein *geflügelt* Geist hat mich hierher gebracht«). Wurde der Priester *auf dem Luftweg* zu Thot transportiert? Und schließlich sei noch an Peter Fiebags Gedankengang erinnert, den er über das »Lichtwerfen« des Benben bei dessen An- und Abflug äußerte, und eine gewisse Parallele hierzu aufgezeigt (»Mit deinen *Strahlen... beleuchtend*!«).
In diesem Zusammenhang muß jeder Verdacht *zurückgewiesen* werden, daß mit dem hier Beschriebenen bloß *Blitzableiter* gemeint waren. Es sei deshalb an den Ägyptologen *Richard Hennig* erinnert, der 1909 sehr deutlich zwischen den früher vor den Tempeln in Edfu und Dendera stehenden, »mit vergoldetem Kupfer« verzierten Obelisken und den großen, mit Flaggen geschmückten Masten unterscheidet, *»die, vom Erdboden beginnend, in steinernen Rinnen AN DEN OBELISKEN ENTLANG liefen und noch HOCH ÜBER DIESE HINAUSRAGTEN«*. Nicht die Obelisken, meint Hennig, wohl aber jene Masten hätten *scharfe Spitzen* besessen, *»zu dem ausgesprochenen Zweck, DIE UNWETTER ZU VERSCHEUCHEN«*.
Den »Benben« zur Ehre errichtete man damals sogar ein eigenes Gebäude in Heliopolis – das *Hut-Benben* –, worin der »geheime Gegenstand« (wie das prä-ägyptische Flugobjekt nach außen hin genannt wurde) aufbewahrt war. Anhaltspunkte hierüber liefert uns der Pyramidentext 2069 a, worin es heißt: *»Ein bnbn (Benben) ist im Haus des Sokar.«* Peter Fiebag vermutet, daß dieses Gebäude mit dem Sonnenheiligtum von Heliopolis identisch war.
Wir wissen heute von insgesamt *sechs* derartigen Anlagen (kennen auch ihre Namen), die – im Gedenken an die vormalige Anwesenheit nicht-irdischer Besucher im Alten Reich Ägyptens – während der 5. Dynastie von den Königen errichtet worden sind. Das war etwa im Zeitraum zwischen 2480 und 2350 vor Christi Geburt und muß dem hohenpriesterli-

chen Geschlecht von *On* (Heliopolis) zugeschrieben werden, dem damals sämtliche Pharaonen angehörten. Nur von zweien dieser Heiligtümer, dem des *Userkaf* (erbaut von *Sahure*, Begründer der 5. Dynastie) sowie jenem des *Neuserre* (Ne-woser-re), sind Reste erhalten. Aber nur bei letzterem sind diese umfangreich genug, um eine gesicherte Rekonstruktion zu ermöglichen. Das bewußte Rê-Heiligtum befindet sich bei *Abu Gurab* und wurde von diesem König anläßlich seines von ihm gefeierten Dreißig-Jahr-Festes an Stelle eines davor existierenden, schlichten Ziegelbaues in Stein errichtet.

Kernstück des Bauwerkes war zweifellos der Obelisk. Etwa sechzig Meter hoch, mit einer vergoldeten, möglicherweise durch eine Sonnenscheibe gekrönten Spitze, überragte die Göttersäule alles ringsumher und war, vor allem bei Sonnenlicht, weithin im umliegenden Land sichtbar. Schriftbilder, die eingesehen werden konnten, beweisen jedoch, daß damals besonderer Nachdruck auf den *Unterbau* des Gebäudes gelegt worden sein muß – was uns annehmen läßt, daß dieser Unterbau ein Abbild des künstlichen Hügels, des »Urhügels«, war: des legendären »hohen Hochlandes«, das solcherart dargestellt wurde, und auf dem sich das Sonnenheiligtum von Heliopolis befand.

Nach den Angaben des »Totenbuches« soll der Benben in seiner Aufbewahrungsstätte von zwei Gruppen von Göttern beschützt worden sein. Was manchmal hinter solchen »Göttern« gesucht werden muß – ist eine besondere Story. Zunächst sei hier erwähnt, daß das kostbare Flugobjekt von drei Göttern (die, laut »Totenbuch«-Texten, »das Geheimnis besitzen«) im Inneren des Gebäudes beaufsichtigt wurde. Acht weitere Götter bewachten den »Benben« von außen. Das »Totenbuch« bezeichnet diese Götterzwölfheit übrigens auch als »Ruderer Rê's«, dafür auserwählt, das himmlische »Boot der Jahrmillionen« zu bedienen. Offensichtlich war die Bewachung sowie die Betreuung von Thot's »Sonnenbarke« keinem Angehörigen der Priesterschaft gestattet. Besondere Aufmerksamkeit verdient der Hinweis im »Toten-

buch«, das Götterpersonal habe zudem die Aufgabe gehabt, *Flammen* für die »Sonnenbarke« zu erzeugen. Was den technischen Aufwand deutlich macht, den die Bedienung der Raumfähre »Rê« erforderte.
Wie das Benben-Haus ausgesehen haben mag, ist ungewiß. Peter Fiebag vermutet die Grundlage hierfür in einer Hieroglyphe, die eng mit dem »Hohen Sand« (dem künstlich nachgebildeten »Urhügel«) verbunden war. Demnach hatte das Gebilde in Heliopolis das ungefähre Aussehen eines Ringwalls, der damals als »Flammeninsel« bezeichnet wurde.

»In der Hieroglyphe des ›h.t-bn‹ befindet sich neben dem Benben-Stein ein Vogel. Dieser Vogel wird daher auch Ben-Vogel genannt. Der ›bnw‹ (Benu) wird in der Literatur als ›der heilige, sonnenhafte Vogel Phönix (geführt); in den Pyramidentexten mit dem Gott Rê verbunden, im Totenbuch auch als Morgenstern oder als Erscheinungsform des Osiris erklärt‹.« (Zitat Seite 198, *»Ägyptisches Totenbuch«*, Hsg. A. Champdor; München 1977)

Das Aussehen des »Benben« läßt sich auch anhand eines Pyramidentextes feststellen, der seinerzeit von dem Franzosen *Auguste Mariette* im Totentempel von *Abydos* entdeckt werden konnte. Er trägt heute die Nummer 2069 und besagt, daß der Benben-Stein jenem *konisch geformten* Brot geglichen habe, das bei kultischen Ritualen im Tempel Verwendung fand. Keineswegs zufällig trug es ebenfalls den Namen »Benben«. Ob wir es hier mit dem Vorläufer einer Kulthandlung zu tun haben, die später von der christlichen Kirche in Gestalt der *hl. Kommunion* übernommen worden ist (die Hostie: eine ungesäuerte Weizenmehlscheibe – Symbol für den Leib einer mythologisierten Figur)?
»Benben« wurde in alten Berichten sowohl als »erhobene Stätte« als auch als »Wohnung der Götter« bezeichnet. Daß er zudem fliegen konnte und als »harter, glänzender Stein« beschrieben worden ist, läßt an eine parallel hierzu angesiedelte Legende aus dem Fernen Osten denken. Darin ist von

dem überaus geheimnisvollen, sich vor seiner Umwelt verbergenden Königreich *»Shambhala«* die Rede, dessen georgraphische Lage irgendwo in der Gebirgswelt von China-Tibet-Sowjetunion vermutet wird. Die edlen Bewohner dieses Traumlandes sollen angeblich – *»infolge ihrer positiven Einstellung der materiellen Welt gegenüber«* – eine weit fortgeschrittene Wissenschaft und Technologie entwickelt haben, sie jedoch nur spirituellen Zwecken dienstbar machen. Um sich vor unliebsamen Eindringlingen zu schützen, seien die Wächter des Königreiches im Besitz von Flugmaschinen, die in legendären Erzählungen etwas kryptisch als *Steinpferde* »mit der Kraft des Windes« beschrieben werden. Worin aber (wie beim »Benben-Stein« Ägyptens) eher *metallische* Luftfahrzeuge vermutet werden dürfen.

Göttliche Privilegien

Analysiert man die alten Quellen Ägyptens einigermaßen genau, dann zeigt sich, daß *Thot* und seine Acht-Mann-Crew (die »Achtheit«) ihr Vorgehen im Niltal genau geplant haben müssen. Nach erfolgreicher Landung im Bereich von *Hermopolis* gab es zwei weitere Auftritte im Umfeld der Städte *Heliopolis* und *Memphis* in zeitlich geringem Abstand. Memphis lag im übrigen nur etwa 25 Kilometer von Heliopolis entfernt, die Überbrückung des Luftraums für Thot's Barke »Rê« daher eine Kleinigkeit.

Heliopolis (ägyptisch *On* oder *Junu*) muß nordöstlich von *Kairo*, am Rand der Wüste, gesucht werden. Außer einem *Sesostris I.* geweihten Obelisken und einigen Schutthügeln (sowie ein paar Gräbern unter der ehemaligen Vorstadt *Matarie*) hat Heliopolis heute keine Sehenswürdigkeiten mehr anzubieten. Den Zahn der Zeit überdauert haben lediglich die Pyramidentexte, die von der Ankunft des »Sonnengottes« zu berichten wissen – von *Thot*, dem Heros des Alten Reiches.

Ähnlich verhält es sich mit *Memphis*. Diese alte Stadt Ägyptens war lange Zeit, bis zur Gründung von *Alexandria* (das durch seine berühmte Bibliothek Weltgeltung erlangte), eine Metropole des pharaonischen Reiches. Memphis war sowohl Verwaltungshauptstadt als auch bevorzugter Regierungssitz. Viele Herrscher unterhielten in dieser Stadt ihren Harem und bauten immer neue Paläste, die das Stadtbild verschönerten. In Memphis befand sich auch das Heiligtum der Gottheit *Ptah*. Die Gläubigen strömten damals in Massen herbei, um den prächtigen Tempel aufzusuchen. Auch das *Serapeum*, in dem der Apis-Kult gepflegt wurde, hatte über Zustrom nicht zu klagen.

Jedem Feind Ägyptens war klar, daß erst Memphis erobert werden mußte, ehe an eine Besitznahme des Niltales zu denken war. Hyksos, Äthiopen und Assyrer mußten das ebenso zur Kenntnis nehmen wie beispielsweise die Perser. Memphis war nämlich ein wichtiger Umschlagplatz des Alten Reiches. Hier war die »Waffenzentrale«, aber auch Schiffe wurden in seinen Mauern produziert. Daß der gesamte Flußverkehr des Landes im Hafen der Stadt zusammenlief, kann da kaum mehr überraschen. Sogar das Schatzamt von Theben besaß in Memphis ein Filialbüro. In jedem Fall war dort das Zentrum des Handels, und dieses stark frequentiert. Das blieb so bis in die Zeit des *Herodot*. Bei seinem Stadtbesuch um 440 v. Chr. fand der griechische Historiker Memphis (nach eigenen Angaben) überfüllt von Händlern aus Tyros, karischen Soldaten und anderen »Barbaren«. Gäbe es nicht die Pyramidentexte, dann könnte man derartigen Berichten nur schwerlich Glauben schenken. Heute nämlich findet der Tourist an Stelle der alten Stadt eine teils ebene, teils hügelige Landschaft 28 Kilometer südlich von Kairo. Nur die üppigen Palmenwälder vermögen jenem Platz einen gewissen Reiz zu geben, und sie zeigen an, daß sich die Natur hier zu ihrem Recht verholfen hat.

Aus den Pyramidentexten wissen wir, daß einst König *Menes*, legendärer Herrscher und Begründer der 1. Dynastie Altägyptens, während der Thinitenzeit (die das Alte Reich einleitete) um 2950 v. Chr. an der Stätte des Ptah eine wuchtige Barrikade errichten ließ, die »Weiße Mauer« genannt wurde.

Dadurch war Menes in der Lage, das »Leben der Beiden Länder« (Ober- und Unterägypten) zu kontrollieren.
Von diesem Wall existieren heute nur noch Ziegelreste sowie Berge von Schutt. Wer das Dorf *Mit-Rahine* besucht, findet dort – neben der Ruine des längst eingestürzten monumentalen Ptah-Tempels – die umgestürzte Kollossalstatue von *Ramses II.*, über die ein Schutzdach gespannt worden ist. Wenn man weiß, welche Sogwirkung seinerzeit von der Handelsstadt Memphis über Ägypten hinaus ausgegangen ist, dann läßt sich begreifen, daß sich Thot in jedem Fall der Dienste dieses Zentrums versicherte. Auch in dem »Ägyptischen Totenbuch« findet man im 5. Kapitel eine entsprechende Andeutung, deren Urheberschaft möglicherweise Thot selbst zuzuschreiben ist, der ja der Überlieferung nach das »Totenbuch« verfaßt (zumindest aber maßgeblich beeinflußt) haben soll. Man ist unwillkürlich versucht, im Autor folgender Zeilen ein Mitglied der »Achtheit« des Sonnengottes zu vermuten. Jedenfalls könnte seine Aussage so gedeutet werden.

»Von Hermopolis kommend gelang ich hierher,
Um die Arme zu heben der Wesen,
Die niedergeschlagen und kraftlos.
Ich bin der Götter lebende Seele
Eingeweiht in die Weisheit der
Dem großen Thot dienenden Geister...«

Womit, ägyptologischer Auffassung folgend (und unsere Meinung gleichsam bestätigend), das Affenwesen *Aani* (auch *Iani*) gemeint war, das als einer der »Meister der Weisheit« angesehen wurde und in seiner äußeren Form ein *pavianähnliches* Aussehen gehabt haben soll.
Bei der von Thot vorbereiteten Planung, die ein kulturelles Erwachen des Landes vorsah, war ihm die kräftige Unterstützung seiner Mannschaft von großem Nutzen. Aus verschiedenen Hinweisen in den Pyramidentexten läßt sich im übrigen ersehen, wie und *mit wem* jene in Heliopolis konstituierte

»Neunheit« zusammengesetzt war. Dabei wird deutlich, daß die bekanntesten Neunheiten »in sehr alter Zeit« ausschließlich *von den Priestern von Heliopolis geschaffen* – soll heißen: *eingesetzt* – worden sind. An der Spitze eines »streng logisch« aufgebauten Systems, stand jeweils »einsam« *Atum*. Der aber war kein lebendiges Wesen, sondern *Rê*. So hieß bekanntlich Thots Raumfähre – die »Barke der Jahrmillionen«.

Mit ihrer Hilfe war es möglich, die Priestervertretungen in den einzelnen Tempeln zu beaufsichtigen, was Thot wahrscheinlich in den meisten Fällen in eigener Regie in die Wege leitete, oder einen ihm genehmen Stellvertreter für derartige Kontrollen delegierte.

In »Knaurs Lexikon der ägyptischen Kultur« wird dazu angemerkt, daß »andere Götterlehren« (womit wohl die dafür zuständigen Priester gemeint waren) dem Schöpfergott Atum (oder »Tum«) ebenfalls acht »göttliche Gestalten« zur Seite stellten – was angeblich nach dem getreuen Vorbild der »Neunheit« in Heliopolis geschehen sein soll. Wobei der nicht ganz unbegründete Verdacht besteht, daß die dafür verantwortlichen »Eingeweihten« solche Maßnahmen nicht völlig uneigennützig gesetzt haben dürften: Zu sehr verlockte wohl auch sie die Möglichkeit, vor der übrigen Welt das Attribut »göttlich« (auserwählt zu sein) in Anspruch nehmen zu können.

Es amüsiert ein wenig zu erfahren, daß (laut Lexikon) die Zahl »9« bald zu klein geworden sei, um sämtliche Tempelbewohner in sich zu vereinen. Vielmehr scheint die Bürokratie unter der Priesterschaft unvorhergesehene Ausmaße angenommen zu haben; sie blähte sich auf wie ein Ochsenfrosch. Immer mehr der sich auserwählt Dünkenden drängten zur Futterkrippe, beanspruchten bestimmte »göttliche« Privilegien nun auch für sich selbst. So kam es zu der kuriosen Situation, daß etwa in Heliopolis neben der von Thot eingesetzten »Großen Neunheit« (ägypt. *pesedjet*: Gruppe der Neun) zusätzlich noch eine »Kleine Neunheit« geschaffen werden mußte, um auch jene Eingeweihten zufriedenzustellen, die

(weil sie rangmäßig niedriger eingestuft waren) in der »Großen« keinen Platz mehr gefunden hatten.
Andernorts geschah geradewegs das Gegenteil. Aus Mangel an entsprechend qualifizierten Kräften blieb dort die »göttliche« Priesterschaft unter dem vorgeschriebenen Limit: Die magische »Neun« konnte nicht ausgefüllt werden. Wie zum Beispiel in *Abydos*, wo nur *sieben* Hohepriester ihren Tempeldienst versahen – während in der Großstadt *Theben* sogar *fünfzehn* Priester der eingeweihten Gilde angehörten.
Theben galt damals allerdings als bevorzugter Aufenthaltsort des »Herrn des Lufthauchs« *Amun* – was den Schluß zuläßt, daß *Thot*, den wir hinter dieser anonymen Gottesbezeichnung vermuten, nicht nur in Hermopolis residiert haben dürfte.
Glaubt man diversen Pyramidentexten, dann soll Amun ein Wesen von hominidem, also menschlichem Aussehen gewesen sein. Andererseits aber wird Thot (den wir mit jenem Amun für *identisch* erachten) stets nur in Gestalt eines affenähnlichen Wesens dargestellt – mit dem Kopf (oder der Maske) eines Frosches bzw. dem eines Ibis-Vogels. Alles nur Maskerade? Nur Tarnung, um den Menschen auf der Straße, aber auch den Höhergestellten am pharaonischen Hof und in den Tempeln den ungewohnten Anblick zu ersparen?
Das ist gut möglich, denn wenn es sich bei Thot und seinen Leuten tatsächlich um erdfremde Hominiden gehandelt haben sollte (wofür einiges zu sprechen scheint), dann haben diese Wesen dank ihres überlegenen Wissens sicher auch Verhaltensforschung betrieben.
Im Zusammenhang mit seinen regelmäßigen Aufenthalten in Theben sprechen die Pyramidentexte auch davon, daß sich Amun/Thot vorzugsweise auf seinem »magischen Thron« den Menschen gezeigt habe. Daß sich die Ägyptologen darauf keinen Reim machen konnten, überrascht nicht. Verrät doch die rätselhafte Sitzgelegenheit einen auffallenden Zusammenhang mit einem sogenannten »Kultgegenstand«, der als *Omphalos* unsere Aufmerksamkeit verdient.
Mit »Omphalos« wird in altägyptischen Niederschriften je-

ner *Urhügel* bezeichnet, der in Wirklichkeit das Flugobjekt gewesen ist, mit dem Thot und seine Begleiter nahe Hermopolis »auf einem hohen Hochland« landeten. Oder – um noch deutlicher zu werden: »Omphalos« und »Benben« waren *ein und dasselbe!* Wir haben am Anfang des Thot-Kapitels bereits darauf hingewiesen: Das Aussehen eines solchen »Omphalos« ist uns auf einem sogenannten »Denkstein« erhalten geblieben. Ein oben abgerundeter Kegel, den verschiedene Ägyptologen – ungeachtet vorliegender »Facts« – als Darstellung eines *Meteoriten* erkannt zu haben glauben. Allerdings tun das nicht alle. *Wolfgang Helck und Eberhard E. Otto*, zwei Experten aus der selben Zunft, legen zwar nahe, Amuns »magischen Thron« von der Darstellung des Omphalos auseinanderzuhalten (»zu trennen«), wollen sich aber andererseits der Interpretation ihrer Fachkollegen in keinem Fall anschließen. Denn – so meinen Helck und Otto in ihrem *Lexikon der ägyptischen Kultur* (München/Zürich 1978) – deren »Erklärung als Meteorit trifft wohl nicht zu«.
Bleibt noch zu erwähnen, daß auch in Memphis (so wie in Hermopolis und Heliopolis) ein Obelisk zur höheren Ehre des Sonnengottes errichtet wurde. Mit einem glänzenden »Benben-Stein« auf seiner Spitze.
Wenn man sich in der ägyptischen Mythologie orientiert, wird einem bald klar, daß darin verschiedene Namen oder Bezeichnungen oft nur eine Person oder Sache meinen. So verhält es sich auch mit dem »Benben«. Aus zunächst unerklärlich scheinenden, letztlich aber doch verständlichen Gründen wird nämlich dieser fliegende, glänzende »Stein« sowohl mit dem für »heilig« gehaltenen *Benu*-Vogel als auch mit dem legendären »Phönix aus der Asche« gleichgesetzt. Tatsächlich sind in allen drei Fällen unmittelbare Zusammenhänge gegeben: Sie haben alle etwas mit dem Fliegen zu tun. Peter Fiebag faßt zusammen:

»Der Vogel des Lichtes wurde gewählt, um den Bezug zum auf- und absteigenden Götterfahrzeug zu zeigen. Der aus seiner eigenen Asche aufsteigende Phönix/Benu-Vogel versinn-

bildlicht die am Startplatz (›Flammeninsel‹) entstandenen Verbrennungen (›Asche‹), aus der periodisch wieder derselbe Vogel zum Himmel stieg, der zur allgemeinen Verblüffung nicht verbrannt war.«

Der Aufstieg zum Himmel, ins Weltall, wird in vielen Textzeilen des »Totenbuches« anschaulich dargestellt. So heißt es etwa über Thots erfolgreichsten Kampfpiloten:

»Horus sitzet jetzt auf dem Throne, der ragt aus dem See des Feuers hervor! Ihm hab ich ehmals geholfen, seinen Thron zu besteigen, der sich erhebt in der Barke der Jahrmillionen.«

Bekanntlich soll es ja *Thot* gewesen sein, dem die Niederschrift des »Totenbuches« zu verdanken ist. Ihm könnte also durchaus auch die Inthronisation des Horus zugestanden werden – was im Klartext bedeutet haben mag, daß Thot seinem verläßlichsten Helfer (einem Mitglied der »Achtheit«) das Oberkommando über die Raumfähre »Rê« (hier sinnigerweise »Barke der Jahrmillionen« genannt) übertragen hat. Aber das »Totenbuch« wird noch deutlicher.
Nachfolgende Textstelle macht wieder einmal die nicht zu leugnende Fremdartigkeit jener Wesen deutlich, die gemeinsam mit Thot zur Erde kamen und Ägypten zu einer neuen Identität verhalfen:

»Heil euch, ihr vier mächtigen Götter mit AFFENGESICHTERN, ihr, die ihr auf dem Vorderteil der Rê-Barke des Weltherrschers sitzend die Befehle verkündet... Beschwichtigt die Götter durch das lodernde Feuer, das eurem Munde entflammt.«

Wir kennen nun bereits die Annahme ägyptologischer Schulweisheit, bei der Sonnenbarke des Rê, der »Barke der Jahrmillionen«, habe es sich lediglich um *die Sonne selbst* gehandelt, welche täglich über das Himmelszelt zu wandern pflegt. Diese Behauptung hat sich, wie wir nachweisen konnten, als Trugschluß erwiesen. In Texten des »Totenbuches« wird im übrigen sehr genau zwischen dem Muttergestirn unseres Planetensystems und der Rê-Barke unterschieden, deren Besatzung aus Thot und einer achtköpfigen Mannschaft bestand, und zu der auch der erfolgreiche Kampfpilot des »Sonnengottes« – Horus – gehörte.

Wir sind nun sogar in der Lage, dieses »Beweisverfahren« weitreichend zu ergänzen, wobei wir auch diesmal bloß auf altägyptisches Schriftgut zurückgreifen müssen, das uns die »Facts« portofrei ins Haus liefert. Thot und seine Getreuen besaßen nämlich Geräte, mit deren Hilfe es möglich war *»bis ans Ende der Finsternis* (zu) *SEHEN«* und *»durch das Meer HINDURCHZUBLICKEN bis zum Urwasser Nun«* beziehungsweise zu *»HÖREN*, was am Himmel vorging«. Dazu bedurfte es eines *SEH-Vogels* sowie eines *HÖR-Vogels*, wobei ersterer durch Thots »geheimen« *Zauberspiegel* ergänzt worden sein soll. Quellen solch ungewöhnlicher Informationen, die sogar als sensationell angesehen werden müssen, sind uns legendäre Überlieferungen, die *Emma Brunner-Traut* in ihrer Sammlung *»Altägyptische Märchen – Mythen und andere volkstümliche Erzählungen«* (München 1989) sowie der Ägyptologe *Kurt Sethe* in seiner analytischen Betrachtung *»Zur altägyptischen Sage vom Sonnenauge das in der Fremde war«* (Leipzig 1912) zusammengetragen haben. Darin wird etwa vom »Hör-Vogel« gesagt:

»... siehe, ich kann den HIMMEL BEZAUBERN, so daß ich HÖRE, was darin vorgeht. Ich HÖRE, was Rê, der Sonnengott, Vergelter unter den Göttern, täglich im GLANZORT DES HIMMELS für die Erde bestimmt.«

Wobei der reibungslose Empfang offensichtlich selbst dann gewährleistet war, als sich die Rê-Barke schon längst *»immer weiter vom ERDBODEN zum Himmel entfernt«* hatte.

Das sind bedeutsame Angaben. Sie sollten ernstgenommen und aufmerksam studiert werden: *1.* wird ausdrücklich festgehalten, daß sich die Raumfähre des »Sonnengottes« (hinter dem, wie klargemacht werden konnte, *Thot* zu suchen ist) »vom Erdboden« aus auf ihre luftige Reise begab; 2. erfährt man, daß mit Hilfe des »Hör-Vogels« Thot befähigt war, den »Himmel« zu »bezaubern« (wobei mit »Himmel« natürlich nicht das Firmament sondern das *Luftfahrzeug* gemeint war und das Wort »bezaubern« in enger Beziehung zu scheinbar *magischen* – richtiger: *technischen* – Handgriffen gesehen werden muß), und *3.* dasselbe Gefährt zusätzlich als *Sendeanlage* diente. Heißt es doch, Thot (der Sonnengott) habe hören lassen, was von dort aus »täglich... für die Erde bestimmt« gewesen ist. Orientalisch blumig die Umschreibung des fliegenden Objekts, das als »Glanzort des Himmels« dargestellt wurde.

Pyramidentexte, von Kurt Sethe übersetzt, informieren uns zusätzlich über ein seltsames »Haus des Horus«, mit dem ganz gewiß keines der üblichen Gebäude auf der Erdoberfläche gemeint gewesen sein kann, wird doch in diesem Zusammenhang eigens betont, es habe sich »am Himmel« befunden, und zu bestimmten Zeiten wäre darin »das Wort der Götter« zu *hören* gewesen.

Aus all diesen Zitierungen läßt sich unschwer herauslesen, daß diese »Götter« im alten Ägypten über technisch ausgereifte Apparaturen zur Nachrichtenübermittlung verfügten, und daß diese Geräte denen, die wir heute für unsere globale Kommunikation heranziehen, ebenbürtig waren. Fernsehen, Funk und Satelliten sind also keine Kinder unseres Zeitalters. Sie spiegeln sich in Gerätschaften wie den »Seh-« und »Hör-Vögeln« (hinter denen wir durchaus altägyptische »Telstar«-*Satelliten* vermuten können) sowie »geheimen« *Zauberspiegeln* (TV-Apparaturen) wider. Offensichtlich waren alle Anlagen hochtechnisiert, sonst wäre es nicht möglich gewesen,

damit »bis ans Ende der Finsternis (zu) *sehen*« oder »durch das Meer *hindurchzublicken* bis *zum Urwasser Nun*«. Gewichtet man diese bemerkenswerte Aussage, dann läßt sich sogar vermuten, daß Thot und seine Leute über Tiefsee-Stationen verfügten, von wo aus sie mit ihren TV-Sendeanlagen via Satellit in der Lage waren, auch das »Urwasser Nun« – den *kosmischen Raum* – zu kontrollieren.
Fürwahr, ein faszinierender Gedanke, aber gewiß nicht der überhitzten Phantasie der Autoren entsprungen. Wie das folgende Geschehen sichtbar machen wird.

»Mayday! Mayday!«

Schon *Plutarch*, der griechische Geschichtsschreiber, hat der Nachwelt einen Bericht hinterlassen, in dem vom Absturz einer göttlichen Sonnenbarke die Rede ist. Die Trümmer des aus rotgoldenem Metall gefertigten Luftschiffes sollen noch ein Menschenalter vor seinem Besuch des Niltales auf einer Insel des ägyptischen Stromes zu sehen gewesen sein. Mit einiger Bestimmtheit kann deshalb auch angenommen werden, daß damals die Insassen des Gefährts zu Schaden, wenn nicht sogar ums Leben kamen. Ein weiterer Anhaltspunkt dafür, daß die altägyptischen »Götter« keine unsterblichen und ätherischen Wesen waren, sondern ebenso verletzungsanfällig wie wir Menschen auch. Andererseits jedoch waren die von den ahnungslosen Ägyptern vergötterten »vom Himmel gekommenen« Besucher wissensmäßig ihrer Umwelt derart überlegen, daß der Gedanke recht naheliegend erscheint, in diesen Fremden, deren Anführer unter dem Namen »Thot« in die Geschichte des Pharaonenreiches eingegangen ist, *außerirdische* Kulturträger zu vermuten.
Doch wie gesagt: Trotz unvorstellbarer Kenntnisse auf vielerlei Ebenen, die den Priestern Ägyptens geradezu universell vorkommen mußten, waren auch sogenannte »Götter« vor Unfällen nicht gefeit. Was ein höchst dramatischer Bericht beweist.

Der ungarische Mythenforscher *László Kákosy* beruft sich hierbei auf einen Fund, der uns aus der Regierungszeit des großen ägyptischen Zauberers *Nektanebos' II.* (4. Jh. v. Chr.) erhalten geblieben ist – eine steinerne Tafel mit magischen Darstellungen und hieroglyphischen Texten, genannt: die *Metternichstele.* Dieses Denkmal aus vorchristlicher Zeit (früher im Besitz der Familie *Metternich*, deren bekanntestes Mitglied der österreichische Staatskanzler Klemens Lothar Fürst von Metternich, 1773–1859, war) befindet sich jetzt im New Yorker *Metropolitan Museum of Art.*
Was Pyramidentexte ansatzweise erwähnen, findet im Schriftteil dieser Stele spektakuläre Bestätigung: der plötzliche *Stillstand* der Sonnenbarke!
Da keine Rede sein kann, daß die Sonne ihren täglichen Lauf über das Firmament »abgebremst« haben könnte (was auch kein Ägyptologe ernsthaft annimmt), müssen die *wirklichen* Ursachen gesucht werden. Es bedarf keiner halsbrecherischer Interpretationen, wird doch auf der Metternichstele deutlich gesagt, was sich damals, in alter Zeit, am Himmel ereignete. Ihr Bericht liest sich wie eine Reportage.
Horus, der Thot's Raumfähre steuerte, war in Schwierigkeiten geraten. Das Schiff verharrte plötzlich bewegungslos im Luftraum. Zwischen Cockpit und der Funkstation auf der Erde kam es zu einem aufgeregten Sprechkontakt:

»›Was ist das? Was ist das? Wer ist gegen den Sohn Horus? Bete den Himmel an, Isis, daß die Mannschaft des Rê still stehe und die Barke des Rê nicht weiter fahre, bis der Sohn Horus an seiner Seite liegt.‹ Isis SCHICKTE IHRE STIMME ZUM HIMMEL, sie schrie zur ›Barke der Millionen‹. DIE SONNE STAND STILL IHR GEGENÜBER, bewegte sich nicht von ihrer Stelle.«

Hier ist eine kurze Unterbrechung der Schilderung angebracht, um den Leser nicht auf einem falschen Geleise zu verlieren. Was wird auf der Stele ausgesagt? Horus ist ratlos und verzweifelt (»Was ist das? Was ist das? ...«) Er funkt in höchster Not das Hauptquartier in *Heliopolis* an. Dort befand sich, wie wir aus erhalten gebliebenen Überlieferungen wissen, der *Hangar* der Sonnenbarke – das sogenannte *»Haus des Phönix«* (auch *Benben*-Haus genannt). Im Pyramidentext 1652 heißt es dazu: *»Atum-Chepre, du wurdest hoch als Hügel, du gingst auf als Benben im Phönix-Haus in Heliopolis.«* Atum, das wissen wir inzwischen, war die anonyme Bezeichnung für jegliche Art von Luftfahrzeugen im alten Ägypten. Mit Phönix wiederum war jener sagenhafte Vogel gemeint, der imstande war, sich immer wieder unverletzt »aus der Asche« zu erheben und wegzufliegen. Hinter dem Namen Phönix (auch Benben) verbarg sich in Wirklichkeit ein künstlicher Gegenstand – ein hochtechnisiertes Fluggerät, von dem anzunehmen ist, daß es mit der Sonnenbarke des Thot *identisch* war.

Da die Ägyptologen (obwohl das völlig absurd erscheint) immer noch dazu neigen, Rê mit der *Sonne* gleichzusetzen, könnte diese Folgerung auch durch die Fehlinterpretation gewisser Textstellen an Tempelmauern oder auf Papyrusrollen ausgelöst worden sein. So auch bei denen, die uns dank der Metternichstele vorliegen, und wo es heißt: »Isis ... schrie zur ›Barke der Millionen‹. Die Sonne stand still *ihr gegenüber* ...«

Ohne Zweifel eine Formulierung, die sehr leicht zu Mißverständnissen führen kann. Nicht die *Sonne* ist hier nämlich gemeint, sondern die Barke. Auf sie allein bezieht sich das Wörtchen »ihr«. Ägyptologen dürfte in diesem Zusammenhang der Irrtum unterlaufen sein, dieses »ihr« allein auf *Isis* zugeschnitten zu haben. Weshalb sich zwangsläufig ein völlig anderer Sachverhalt ergab und zur Folgerung führte, die *Sonne* sei vor den Augen der Göttin zum Stillstand gekommen.

Thot, der Kommandant der »Rê«, befand sich während des mißglückten Fluges offenbar nicht an Bord seines Gefährts, hatte aber von dessen Havarie erfahren. Er nahm kurzerhand Kontakt zur Bodenstation (vermutlich in Heliopolis) auf und bemühte sich, die allseits erregten Gemüter zu beruhigen.

»Was ist geschehen, was ist geschehen, Isis, glorreiche Göttin, die ihren Zauberspruch kennt? Mit Horus kann nichts Böses geschehen, sein Schutz ist die Sonnenbarke. Heute kam ich aus der Barke des Gottes... Dunkelheit ist entstanden, das Licht ist verbannt, bis Horus wieder gesund ist...«

Thot eilte den Manövrierunfähigen im Luftraum zur Hilfe. Er funkte zur Erde, daß Horus in guten (nämlich seinen) Händen sei, und startete seine Rettungsaktion:

»Zurück, Gift! Siehe, der Zauber (kommt) aus dem Mund des Rê, die Zunge des Großen Gottes hält (dich) fern. Die Barke steht still, fährt nicht weiter... bis Horus wieder gesund wird... Komm heraus auf die Erde (Gift), damit die Barke weiter fahren kann und die Mannschaft den Himmel bereist.«

Bei diesen Textstellen gibt es natürlich ebenfalls Ungereimtheiten. Dem unbekannten Chronisten kam verschiedenes durcheinander. Auch ihm war, wie sich zeigt, in einigen Fällen der Unterschied zwischen der Rê-Barke einerseits sowie der Sonne andererseits nicht völlig klar. *László Kákosy* weiß den Grund. Der Text auf der Metternichstele sei erst mehr als zweitausend Jahre *nach* den Pyramidentexten geschrieben worden, somit nur das *Motiv* (unverfälscht) erhalten geblieben. Die Begleitumstände haben sich später verlagert. Jedenfalls fand sich der dramatische Vorfall in der Folge auch im »Alten Testament« der *Bibel* wieder, wo man freilich mit der Sonnenbarke des Thot nichts Rechtes anzufangen wußte. Das Geschehen wurde nunmehr, vielleicht aus dramaturgischen Gründen, zur Gänze auf *Josua*, den Helden aus Ephraim, übertragen. Die ihm zugesprochene ganz und gar unglaubwürdige Tat widerspiegelt sich auch in einem *koptischen* Text, in dem es heißt: »Ich habe einen Menschen in Schiêt gesehen, *der die Sonne am Himmel zum Stillstand bringen konnte* wie Josua...«
Immerhin hat die katholische *Pattloch*-Bibel ihrem Helden

viel von seinem (unverdienten) Glorienschein genommen. Im Vorspann ihres legendären Berichtes macht sie darauf aufmerksam, *»daß... Teile dieses Buches nicht von Josua stammen«*. Woran kein Zweifel besteht, ist doch dessen »Sonnenwunder« (wenn auch in veränderter Form) altägyptischen Quellen entwendet worden und geht zur Gänze auf Thot zurück.

Dessen Tätigkeit zu einer Zeit, die Ägyptens Lichtbringer vollendet beherrschte – die Raumfahrt –, ist auch heute wieder Trumpf. Man möchte fast an »Zufall« glauben, wenn man erfährt, wie sich ein geplantes gesamteuropäisches Raumfahrtunternehmen mit 13 Ländern betitelt: Projekt *»Hermes«*! Da der Name des griechischen Götterboten ja letztlich auf Thot zurückgeht, hat somit ein ägyptischer »Sternengott« eine zwar etwas späte, jedoch zweifellos verdiente Ehrung erhalten.

X
Das Vermächtnis

Im Ägypten der frühen Tage waren Priester mehr als bloß Verkünder ihrer Religionen. Sie besaßen auch weltliche Macht und waren fallweise auch im Staatsdienst tätig.

Die Priesterkaste im Alten Reich war zudem streng hierarchisch ausgerichtet. An ihrer Spitze stand immer ein Hoherpriester. Er führte den Titel »Sem« und besaß in dem von ihm geführten Tempel absolute Verfügungsgewalt. Als nominell »Erster Prophet Gottes« (womit jeweils jene Gottheit gemeint war, welcher der Tempel geweiht war) erwartete man von diesem Tempelherrn entsprechende Begabungen, um sein verantwortungsvolles Amt zufriedenstellend ausfüllen zu können. Weisheit und Bildung wurden hierbei vorausgesetzt.

Der Hohepriester war aber auch als hervorstechender Organisator für die Belange seines Tempels gefordert; ihm oblag es dafür zu sorgen, daß der Dienst im Tempel reibungslos funktionierte, Disziplin herrschte, und ihm auch die Kontrolle der Verwaltung sämtlicher Liegenschaften seines Bezirks nicht entglitt.

Außerdem war es für den »Sem«-Priester nützlich, in der Staatspolitik ein Wörtchen mitzureden. Deshalb besaß ein erfolgreicher Tempelherr stets gute Kontakte zum Hofstaat des Pharaos, wenn nicht sogar zu diesem selbst. Ägyptens Herrscher war nämlich die Macht in die Hände gelegt, zum gegebenen Zeitpunkt einen Hohenpriester zu bestimmen oder abzuberufen. Es kam deshalb sehr wesentlich auf die Persönlichkeit und den Einfluß des Hohenpriesters bei Hof an, dort sowie im eigenen Tempelbereich seine Macht zu festigen.

In jedem Fall besaßen Priester im alten Ägypten Privilegien, wie sie sonst lediglich der Pharao selbst in Anspruch nehmen konnte. Nach außen hin fungierten ägyptische Priester als

Stellvertreter des Pharaos in ihren Tempeln, war doch dieser als »Gott-König« offiziell dafür verantwortlich, die religiöse Ordnung im Staat aufrecht zu erhalten. Diese Regelung galt jedoch nur »nach außen hin« – tatsächlich lebte die Priesterschaft in ihrer eigenen, nach theokratischen Regeln funktionierenden Welt. Was bedeutete, daß die jeweiligen Pharaonen in der Regel so gut wie keinen Einblick besaßen, und deswegen zumeist auch nicht wußten, was wirklich innerhalb der Tempelmauern vor sich ging.

Andererseits übten die Priester auf nicht wenige ihrer Herrscher gehörigen Einfluß aus. Sie kontrollierten, ja steuerten sogar – wo sie es für wichtig hielten – die Regierungsgeschäfte labiler Pharaonen und schreckten verschiedentlich auch nicht davor zurück, sich jener Regenten *gewaltsam* zu entledigen, wenn sie den politischen Interessen der Hohenpriester zuwider handelten. Ägyptens Könige kümmerten sich deshalb nur sekundär um die in den Tempeln vorgenommenen Rituale. Sie gaben Empfänge oder waren durch Feldzüge in Anspruch genommen, deren Oberbefehl sie natürlich innehatten. In der Zwischenzeit wuchs die Zahl der Priester kontinuierlich; es bildete sich damals im Alten Reich *ein Staat im Staat.* Die Priesterschaft entwickelte sich zu einer aufgeblähten Bürokratie, die nach Tausenden zählte. Ihre große Zahl begründeten die Tempelherren mit den gesteigerten Aufgaben, die es nunmehr zu bewältigen galt. Hunderte von Kultanlagen, den verschiedensten Göttern geweiht, mußten betreut werden. Und jeder dieser Tempel war in gewisser Hinsicht selbständig, verfügte über einen eigenen Priesterstab, und war berechtigt, sich die vorgeschriebenen kultischen Verrichtungen nach eigenem Ermessen einzuteilen.

Die Betreuung und Fürsorge von Statuen diverser Gottheiten gehörte zu den wahrscheinlich hervorstechendsten Pflichten der Priesterschaft. Das Allerheiligste ihres Tempels durfte jedoch nur eine kleine Elite aus ihrer Mitte – die Hohenpriester – betreten. Das galt ebenso für die »Handhabung« der *Orakel.* Das waren in der Regel besondere Statuen, die in Schreinen aus vergoldetem Holz aufbewahrt wurden. Da die obere

28

29

30

31

28 *Nach Ansicht unseres Elektrofachmannes Garn stellt dieses Relief das kompletteste Vorbild für seine Glühbirnen-Rekonstruktion dar. Es ist auch die einzige Abbildung, bei der die vom Djedpfeiler hochgestreckten Arme in die Birne hineinreichen.*

29 *Eine weitere Reliefdarstellung, auf der Thot nicht abgebildet wurde.*

30 *Einer von mehreren Aufenthalten der Autoren in einer der Dendera-Krypten, wo die Möglichkeit bestand, von Touristen ungestört die rätselhaften Wandreliefs zu studieren.*

31 *Djedpfeiler symbolisieren nach ägyptologischer Auslegung die Begriffe »Kraft«, »Ausdauer« und »Beständigkeit«. Dipl.-Ing. Garn hält sie, wie auch die Autoren, für altägyptische Hochspannungs-Isolatoren. Diese Wandmalerei zeigt die Prozedur einer Aufrichtung von zwei Djedpfeilern.*

32 *Dipl.-Ing. Walter Garn mit dem nachgebauten altägyptischen Leuchtkörper, bei dem der Djedpfeiler seine Funktion als Isolator eindrucksvoll bestätigte.*

33–37 *Das Experiment im Labor am Glühbirnen-Modell in fünf Phasen: Vom Beginn der Gasentladung bis hin zum Totaleffekt der leuchtenden Djed-Arme. Der gelungene Versuch belegte die Stichhaltigkeit der im Buch vertretenen »Elektrothese«.*

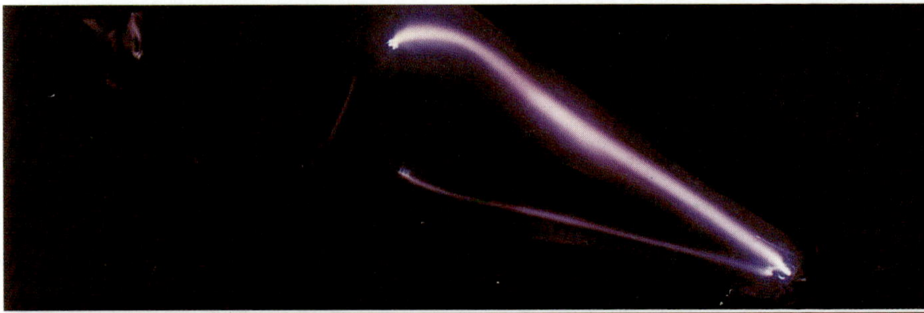
33

34

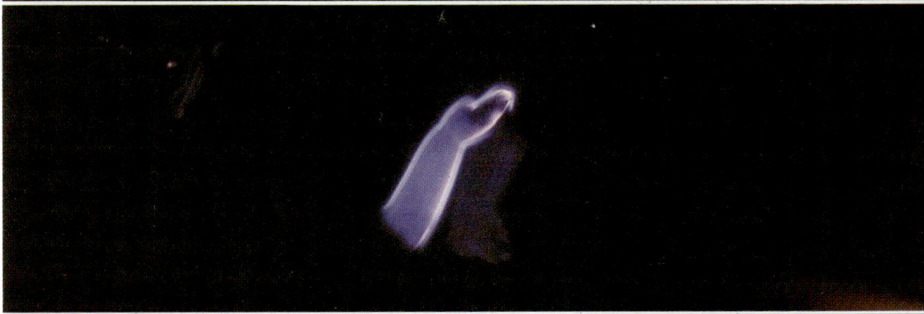
35

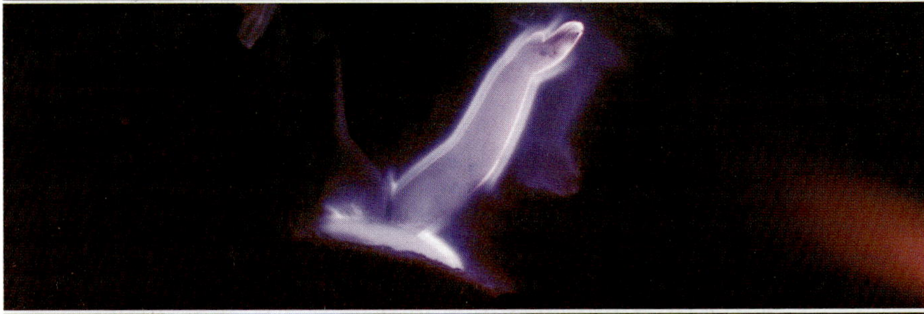
36

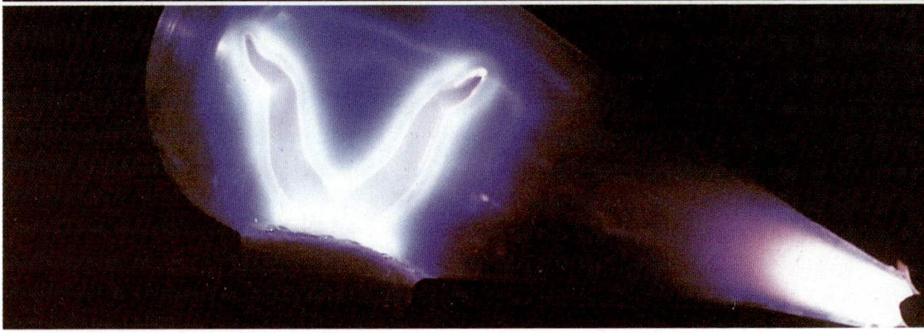
37

Priesterschaft zudem wissenschaftlich ausgebildet war, hatte sie ein übriges getan, um jene Götterfiguren, von denen die meisten *Amun* (»den Verborgenen«) verkörperten, zu einem beeindruckenden Erlebnis für das gläubige Volk werden zu lassen. Alte Hieroglyphentexte wissen nämlich zu berichten, daß die Orakelgötter die Fähigkeit besessen haben sollen *mit dem Kopf zu nicken*, in einzelnen Fällen sogar – *zu sprechen!*

Selbst Ägyptologen, die derartige Kenntnisse altägyptischer Weisen in der Regel ins Reich der Phantasie zu verweisen pflegen, reagieren ratlos. »Wir wissen nicht mit Sicherheit, wie das inszeniert wurde«, schreibt beispielsweise der Altertums- und Okkultforscher *Robert Brier*: »Vielleicht zogen die Priester heimlich an Schnüren, um das Kopfnicken zu bewirken, und sprachen auch als Inspirierte für ihren Gott...«

Wie immer sich die Sache damals auch tatsächlich abgespielt haben sollte – der Zweck heiligte jedenfalls die Mittel. Die Orakelstatuen im Tempel hatten einen gewaltigen Zulauf zu verzeichnen. Die abergläubischen Menschen beeilten sich, ihre Sorgen loszuwerden.

Ehe ein Priester für würdig befunden wurde, höchste Weihen im Tempel zu empfangen oder selbst zum Hohenpriester aufzusteigen, war er gezwungen, zunächst sämtliche Rangstufen eines Priesterlebens zu durchlaufen. Das erforderte seine Zeit.

Dem »Sem«-Priester eines Tempels unterstand ein Kader verschiedenster Spezialisten. So die »Horologen« (oder Stundenpriester), deren Aufgabe es war, Tages- und Nachtzeiten gewissenhaft zu bestimmen. Sie waren dafür verantwortlich, bestimmte zeremonielle Handlungen zu genau festgelegten Zeiten durchführen zu lassen. Deshalb wurde von ihnen der Stand der Gestirne aufmerksam kontrolliert, so daß sie in der Lage waren, rechtzeitig das Zeichen für den Beginn der vorgesehenen Rituale zu geben.

Andere Aufgaben besaßen die »Astrologen-Priester«. Nicht der Lauf der Sterne und Planeten wurde von ihnen beobachtet (wie dies heute unsere Sterndeuter tun), sie waren vielmehr die Hüter eines mythologischen Kalenders, in dem die Verhaltensmaßregeln für jeden einzelnen Tag des Jahres dargestellt waren. Nach dem Glauben der alten Ägypter war nämlich jeder Tag einem Ereignis zugeordnet, von dem es abhängig war, ob dieser Tag einen positiven oder ungünstigen Verlauf nehmen würde.

Herausragende Positionen innerhalb der Tempelhierarchien bekleideten seit jeher die »Priester-Magier«. Sie residierten und zelebrierten in einem Tempeltrakt, der »Haus des Lebens« genannt wurde. Alle größeren Tempel verfügten über einen solchen Gebäudekomplex. Darin war ein besonders wichtiger Bestandteil der Kultanlagen untergebracht: die priesterliche *Bibliothek*. Hier wurde nicht nur der Bücherschatz der Tempelherren aufbewahrt, die bibliothekaren Räumlichkeiten dienten auch als Aufenthaltsorte der Priesterschüler.

Das »Haus des Lebens« war außerdem die einzige Stätte innerhalb des Tempelbezirks, zu der auch »das Volk« Zutritt hatte. Jedermann, der Rat und Hilfe bei den Priestern suchte, wurde (nach vorheriger Anmeldung, versteht sich) in deren Räumen empfangen und angehört. Dort erhielt der einfache Bürger medizinische Hilfestellungen, man beriet ihn bei Traumdeutungen, half ihm mit verschiedenen magischen Ritualen. Auch briefliche Botschaften konnte sich der des Lesens zumeist Unkundige vortragen bzw. niederschreiben lassen. Fast immer waren ja diese Hilfesuchenden ohne Schulbildung und daher auch Analphabeten.

Auch in schwierigen Rechtsfragen wandte man sich oft an die Gebildeten aus dem Priesterstand. Auf Papyrusrollen im Besitz des *Britischen Museums* in London sowie des *Ägyptischen Museums* in Berlin sind uns zwei Versionen eines Rechtsstreites aus dem alten Ägypten erhalten geblieben, wo es jeweils um das Besitzrecht an einem Grab gegangen war. Offensichtlich führten die Prozeduren in beiden Fällen zu gerechten Lösungen, was deutlich macht, daß schon damals die Priester über ein gesundes Maß an Diplomatie verfügt haben dürften, um die Streitparteien zufriedenzustellen.

Vor allem die Priester-Magier waren bemüht, ihr umfangreiches Wissen und ihre Kenntnisse auf dem Gebiet der Zauberei nach außen hin geheim zu halten. *Robert Brier* argwöhnt freilich, daß sich das Ansehen der Magier beim Volke möglicherweise nicht allein nur auf ihre Gelehrsamkeit gestützt haben könnte, sondern daß sie auch gerne mit gewissen Tricks und Taschenkunststücken arbeiteten, um bei den ahnungslosen und naiven Menschen (die das alles nicht durchschauten) Aufsehen zu erregen.
Davon sind auch wir überzeugt, ohne deswegen den Priestern ihre gewiß vorhandenen Kenntnisse (so auf dem Gebiet der *Alchimie*, um ein Beispiel zu erwähnen) in Abrede stellen zu wollen. Briers »deliziöser« Hinweis bezieht sich auf die *Bibel*. Darin, und zwar im »Alten Testament«, Buch Exodus, finden wir die Geschichte vom sogenannten »Stabwunder«. Auf Anordnung jenes Wesens, das Moses und Aaron zuerst für den Allerhöchsten, nämlich Gott selbst, gehalten hatten, ehe sie dessen und seiner Begleiter *wirkliche* Identität erkannten (siehe im 6. Kapitel: »Die Herren von Sinai«), begaben sich die beiden Männer in den Palast des ägyptischen Herrschers, um diesen mit einem »Wunder« zu beeindrucken.

»Aaron warf seinen Stab vor den Pharao und seine Diener hin, und er ward zur Schlange. Da ließ der Pharao die Weisen und Zauberkünstler rufen. Vermöge ihrer Geheimkünste vollbrachten die Wahrsagepriester Ägyptens dasselbe. Jeder von ihnen warf seinen Stab hin, und es wurden Schlangen daraus. Doch Aarons Stab verschlang ihre Stäbe...« (Ex. 7, 10–7, 12)

Was sich da vor den Augen des Regenten abspielte, war, schlicht gesagt, der Wettstreit gewiefter Illusionisten. Sie täuschten ein Ereignis vor, welches sich in Wahrheit nicht durch die scheinbare Verwandlung gewöhnlicher »Stäbe« (heutigen Zauberstäben durchaus ähnlich) in »Schlangen« offenbarte, sondern auf geheimen Tricks basierte. Pech für die in den Diensten des Pharaos stehenden Magier war es

letztlich, daß Aaron einen offensichtlich *höheren* Ausbildungsgrad erreicht hatte – wie das auch bei modernen Varietékünstlern vorkommt.
Die Beherrschung magischer Demonstrationen war in alter Zeit nicht allein darauf abgestimmt, ahnungslosen Zuschauern perfekte Illusionen vorzugaukeln (auch wenn das sicher vorgekommen ist). Magie diente auch kultischen Zwecken und war keineswegs nur ein billiger Hokuspokus. Magie war vielmehr eine wissenschaftliche Disziplin. Jene aber, die sich ihrer beruf(ung)sbedingt bedienten, waren um den Preis ihres Lebens dazu angehalten, das Erlernte und die Methoden seiner Anwendung in der Öffentlichkeit geheim zu halten, über alles zu schweigen, was die Kenntnis magischer Sprüche erforderte.

Voodoo im Alten Reich

In Ägypten wurde damals jeder Art (und Abart) von Magie gehuldigt. Aus aufgefundenen Texten aus der Zeit der *Hyksos* läßt sich entnehmen, daß unter der Hohenpriesterschaft auch die sogenannte »Schwarze Magie« ebenso eifrig ausgeübt wurde, wie ihr positiver Gegenpol, die »Weiße«. Beides diente vor allem ideologischen Interessen, wurde gegebenenfalls aber auch in den Dienst der Staatspolitik gestellt und dafür herangezogen, Ägypten und seine Regenten vor den Angriffen ausländischer Feinde zu beschützen. Dazu zählten ganz bestimmte Zaubersprüche – »Verwünschungen« –, doch beanspruchte man auch gerne eine Methode, die uns an ein noch heute angewandtes magisches Verfahren erinnert. Ein Verfahren allerdings, das fern von Ägypten Volksgut geworden ist:
Auf der Insel *Haiti*.
Seine Geisterreligion kam aus dem Nahen Osten. Oder hätten Sie erwartet, den unheimlichen *Voodoo*-Kult ausgerechnet auf ein magisches Zeremoniell im Alten Reich zurückführen zu müssen?

Dort griff man in kriegerischen Zeiten, wenn die Gefährdung von außerhalb der Staatsgrenzen wieder mal überhand zu nehmen drohte und feindliche Armeen sich anschickten, zerstörerisch landesweit einzufallen, zu einem besonders probaten Mittel, um der Gegner Einhalt zu gebieten. Dann formten Priester-Magier kleine Figürchen aus *Wachs* und griffelten darauf die Namen jener, deren sie sich auf diese außergewöhnliche Weise zu entledigen trachteten. Das waren entweder jene von feindlichen Fürsten, die die Invasoren befehligten, oder die der kriegslüsternen Völker, die sich als Okkupanten betätigten. Aber auch bei der Mehrzahl interner Auseinandersetzungen – etwa bei Aufständen gegen die Regierungsmacht – wurde die ominöse Wachspuppenmagie angewendet.

Hatte man die Figürchen erst einmal beschriftet, wurden sie *mit Nadeln durchbohrt*, mit den Füßen zerstampft, ins Feuer geworfen oder in einer Ecke vergraben. Auf diese Weise war man sich gewiß, auch lebende Vorbilder unschädlich gemacht zu haben.

Behaupte niemand, hier habe es sich bloß um eine unwirksame, kindische Verhaltensweise gehandelt. Zauberei wurde im alten Ägypten von jeher ernst genommen, und nicht allein die Menschen vertrauten sich ihrem Schutz an – auch »Götter« waren sich nicht zu gut, Magie als Abwehrmittel gegen unliebsame Widerparts (so ist überliefert) anzuwenden. Wie so vieles, wird auch sie auf den Meister allen Wissens, *Thot*, zurückgeführt. Eine Spruchweisheit jener Tage wird ihm zugeschrieben: »Gott hat den Menschen die Zauberei gegeben als Waffe, damit sie sich vor allem Unheil schützen können.«

Auch Voodoo – oder wie der magische Vorläufer des haitischen Kults auch immer geheißen haben mag – war so eine Waffe, die von der Priesterschaft zur Wahrung ihrer Interessen sowie jener des Landes herangezogen wurde. Und wie wir durch Zeugen von der Antilleninsel wissen, scheint sich die von Haitis Eingeborenen angewandte Methode der Verbrennung von Wachspuppen, die Stammesfeinden nachgebildet worden waren, sowie deren Traktierung mit langen spitzen Nadeln keineswegs als wirkungslos erwiesen zu haben. Gegner klagten über undefinierbare Schmerzen, schieden oft auf geradezu mysteriöse Weise aus dem Leben. Muß also Voodoo im ursächlichen Sinn auf *Thot*, den Meister der Magie, zurückgeführt werden? Handhabte er auch die »Schwarze Kunst«? Die Antwort darauf finden wir im »Totenbuch«. Sie entlastet Thot auf das nachdrücklichste.

Im 7. Kapitel findet sich eine Abwehrformel:

»Böswilliges Wesen von Wachs,
Das du dich labst an der Schwachen Vernichtung,
Wisse, weder ein machtloser Schwächling bin ich,
Noch eine erschöpfte Seele, verwelkte. Nicht
einzudringen vermag in meine Glieder dein Gift.
Denn mein Körper ist Tums eigener göttlicher Leib.«

XI
Dendera spricht!

Als wir vor etlichen Jahren zum erstenmal Dendera besuchten, seine künstlerisch vollendeten und dennoch höchst rätselhaften Reliefabbildungen in einer der noch geöffneten Tempelkrypten bestaunten, waren wir zuversichtlich gewesen, über alle diese merkwürdigen Darstellungen an den Wänden die entsprechende Erläuterung zu erfahren. Zu jenem Zeitpunkt bestand für uns kein Zweifel daran, von erfahrenen Ägyptologen Aufklärung darüber zu erhalten, worin die Bedeutung des hieroglyphischen Nachlasses der Alten früherer Tage liegen würde.

Optimistisch gingen wir deshalb an die Aufgabe heran, jene Spezialwissenschaftler für die altägyptische Geschichte zu befragen. Uns interessierte die direkte Aussage der unterirdischen Runen des Hathor-Heiligtums. Wohlweislich hatten wir deshalb bereits vor dem Antreten unserer Reise ins Land der Pharaonen ein Schreiben mit verschiedenen Rückfragen verfaßt. Damit konfrontierten wir einen aus Österreich gebürtigen Ägyptologen:

Professor Dr. *Erich Winter*.

Wir hatten außerdem mit dem an der Universität in *Trier* tätigen Wissenschaftler auch einen telefonischen Kontakt hergestellt – und waren hocherfreut, als wir bei unserer Rückkehr die Antwort vorfanden.

Die allerdings überraschte und enttäuschte uns gleichermaßen, obwohl wir während unseres Aufenthaltes in Ägypten gewissermaßen »vorgewarnt« worden waren. Dr. *Fawzi Soueha*, damals noch Direktor des Kairoer Museums für prähistorische Medizin und Pharmazeutik, hatte uns zu verstehen gegeben:

»Meine Herren, nehmen Sie zur Kenntnis: Unsere hieroglyphischen Schriftzeichen haben sich im Verlauf einer dreitausendjährigen Geschichte unseres Landes sicher MEHRERE MALE GEÄNDERT *– und außerdem muß hierbei berücksichtigt werden: Die Hohenpriester des Alten Reiches beherrschten zu ihrer Zeit eine Art* GEHEIMSCHRIFT, *mit deren Hilfe es ihnen möglich war, ihr umfangreiches Wissen, ihre überdurchschnittlichen Kenntnisse, vor dem einfachen Volk und der übrigen Welt zu verbergen.«*

Ähnlich äußerte sich auch Professor *Winter*. Er ließ uns wissen:

»Ihre Anfrage betrifft überaus interessante Darstellungen, zu denen die Ägyptologie bisher zwar Einzelheiten kennt, der religionsgeschichtliche Rahmen jedoch, aus dem heraus diese (auf den Reliefs von Dendera sichtbaren) Szenen erklärt werden können, liegt aber noch weitgehend im Dunkeln, wie überhaupt die Bedeutung der Krypten in den spätägyptischen Tempeln (von denen nur die in Dendera Reliefs und Inschriften tragen). – Schlagworte wie Magazinsräume auf der einen Seite und Mysterienräumlichkeiten auf der anderen Seite bleiben solange ohne wirkliche Aussage, als es an Einzeluntersuchungen fehlt, diese Schlagworte im Hinblick auf die spezielle Situation der spätägyptischen Theologie näher zu umschreiben. – Ähnliches gilt auch für die von Ihnen genannten Inschriften. Bisher sind sie noch nicht übersetzt, da wir erst seit wenigen Jahren über eine verläßliche Edition der Inschriften durch CHASSINAT-DAUMAS *verfügen. Eine wissenschaftlich vertretbare Übersetzung müßte sehr weit verzweigtes verwandtes Material heranziehen und könnte etwa innerhalb einer Dissertation vergeben werden, bei der man annimmt, daß sich der Student zwei Jahre lang intensiv damit beschäftigen kann. – Ich selbst könnte mir vorstellen, daß mich das Thema in einem Forschungs-Freisemester, also sechs Monate lang, recht gut ausfüllen und auch interessieren würde.«*

Einer *»aus dem Ärmel geschüttelten«* Erstübersetzung wollte jedoch Professor Winter (wie er uns damals klarzumachen versuchte) nichts abgewinnen, weil derlei in seinen Augen nichts anderes sei als *»Dilettantismus, mit dem Ihnen nicht gedient wäre«*.

Seit diesem Brief ist viel Wasser den Nil hinuntergeflossen. Wir unternahmen weitere Studienreisen nach Ägypten, besuchten natürlich (und vor allem) den Hathortempel Denderas, und brachten so manch brauchbares Material in Bild und Schrift nach Hause. Nur in einer Hinsicht traten wir auf der Stelle: Was eine etwaige Erstübersetzung der »kryptischen« Hieroglyphen betraf, tat sich nichts Neues...

Also versuchten wir es abermals über unsere Informationsquelle in Trier. Wieder flatterte ein Briefchen in die deutsche Universitätsstadt zu Professor Dr. Erich Winter. Darin baten wir um letzte Neuigkeiten in der Hieroglyphenforschung – Stichwort Dendera. Würde uns der Ägyptologe auch diesmal antworten?

Er tat es. Am 21. März des Vorjahres erreichte uns Winters Schreiben – und nicht nur das: Der Herr Professor hatte dem Brief auch den kopierten Text eines Kollegen aus seiner Gilde beigelegt. Jener Ägyptologe, Professor *Dieter Kurth*, geht darin in knapper Form auf Wandgravuren in den Krypten des Hathortempels ein. Insbesondere befaßt er sich mit einer Reliefdarstellung in der Krypta Süd 1 c, Nordwand. Nach der Benützung von entsprechenden Beischriften kommt Kurth zu dem Ergebnis, *»daß es sich bei den Darstellungen um Abbildungen der heiligen Götterfiguren handelt, die während der Tempelfeste von den Priestern mitgeführt wurden«*.

Allerdings scheint sich Kurth seiner Sache nicht völlig sicher zu sein, sonst hätte er wohl kaum die Vermutung geäußert:

»Wahrscheinlich bewahrte man diese rundplastischen Figuren in den Krypten des Tempels; denn die Beischriften enthalten Angaben zu dem für sie verwendeten Material (z. B. Gold) und zu ihrer Größe (die Schlange auf der Lotosblüte in der Barke hatte eine Größe von vier Handbreiten).«

In seinem Brief machte uns Professor Winter allerdings Hoffnungen, wonach eine Übersetzung der Hieroglyphentexte Denderas in Aussicht stünde. Angeblich sei eine Bearbeitung der Inschriften als Dissertation an einer deutschen Universität in Arbeit, teilte er uns mit. Er würde im Laufe der nächsten Monate vermutlich Näheres erfahren und dann dem Betreffenden von unserem Interesse an seiner Arbeit Mitteilung machen.

Das klang zwar hoffnungsvoll aber reichlich nebulos, und wir besaßen zudem keinerlei Anhaltspunkte, *wo* wir den jungen Mann aufspüren konnten. Aber wie es schon vor Jahren ein deutscher Schlagertitel verkündete – Wunder gibt es immer wieder... Und so ein »Wunder« schneite uns bereits drei Monate nach Professor Winters Antwort in Gestalt eines Briefleins ins Haus. Abgesandt von einem uns freundschaftlich verbundenen Informanten aus Hamburg – *Eberhard Schneider*. Er wurde für uns zum kaum noch erwarteten »missing link«, zum *fehlenden Glied in der Kette*, und seine Zeilen machten wieder Mut:

»Soeben – 28. 5., 20.50 Uhr – habe ich mit dem Ägyptologen Wolfgang Waitkus... gesprochen..., um mich noch einmal nach dem Stand seiner Dendera-Hieroglyphen-Übersetzung zu erkundigen. Die Arbeit (für eine Promotion) ist fast fertig, wird vielleicht ab Juli zur Verfügung stehen – aber als ich konkret fragte, ob es irgendwelche Hinweise darauf gebe, daß die... Gegenstände mit den Schlangen eventuell elektrische Lampen sein könnten, antwortete er mir: Er sei nicht nur Ägyptologe, sondern auch Naturwissenschaftler, und er könne mir versichern, daß das mit der Elektrizität ›alles Humbug‹ sei – die Objekte seien durchweg ägyptologisch zu erklären...«

Waitkus' negative Beurteilung unserer Elektrizitäts-Hypothese bereitete uns keinen Kummer. Viel wichtiger war es, endlich zu wissen, an *wen* wir uns bezüglich nunmehr konkret vorliegender Übersetzungen der bislang unbekannten

Schriftzeichen Denderas wenden konnten. Der erste Versuch eines Kontakts wurde – A. G. Bells Telefon sei gedankt – *akustisch* hergestellt. Das kurze Gespräch verlief erfreulich. Wolfgang Waitkus zeigte sich unseren Wünschen gegenüber aufgeschlossen, wollte aber zuerst die ihm übergeordnete Instanz, seinen »Doktorvater«, fragen, ob gegen eine Veröffentlichung von Auszügen aus seiner Doktorarbeit (was die Hieroglyphen auf den »Glühbirnen«-Reliefs betraf) nichts einzuwenden wäre. Die Hürde wurde genommen, Waitkus' Doktorvater Professor Kurth hatte nichts dagegen. Daher sind wir in der Lage, *erstmals* wichtige Abschnitte dieser aktuellen Dissertation über die Aussage der Denderatexte unseren Lesern zugänglich zu machen.

»Sherlock Holmes« und das Hathor-Rätsel

Bevor wir uns den Übersetzungen aus dem Hathortempel zuwenden – ein kurzer, formloser »Steckbrief« jenes Mannes, dem die Ägyptologie insgesamt einen wichtigen Meilenstein auf ihrem langjährigen Forschungsweg zu verdanken hat. Ebenso aber auch wir, die wir uns bemühten, das in diesem Buch abgehandelte Thema über Ägyptens Frühgeschichte in unkonventioneller Weise nach unserem Gutdünken zu analysieren. Uns vermittelte Dr. Waitkus in jedem Fall eine Fülle neuer, zielführender Erkenntnisse.

Wolfgang Waitkus, Jahrgang 1953, ist deutscher Staatsbürger. Er lebt in Hamburg, und wurde dort zum Diplom-Physiker ausgebildet. Im vergangenen Jahr promovierte Waitkus mit einer mehr als zweihundertseitigen Dissertation über die Bedeutung hieroglyphischer Inschriften in den unterirdischen Katakomben von Dendera zum Doktor der Philosophie.

Zwar gab es schon vor einigen Jahren einen Versuch von ägyptischer Seite, die »kryptischen« Runen Denderas zu entziffern – doch ist seither Gras über die Sache gewachsen. Deshalb muß Dr. Waitkus dieses Verdienst zugesprochen werden, und er darf sich – zumindest im europäischen Raum – als

Pionier auf diesem Gebiet sehen. Auch wir gratulieren ihm zu seiner Leistung, obwohl wir wissen, daß unsere im Buch vertretene Auslegung der ägyptischen Vorzeit erheblich von jener des Hamburger Ägyptologen abweicht.
Hier nun *Waitkus'* Übersetzung der auf verschiedenen Wandreliefs neben oder über szenischen Darstellungen sichtbaren Hieroglyphen. Auch wir haben uns bemüht, den »Hintersinn« der ins Deutsche übertragenen Dendera-Texte zu interpretieren. *Unsere* Auslegung folgt jeweils im Anschluß an übersetzte Passagen.

»NORDWAND (Krypta Süd 1 c)
Worte zu sprechen von Ihi, dem Großen, dem Sohn der Hathor, dem erhabenen Kind des Auges des Rê: ›Ich habe dein Herz erfreut mit Herrlichkeiten für deine Gestalt und ich habe vertrieben die Wut mit Sprüchen.‹ «

Der erste Absatz bezieht sich auf »Ihi«, »Hathor« und »das Auge des Rê«. Wir wissen, daß hinter diesen Schlagworten tiefgreifende Aussagen stehen. Es sind vereinfachte Bezeichnungen für bestimmte Eigenschaften, besondere Vorkommnisse oder Gegenstände. »Ihi« war der Sohn der »Hathor« und wird mit dem Luftgott verglichen. Ebenso war er die Verkörperung des »Symbols für einen neuen Anfang«.
»Hathor« wiederum wird mit dem »Auge des Rê« gleichgesetzt, oft auch als »Sonnenauge« bezeichnet. Ägyptologen schließen daraus, daß damit die Sonne selbst gemeint war. Eine Annahme, die man bezweifeln darf. »Das Auge des Rê«, das mit bestimmten Eigenschaften behaftet war und fliegen konnte, muß ein höchst seltsames Gefährt gewesen sein. Dies bestätigen zahlreiche altägyptische Texte. Im Papyrus »Kufi« wird das Aussehen des »Sonnenauges« deutlich beschrieben, und wir lesen dort: »Ihre Oberfläche rauchte von Feuer. Ihr Rücken hatte die Farbe von Blut, ihr Antlitz glänzte wie die Sonnenscheibe, ihr Auge glühte von Feuer. Ihre Blicke loderten wie eine Flamme, indem sie Feuer auswarfen wie die Sonne am Mittag... Sie glänzte davon ganz.«

Ist »Ihi« ebenfalls nur die Umschreibung für einen Gegenstand? Ist damit womöglich ein »Leuchtkörper« gemeint? Wenn dem so ist, könnte sich das »Gerät« im »Auge des Rê« befunden haben, daraus entnommen und nach Dendera gebracht worden sein. Daher auch die Bezeichnung »Sohn der Hathor, erhabenes Kind des Auges des Rê«.
Um eine bestimmte Erscheinungsform des »Ihi« zu bewirken – in dem Text ist von einer »Gestalt« die Rede –, wurde »die Wut mit Sprüchen vertrieben«. Wenn man das als Hinweis auf die Gefährlichkeit des dargestellten Phänomens, nämlich der Elektrizität, deutet, folgt daraus, daß mit Hilfe von Sprüchen (Formeln) und richtiger Handhabung des Gerätes die mögliche Gefahr gebannt werden konnte.
Was aber war mit den »Herrlichkeiten« gemeint, die »sein Herz« erfreuten? Dahinter steckt ohne Zweifel mehr als nur ein Ausdruck der Freude. Offensichtlich waren diese »Herrlichkeiten« erforderlich, um die »Gestalt« zu erreichen und die »Wut« (der elektrischen Entladung) zu »vertreiben«. Waren also diese »Herrlichkeiten« Umschreibungen für bestimmte Details, die sich im »Herz« des Gerätes, vielleicht im »Energiespeicher« befanden. Der folgende Absatz enthält hierzu einen weiteren Hinweis:

»Der König von Ober- und Unterägypten, Sohn des Rê: ›Ich bin zu Dir gekommen, Schöne (?) (...) Herrscherin von Ägypten. Ich habe deinen Ka geschützt mit (?) dem Abbild (...) mit den Herrlichkeiten des Gottes.‹«

Der »Sohn des Rê« ist erschienen, um den »Ka« einer Person oder eines vergöttlichten Gegenstandes zu »schützen«. Bemerkenswert die Bedeutung von »Ka«: Es wurde mit »Lebenskraft«, »Persönlichkeit« und »Eigenheit« gleichgesetzt. Außerdem, so heißt es, sei von »Ka« auch »Mächtigkeit«, »Stärke«, »Zauberkraft«, »Sehen«, »Hören« und »Erkennen« ausgegangen. Diese Lebenskraft mußte geschützt werden, und zwar (laut Text) mit dem »Abbild« und mit den »Herrlichkeiten des Gottes«.

Was war damit gemeint? Sollte damit der Schutz des Gerätes ausgedrückt werden? Ist seine »Lebenskraft« mit dem Funktionieren der Elektroanlage gleichzusetzen?

»Worte zu sprechen von Hathor, der Großen, Herrin von Dendera, dem Auge des Rê, Herrin des Himmels, Fürstin aller Götter, der Scheibe im Himmel, die die Erde erhellt, deren Willen die Sterne folgen.«

Dieser Absatz enthält eine besondere Huldigung für die Göttin »Hathor« – treffender gesagt: auf jenen seltsamen Flugkörper, der ihren Namen trägt: »Das Auge des Rê«.
Ein Hinweis auf »Licht« findet sich in der Zeile »...der Scheibe am Himmel, die die Erde erhellt...«

»Worte zu sprechen von Harsomtus, dem großen Gott, der in Dendera weilt, lebender Ba im Lotos der Tagesbarke.«

Neben »Ihi« (dem Leuchtkörper?) wird auch »Harsomtus« als »Sohn der Hathor« genannt, oft mit »Horus« gleichgesetzt. »Harsomtus« wird als »Mumie mit Menschenkopf«, »Mann mit Falkenkopf und Sonnenscheibe« oder »schlangenförmig« abgebildet. Diese »Gottheit« ist auf den Dendera-Reliefs als jene »Schlange« dargestellt, die Dipl.-Ing. Garn, unser Elektroexperte, für eine »elektrische Entladung« hält. »Harsomtus« als Identifikation für die Leuchtkraft in der Glasbirne unseres Modells (Ihi?). Dazu die Übersetzung: »Harsomtus... lebender Ba im Lotos...« Ähnlich äußerte sich schon 1983 Professor *Kurth* in einem Übersetzungsversuch: »Lebender Ba, eine Schlange, die sich auf ihrem Schwanz aufgerichtet hat.« Und weiter: »Harsomtus in Gestalt einer Schlange verläßt den sackartigen Behälter.«
Ursprünglich wird »Ba« mit der »Erscheinungsform eines Wesens« gleichgesetzt, später auch als »Seele« interpretiert. Und vom Lotos heißt es, er sei »die Blüte, aus der Licht hervorging«. Die Blume steht dem Wasser und dem Feuer, der chaotischen Finsternis und dem göttlichen Licht gleich nahe.

Der Lotos ist »das Sinnbild der aus der Nacht hervorbrechenden Sonne«. Beschreibungen, die durchaus geeignet sind, unsere Elektrothese zu stützen.
Tatsächlich entspringt auch im Modellversuch die »Schlange« aus der mittleren Spitze der Lotos-Blüte (denn dort ist die Feldstärke am größten) und richtet sich scheinbar auf ihrem Schwanz auf, bis die ganze Birne in Helligkeit erstrahlt. »Harsomtus« wurde somit zum »lebenden Ba«.

»Text zur Barke und dem Lotos: (Tagesbarke und Lotos von Gold)
Text zur Schlange: (Metall, Höhe 4 Handbreit)
Text zur Person die den Lotos hält: (Gold)«

Ist der Gedanke absurd, wonach die Reliefs in Dendera geschaffen wurden um elektrotechnische Kenntnisse bildhaft zu dokumentieren? Dazu der Wiener Ägyptologe *Helmuth Satzinger*: »Nicht absurd, aber falsch. Religiöse Darstellungen in Ägypten (Tempel, Gräber) sollen nicht informieren, sondern wirken.«
Wenn aber die Reliefs bloß »Phantasieprodukte« zeigen, dann fragt man sich, weshalb die Texte genaue Maße und Materialien bekanntgeben? Wenn es zu der »Schlange« beispielsweise heißt, ihre Gestalt sei »Metall, Höhe 4 Handbreit« gewesen. Dies sind durchaus konkrete Informationen, die von den Relief-Verfertigern gewiß nicht bloß aus einer Laune heraus, sondern offensichtlich bewußt angegeben wurden. Daß jene Reliefs mehr zeigen als bloß eine abstrakte Szene, scheint auch Professor *Kurth* erkannt zu haben, wenn er feststellt: »Wahrscheinlich bewahrte man diese rundplastischen Figuren in den Krypten des Tempels; denn die Beischriften enthalten Angaben zu dem für sie verwendeten Material (z. B. Gold) und zu ihrer Größe.«
Die Übersetzung für Barke (schlauchartiger Strang) und Lotos (Birnenfassung) lautet »Tagesbarke und Lotos von Gold«. Das muß nicht allein nur heißen, daß das Beschriebene aus »Gold« gefertigt worden war. Gold, heißt es in alten

Texten, sei »das Fleisch der Götter«, verleihe »Unsterblichkeit« und sei ein »göttliches Metall«. »Hathor« selbst wird als Verkörperung des »Goldes« angesehen. Gold ist das strahlendste, daher auch das »schönste« Metall. »Schönheit« wiederum wird mit »Strahlung« gleichgesetzt. »Gold« kann aber auch einen Hinweis auf die Kostbarkeit, auf den besonderen Wert eines Objektes darstellen: Ein Objekt, das wegen seiner Einmaligkeit gut geschützt werden mußte. Ein solcher Gegenstand könnte also durchaus auch ein Glaskolben mit geheimnisvoller Leuchtkraft gewesen sein.

»NORDWAND (Krypta Süd 1 c)
Worte zu sprechen von Harsomtus, dem großen Gott, der in Dendera weilt, dem Falken mit verhüllten Flügeln. (Gold, Höhe 1 Elle)«

In diesem Absatz erfährt man, daß der »lebende Ba« (Harsomtus = Schlange = elektrische Entladung) noch nicht sichtbar ist, sich also offenbar noch im Lotos verborgen hält. »Harsomtus« zeigt sich als »Falke mit verhüllten Flügeln«. Falkenfedern werden mit »Lichthaftigkeit« interpretiert und gelten – wie der Falke selbst – als »Lichtsymbol«. Daß diese Lichterscheinung »verhüllt« ist, könnte darauf hindeuten, daß unser Leuchtkörper noch nicht in Tätigkeit war.

»*Worte zu sprechen von Harsomtus-das-Kind, dem Sohn der Hathor, dem schönen Kind der Goldenen, dem Herren des Musizierens für seine Mutter das Auge des Rê, der geliebt wird von der großen Neunheit wenn sie ihn sieht, der das Abbild des Reharachte ist, dem herrlichen Kind des Verborgen-ist-sein-Name.* ①«

»Harsomtus« (die Leuchterscheinung) wird hier als »das Kind« bezeichnet. Ein offensichtlicher Hinweis darauf, daß die »Schlange« ihre volle Leuchtkraft noch nicht erlangt hat. »Harsomtus« wird ja erst »groß« – deshalb die Bezeichnung »das Kind«. Er wird außerdem als »schönes Kind der Goldenen« tituliert. Wie bereits erwähnt, wird »Schönheit« mit »Strahlung« gleichgesetzt. »Harsomtus« gilt aber ebenso als der »Herr des Musizierens«. Möglicherweise eine Anspielung auf bestimmte Geräusche, die mit der Leuchterscheinung in Zusammenhang gebracht werden können: z. B. »Rasseln« oder »Zischen«.

Weiter lesen wir, daß »Harsomtus« auch »geliebt wird von der großen Neunheit, wenn sie ihn sieht«. War damit die Priesterschaft gemeint, die in Heliopolis ihren Götterdienst verrichtete? Oder aber läßt sich die Bezeichnung mit der »ältesten Neunheit«, den »Göttern des kosmogonischen Systems«, in Einklang bringen, von denen jeder für sich seine besondere Bedeutung hatte? ATUM an der Spitze, gefolgt von SCHU, TEFNUT, GEB, NUT, OSIRIS, ISIS, SETH und NEPHTHYS? Oder waren auch das bloß die Umschreibungen für bestimmte Funktionen oder besondere Eigenschaften? Jede sogenannte »Gottheit« hat seine Eigenarten und Fähigkeiten, die mit seinem Namen in enger Verbindung stehen. Nicht übersehen werden darf in diesem Zusammenhang, daß personifizierte Götter nicht unbedingt Wesenheiten waren, sondern daß die altägyptische Priesterschaft (und mit ihr natürlich auch das Laientum im Volk) bestimmte Dinge – Gegenstände von besonderer Bedeutung – zunehmend zu »vergöttern« begann, so daß diese Objekte ihr Eigenleben bekamen und zu »Subjekten« mutierten.

ATUM – gründete die »Neunheit« und wird als »der Vollendete« und als »der Nichtseiende« bezeichnet. Er soll den Sonnengott Rê geschaffen haben, als dieser aus den Blütenblättern einer Lotosblume emporstieg. Dies in Gestalt des »Benu-Vogels«, der uns besser als »Phönix« geläufig ist. Seltsam, daß ausgerechnet »Phönix« mit »feuerglänzend«, »leuchten« und »aufgehen« übersetzt wird. Atum wird gelegentlich auch als Schlange dargestellt.

SCHU – steht für »erhaben« und soll auch »leer« bedeuten. Er war der »Luftgott«, wurde aber auch für den »Gott des Lichts« gehalten. Manche alten Texte setzen Schu mit »Reharachte« gleich.

TEFNUT – war die Göttin des »lebenspendenden Taus«, und wurde mit »Feuchtigkeit« in Verbindung gebracht.
GEB – ist das Element der Erde. Er soll ein Ei gelegt haben, aus dem die Sonne als »Benu-Vogel« (Vogel des Lichts) ausgeschlüpft sei. Eine Geb-Legende besagt folgendes: »Geb entschloß sich, die Uräusschlange auf den Kopf zu setzen und streckte die Hand aus, um die Kiste zu öffnen, in der die Schlange gehalten wurde. Die Schlange hauchte aber sofort tödliches Gift aus, alle Diener von Geb gingen davon zugrunde, Geb selbst erlitt Brandwunden und bekam hohes Fieber.«
NUT – war die Himmelsgöttin und galt als Mutter des Sonnengottes Rê, da man glaubte, sie verschlucke jeden Abend die Sonne und gebäre sie an jedem Morgen von neuem. Nut wurde somit zum Symbol der »Wiedergeburt«.
OSIRIS – wird mit »einen Thron schaffen« übersetzt, aber auch als »Sitz« oder »Macht des Auges«. Er wird ebenso mit dem Djed-Pfeiler gleichgesetzt und somit mit dessen Attributen ausgestattet: den Symbolen für »Kraft«, »Dauer« und »Beständigkeit«.
ISIS – bedeutet »Sitz« oder »Thron«. Sie war »die große Zauberin« und verkörperte alle »magischen Kräfte«.
SETH – wird als Fabelwesen angesehen. Er war der »Gott der Wüste« sowie der »Fremde«, dem Zauberkräfte nachgesagt wurden. Seth wurde zumeist mit dem »Bösen« und mit »Gefahr« in Verbindung gebracht.
NEPHTHYS – wird als »Hausherrin« bezeichnet. Sie war die Schwester der Isis und wurde als »Beschützerin der Toten« angesehen.
Auf den Dendera-Text bezogen würde das bedeuten, daß mit der Erwähnung der »Großen Neunheit« auf bestimmte Eigenschaften, Elemente und Funktionen verwiesen wird. Wenn das Zusammenspiel dieser Elemente funktioniert, wird »Harsomtus« (die Leuchterscheinung) von der »Neunheit« sozusagen »geliebt«. Offenbar wurde erst auf diese Weise dessen wahre Gestalt ermöglicht. Noch scheint sich unsere Lichtquelle erst im Entstehen zu befinden, denn die

»Schlange« hat das »Abbild des Reharachte« angenommen, »dem herrlichen Kind des Verborgen-ist-sein-Name«.
Wer oder was verbirgt sich hinter »Reharachte«? Dazu die mythische Erklärung: »Harachte, dessen Name ›Horus vom Horizont‹ bedeutet, ist die Gestalt, unter der Horus als Gott des Lichts – eine seiner alten Funktionen – verehrt wurde.«
»Harsomtus« hat also hier die Gestalt des Lichtgottes »Reharachte« angenommen. Im nächsten Augenblick tritt er aus seiner »Verborgenheit« hervor.

»Du erleuchtest mit der Uräus-Schlange das Land von Dendera, in dem Leben, Djed und Heil für deinen Schutz (bestimmt) sind. Du herrschest über die beiden Länder, wenn du im Tribunal gerechtfertigt bist und das Vermächtnis des Rê unter deiner Aufsicht ist. ②«

Hier gibt es einen Direktbezug zur Schlangendarstellung auf den Dendera-Reliefs. »Uräus« ist griechisch und bedeutet ägyptisch »Die sich *Aufbäumende*«. »Die Schlange gehört zu den Tieren, deren Symbolik die grellsten Kontraste aufweist. Ihre Schnelligkeit, glitzernde Schönheit, ihre Unheimlichkeit und Gefährlichkeit rufen Verehrung und Abscheu hervor«, schreibt *Manfred Lurker* in seinem Buch »Götter und Symbole der alten Ägypter«. Eigenschaften also, mit denen ebenso das Phänomen der Elektrizität beschrieben werden könnte. Entladungsgeräusche, die bei Korona- oder Sprühentladungen vor einem Überschlag entstehen, könnten unisono auch als Zischlaute (wie bei Schlangen) gedeutet werden.
Der Text hebt außerdem eine besondere Schutzfunktion hervor, liest man doch, daß »das Vermächtnis des Rê unter deiner Aufsicht ist« und »Leben, Djed und Heil für deinen Schutz (bestimmt) sind«. Demnach mußte also »Harsomtus« erst »geschützt« werden. Ein möglicher Hinweis auf den Glaskolben, in dem sich die Lichtquelle bemerkbar machte? Oder wollte man damit vor allem zum Ausdruck bringen, daß das ganze Gerät besonders geschützt werden mußte und deshalb »unter Aufsicht« stand?

»Worte zu sprechen von Harsomtus, dem großen Gott, der in Dendera weilt, der aufgeht aus dem Lotos als lebender Ba, dessen Vollkommenheit erhoben wird von den Abbildern (Statuen) seines Ka, dessen Abbild gehandhabt wird von der Mannschaft der Tagesbarke, dessen Leib der Djed-Pfeiler trägt, unter dessen Abbild die Uranfängliche ist und dessen Majestät die Genossen seines Ka tragen. (Gold, Höhe 1 Elle) ③«

»Harsomtus« ist aus dem Lotos hervorgegangen als »lebender Ba« (Erscheinungsform eines Wesens) und »hat sich in Gestalt einer Schlange auf ihrem Schwanz aufgerichtet« (Prof. *Kurth*). Diese zeigt sich in der »erhobenen Vollkommenheit seines Ka« (Ka = Lebenskraft, Zauberkraft, Mächtigkeit usw.). Ein »Bild«, eine Erscheinungsform, die »gehandhabt wird von der Mannschaft der Tagesbarke«, gestützt vom isolatorähnlichen »Djed-Pfeiler«, dem Symbol für »Kraft«, »Dauer« und »Beständigkeit«.
Vom »Bild der Vollkommenheit« ist hier die Rede, von »Harsomtus«, der nun *kein* Kind mehr ist, sondern als »großer Gott« erscheint. Die »Glühbirne« hat ihre »vollkommene« Leuchtkraft erlangt. Unsere Elektrothese wird aber auch durch das Faktum gestützt, daß es sich hier um den Text zu jenem Relief handelt, welches Dipl.-Ing. Garn als Vorlage für sein »Glühbirnen«-Modell diente, mit dem

ihm erfolgreiche Versuche gelangen. Dazu *Garn*: »Während die anderen Abbilder nur Details und Vorgänge wiedergeben, ist vom elektrotechnischen Standpunkt her jenes Relief am genauesten, bei dem die Arme des ›Djed-Pfeilers‹ in die ›Glühbirne‹ hineinreichen. Die ›Schlange‹ ist, mit Ausnahme der Kopfbiegung, so dokumentiert, wie eine elektrische Entladung zu verlaufen hat. Eine echte Schlange würde sich nie wie auf dem Relief dargestellt fortbewegen.«

»Dein Name ist vollkommen als Upu (Affe), dein Gesicht ist das einer Kröte: ›Ich habe Deine Feinde zur Erde gemetzelt mit dem Messer, und ich fälle Deinen Gegner auf der Sandbank.‹ ④«

Die Textstelle bezieht sich auf die Affengestalt, die mit drohender Gebärde neben dem Leuchtkörper auf dem Relief dargestellt ist. Es ist allgemein bekannt, daß der Umgang mit stromführenden Gegenständen nicht ungefährlich ist. Durchaus denkbar, daß der Affengott, der in jeder Hand ein Messer hält, damit auf die Gefährlichkeit des gezeigten Phänomens, auf die Elektrizität, hinzuweisen versucht. Auch der Übersetzungstext läßt dies vermuten: »Ich habe Deine Feinde zur Erde gemetzelt...« Unsachgemäße Bedienung des Gerätes kann zu Stromschlägen und tödlichen Unfällen führen (siehe wiedergegebene Episoden im Alten Testament der Bibel: Beispiel »Bundeslade« – ein israelitischer Kultgegenstand, der als »Lade Gottes« ebenfalls mit Elektrizität in Verbindung gebracht wird).

»NORDWAND (Krypta Süd 1 c)
Worte zu sprechen von Harsomtus, dem großen Gott, der in Dendera weilt, mit geheimer Gestalt der geschützt ist in seinem Schrein. (Gold, Höhe 1 Elle)«

»Harsomtus«, die Energiequelle, »der große Gott... mit geheimer Gestalt« war abgeschirmt, mußte »geschützt« werden, und zwar »in seinem Schrein«. Eine Art Reliquienbehälter, ein Schrank, der nur für ihn bestimmt war. Handelte es sich hierbei vielleicht um einen elektrostatischen Generator? Oder wurde in diesem speziellen Behälter das ganze Gerät verwahrt?

»OSTWAND (Nördliche Hälfte)
Worte zu sprechen von Hathor, der Großen, Herrin von Dendera, dem Auge des Rê, der Herrin des Himmels, Fürstin aller Götter. (Gold, Höhe 1 Elle)«

Lobpreisungen auf die Göttin »Hathor« in Gestalt des »Auge des Rê«. Der Name »Hathor« bedeutet »Haus des Gesichts«. Sie gehört zu den wenigen Gottheiten, die immer mit voll zugewandtem Gesicht dargestellt wurden. Der Name »Horus« (Falkengott) leitet sich von der gleichen Herkunft ab, daher kam es zu einer engen Verbindung zwischen »Hathor« und »Horus«. Die Mythe erzählt, »Hathor« habe den »lebenden Horus gestillt« und »die sterbende Sonne in ihren Armen aufgenommen«. Zweifellos hatte die textliche Hervorhebung des Namens »Hathor« eine besondere Bedeutung. Es gibt Überlieferungen, die davon berichten, daß »Hathors Antlitz mit Strahlenkräften ›aufgeladen‹ « gewesen sei. Gleiches wird auch dem Lichtbringer und Wissenschaftsgott Thot nachgesagt.

»Komme in Frieden, Herrscher von Bergzügen westlich und östlich des Nils. Die Skulpteure (Hersteller des königlichen Brustschmucks) sind hinter dir mit dem was deine Weisung gibt (?). Ich habe empfangen Deine wunderbare Sache welche richtig gemacht ist mit Edelsteinen und ich verjünge mich durch Deine Pläne.«

Hier ist davon die Rede, daß ein »Herrscher« (hinter welchem der Übersetzer Waitkus Ptolemaios XII. vermutet, was wir aber keineswegs voraussetzen. D. V.) darum gebeten wird, »in Frieden« zu kommen. In seinem Rücken befinden sich Skulpteure. Das waren Spezialisten in der Herstellung eines bestimmten »Brustschmucks«, der dem König als *Schutz* diente. Wovor? Vor Stromschlägen? Handelte es sich um ein Kleidungsstück, das es dem betreffenden Benützer ermöglichte, sich elektrischer Gerätschaften unbeschadet zu nähern? Offensichtlich war dieser sogenannte »Brustschmuck« auf Anordnung (»Weisung«) des Herrschers angefertigt worden. Und woher waren die Direktiven gekommen? Fußten sie auf »göttlichen« Überlieferungen? Im Folgenden lesen wir, daß damals »eine wunderbare Sache empfangen« worden sei. Wunderbar deswegen, weil sie »richtig gemacht ist mit Edelsteinen«. Auffallend der nachfolgende Halbsatz »... und ich verjünge mich durch Deine Pläne«.

Da scheint uns der Verdacht gerechtfertigt, wonach nunmehr bestimmte Handlungen gesetzt worden sind, denen »Pläne« (von wem auch immer ausgefertigt) zugrunde lagen. Ging es hier (verschlüsselt wiedergegeben) um das Funktionieren jener »Glühbirne«, wie sie auf den Reliefs des Hathortempels abgebildet sind? Bezieht sich der Satz »Ich habe empfangen Deine wunderbare Sache welche *richtig* gemacht ist...« auf diese Angelegenheit? Jedenfalls könnte der Ausspruch »ich verjünge mich« durchaus ein Fingerzeig dafür sein, daß sich »Harsomtus« wieder verkleinerte, zum »Kind« wurde, um sich danach wieder in die Lotosblüte (Birnenfassung) zurückzuziehen.

Könnte dies alles als Indiz für unsere Vermutung angesehen werden, wonach alles Wissen um die Nützlichkeit und die Gefährlichkeit der Elektrizität auf Instruktionen eines vergötterten Wesens zurückging, und daß deshalb der hier erwähnte Herrscher gewissermaßen weisungsgebunden war, er also nach ganz bestimmten »Plänen« vorgehen mußte?

»SÜDWAND (Krypta Süd 1 c)
Herbeibringen des Amuletts von Gold. (Worte) zu sprechen: ›Dies ist der Schutz deiner Majestät für das Fest, ausgeführt in Gold.‹«

Ein spezielles »Amulett von Gold« wird herbeigeschafft. »Amulette« waren im alten Ägypten weit mehr als bloße Schmuckgegenstände. Den Überlieferungen nach waren sie mit »Zauberkräften« versehen und dienten dem jeweiligen Träger (im besonderen Fall der »Majestät«) als »Schutz«. Beim Aktivieren des Leuchtkörpers mußten ja, wie erwähnt, ganz bestimmte »Weisungen« und »Pläne« befolgt werden, um tragische Verluste (durch Stromschläge) zu vermeiden. Einen entsprechenden Hinweis hierüber finden wir bei Moses im AT der Bibel. Dort mußten die Träger der elektrisch geladenen Bundeslade ebenfalls schützende (isolierende) Kleidung tragen. Jene aber, die es wagten, sich unbefugt und ohne entsprechende Ausrüstung der »Gotteslade« zu nähern, wurden durch Stromschläge schwer verletzt, in mehreren Fällen sogar getötet (siehe IV. »Die Herren von Sinai«). Ähnliche Vorsichtsmaßnahmen mußten auch bei dem altägyptischen Leuchtkörper vorgenommen werden.
Während der rituellen Feste, bei denen »Harsomtus« gezeigt und wahrscheinlich auch in Funktion gesetzt wurde, verabsäumte man es nicht, entsprechende Vorkehrungen zum Schutz der Priester (und selbstverständlich auch des Königs) in die Wege zu leiten.

»Worte zu sprechen von Ihi, dem Großen, Sohn der Hathor, erhabenes Kind mit leuchtendem Zopf: ›Ich erfreue dein Herz mit Herrlichkeiten für deine Gestalt und vertreibe die Wut mit Sprüchen.‹«

»Ihi« könnte also, so meinen wir, die Umschreibung für die gesamte »Glühlampe« gewesen sein, während »Harsomtus« in Gestalt der leuchtenden Schlange als elektrische Funken oder Gasentladungen aufgefaßt werden kann.
Im Übersetzungstext findet sich einmal mehr ein überzeugender Hinweis dafür, daß wir es bei diesen Angaben tatsächlich mit einem Leuchtkörper zu tun haben. (»Ihi... erhabenes Kind mit leuchtendem Zopf...«) Abermals wird das »Herz« unserer Glühbirne mit den hierfür notwendigen »Herrlich-

keiten« erfreut – und alles nur deswegen, um auf diese Weise eine bestimmte Erscheinungsform (»deine Gestalt«) entstehen zu lassen. »Die Wut« (womit mögliche elektrische Schläge gemeint sein konnten) wird aber dann durch perfekte Handhabung des Gerätes »mit Sprüchen« (Anweisungen) vertrieben.

»Der König von Ober- und Unterägypten, Sohn des Rê: ›Ich bin zu Dir gekommen, zu Deiner Stätte (...), Schöne (?) deren Anblick vollendet ist. Ich habe das Amulett aus Gold an die Blüte (?) geknüpft mit Leben am Tage des Festes des (...) deines Leibes (?).‹«

Der König, Sohn des Rê, ist nach Dendera gekommen, um persönlich die »Stätte« des »Ihi« aufzusuchen. Er sieht die Leuchterscheinung (»Schöne, deren Anblick vollendet ist.«), wobei »Schöne« mit Schönheit gleichgesetzt werden kann. »Schöne« ist ebenso als Synonym für »Strahlung«, »Glanz« und »leuchten« anzusehen.
Der König hat also ein bestimmtes »Amulett aus Gold« (das seinen Schutz garantierte) »an die Blüte geknüpft« und somit gewährleistet, daß das Gerät »am Tage des Festes« auch wirklich funktioniert (»mit Leben« erfüllt ist). Die verschiedenen *Fragezeichen*, die Waitkus da und dort in Klammern setzte, machen deutlich, daß (wie uns der Ägyptologe bestätigte) in solchen Fällen »die Übersetzung nicht gesichert ist«. Ergänzend zum Goldamulett sei noch gesagt, daß es sich bei jener »Blüte« mit größter Wahrscheinlichkeit um die *Birnenfassung* des Leuchtkörpers handelte.

»Worte zu sprechen von Isis, der Großen, der Gottesmutter, Herrin von Jat-di, der Uranfänglichen, mit deren Werden die Erde begann, Erhabene, Starke, mit heiterem Gesicht, malachitfarbiger Haut und lapislazulifarbenen Kopf. (Gold, Höhe 1 Elle)«

Isis wurde stets mit »magischen Kräften«, »Zauberei« und »Zaubergeräten« in Zusammenhang gebracht. Die Funktionen der »Glühlampe« waren offenbar ausnahmslos nur den wirklich Eingeweihten des Tempels (den Hohenpriestern) vertraut und verständlich. Priester unterer Rangstufen waren gezwungen, nach höheren »Anweisungen« zu handeln. Derartige Vorgänge waren so stets von der Aura des »Zauberhaften«, »Geheimnisvollen« und »Magischen« umgeben – woraus sich im übrigen die verkörperte Vergöttlichung der Isis abgeleitet haben dürfte.
Isis wird in den meisten Fällen mit verschiedenen Attributen abgebildet: dem »Anch-Zeichen« etwa, oder dem »Isisblut« bzw. »Isisknoten«, kurz »Tet« genannt. Vom »Anch-Zeichen« heißt es: »Trotz vieler Abbildungen wissen die Ägyptologen noch immer nicht genau, welchen Gegenstand das Anch-Zeichen eigentlich wiedergibt. Manche meinen, daß es Sandalenriemen darstellt, aber sicher ist das keineswegs. Die Tatsache, daß kein bestimmtes Material für die Herstellung des Anchs vorgeschrieben war, läßt vermuten, daß sich auch die Ägypter über die Ursprünge dieses Zeichens nicht mehr im klaren waren.« Es wird vermutet, daß das »Anch-Amulett« ursprünglich »irgendeine magische Funktion zum Schutz des Lebens« gehabt haben könnte. Ähnliche Ratlosigkeit verursacht in ägyptologischen Kreisen auch die Bedeutung des »Tet«-Zeichens: »Obwohl der Name zweifellos mit der Göttin Isis in Verbindung stand, ist nicht ganz klar, was das Zeichen bedeutet, das an ein Anch-Zeichen mit herunterhängenden Armen erinnert oder an die Gürtelschleife ägyptischer Göttinnen«, rätselt hier *Robert Brier* in seinem Buch »Zauber und Magie im alten Ägypten«, und auch das »Ägyptische Totenbuch« bleibt uns nähere Angaben über die Bedeutung des »Tet« schuldig. Sein Kapitel 156 beschreibt nur die Funktion, die das Amulett zu erfüllen hatte, dies aber in offensichtlich *verschlüsselter* Form:

»Dein Blut gehört dir, Isis,
deine Zaubermacht gehört dir, Isis,

deine Zauberkraft gehört dir, Isis.
Das Amulett ist der Schutz dieses Großen
und behütet (ihn vor) dem,
der Verbrechen an ihm begeht.«

Bemerkenswert im Isis-Text ist die darin zu findende Bezeichnung »Erhabene, Starke mit heiterem Gesicht, malachitfarbiger Haut und lapislazulifarbenen Kopf«. Hat das etwas zu bedeuten? »Malachit« ist ein Umwandlungsprodukt von Kupfermineralien. Man findet es als Schmuckstein vor allem im Kunstgewerbe. Von *»malachitgrün«* (oder auch »lichtgrün«) spricht man beispielsweise bei der Herstellung eines bestimmten Gegenstandes (etwa einer »Malachitvase«), wenn dieser einen Teerfarbstoff der Triphenylmethanreihe enthält. Hierbei handelt es sich um einen aus Teerprodukten künstlich hergestellten organischen Farbstoff. Die Teerfarbenindustrie zählt heute zu einem der wichtigsten Zweige der Chemietechnik.
Bei »Lapislazuli« (man spricht von *»lapisblau«*) handelt es sich um eine Lasurfarbe, abgeleitet von »Lasurit«. Das ist ein Mineral (und zwar ein schwefelhaltiges Calcium-, Natrium- und Aluminiumsilikat) von prachtvoller blauer Farbe. Es dient als Schmuckstein für kunstgewerbliche Vorhaben (zur Überkrustung, zum Einlegen von Marmor, für Bronzegegenstände usw.). Die Lasurfarbe (Kupferlasur) ist eine glänzende, wenig Farbenpigment enthaltende Farbe, die im Gegensatz zu den Deckfarben den Untergrund durchscheinen läßt. Vereinfacht dargestellt: »Lasur ist ein Überzug aus einer *durchsichtigen* Farbschicht.«
In dem Zusammenhang läßt uns der Hinweis in Dr. Waitkus' Dendera-Übersetzung annehmen, daß mit der »malachitfarbigen Haut« und dem »lapislazulifarbenen Kopf« der durchsichtige *Glaskolben* gemeint war, in dem »Harsomtus« – oder besser noch: *die elektrische Entladung* – in einem bläulichgrünen Glanz erstrahlte. Dieser Farbeneffekt entspricht genau jener Leuchterscheinung, die sich während unseres Modellversuchs durch Dipl.-Ing. Garn offenbarte.

»Worte zu sprechen von Harsomtus, dem großen Gott der in Dendera weilt. (Gold, Höhe 4 Handbreit, in Kupfer die Tagesbarke, der Lotos aus Gold)«

Und wieder ist von »Harsomtus« die Rede, den wir unzweideutig mit der eigentlichen Leuchterscheinung in der sogenannten »Glühbirne« identifiziert haben, wobei im besonderen Fall ein »Lichtbogen« erzeugt wurde. Genaue Maße sowie das Material werden in der Waitkus-Übersetzung genannt. Unter dem »Harsomtus«, dem blasenförmigen Gebilde, ist ein seilartiger Strang zu erkennen, den die Ägyptologen gemeinhin als »Barke« ansehen. Dieser Strang führt von der Birnenfassung (dem »Lotos«) weg und mündet in einen hochgestellten, rechteckigen Behälter, der in ägyptologischer Sprachregelung als »Thron« bezeichnet wird. Angeblich bestand der Strang aus Kupfer.

Eine Annahme, die sich auch mit der von Dipl.-Ing. *Garn* deckt, der hierzu bemerkt: »Die am Seilende befestigte Lotosblume ist, wenn man annimmt, daß es sich um einen leitenden Strang handelt, einwandfrei auf Erdpotential ausgerichtet. Auf jeden Fall liegt der Lotos auf dem Potential der Füße jener dargestellten Personen sowie auf der Grundfläche des Djed-Pfeilers. Das bedeutet, daß das Kabel unter dieser Voraussetzung nicht isoliert gewesen sein muß, sondern auch aus dünnen Metalldrähten bestanden haben könnte.«

Dr. Waitkus' Übersetzung trägt dazu bei, Garns Verdacht zu bestätigen. In Klammern gesetztes Zitat: »Gold, Höhe 4 Handbreit, in Kupfer die Tagesbarke, der Lotos aus Gold.« Kupfer als Kabelmaterial wurde auch bei unserem Modellversuch verwendet.

»Worte zu sprechen von Harsomtus, dem großen Gott der in Dendera weilt, dem Buntgefiederten auf dem Serech-Thron. (Gold, Höhe 1 Elle)«

Treffender könnten die »Lichtspiele« hinter den Mauern des Hathortempels gar nicht beschrieben werden: »Harsomtus«

weilt »in Dendera« und kann dort als »Buntgefiederter« auf dem »Serech-Thron« bewundert werden. Mit »Harsomtus« war bekanntlich die Leuchterscheinung in der »Glühbirne« gemeint. Ihn als den »Buntgefiederten« zu bezeichnen, ist legitim: Gefiedertes hat stets etwas mit »Federn« zu tun – und Federn galten im Alten Reich Ägyptens als typisches »Lichtsymbol«. Offensichtlich kam dem elektrotechnischen Gerät im hohenpriesterlichen Kreis ein besonderer Platz zu: eben der »Serech-Thron«. Das Wort »Serech« wird mit »Herrscher« übersetzt, was vermuten läßt, daß die ganze Anlage einen Standort besetzte, der sie zwangsläufig in den Mittelpunkt des Geschehens zu rücken vermochte.

Die leuchtende Schlange

Der in Wien tätige Ägyptologe Dozent *Helmuth Satzinger* ist kein Freund unserer Elektrothese. Auf die technisch deutbaren Reliefs in Dendera angesprochen, meinte er lakonisch: »Die einzige Verbindung zur Elektrizität ist die Ähnlichkeit der Schlangensteine mit Glühlampen.«
Inzwischen aber liegen erste Textübersetzungen vor, die dem Hamburger Ägyptologen Dr. Wolfgang Waitkus zu verdanken sind. Das sich daraus ableitende Ergebnis macht deutlich, daß jene Überlieferungen durchaus keinen wirklichen Widerspruch zu unserer Auffassung herbeigeführt haben, auch wenn der hieroglyphische Nachlaß an den Tempelwänden in mythologisch verpackter Form dargestellt worden ist. Im Gegenteil: Waitkus' Interpretationen der von ihm übersetzten altägyptischen Schriftzeichen unterstreichen sogar im wesentlichen unsere Annahme, wonach auf den Bilddokumenten der Dendera-Reliefs elektrotechnische Vorgänge wiedergegeben werden.

»SÜDWAND (Krypta 1 c)
Worte zu sprechen von Ihi, dem Großen, dem Sohn der Hathor, Rê in seiner Gestalt des großen Gottes, der mit dem Dia-

dem erscheint als König von Ägypten und als Herr des Sed-Festes, der Große seines Thrones: ›Du beherrschst Dendera millionenfach (?) bis zu den Enden der Ewigkeit und bis zur Vollendung der Ewigkeit.‹ (Gold, Höhe 1 Elle) ⑤«

»Ihi«, unser Leuchtkörper in der Gestalt eines »großen Gottes«, genoß ganz besondere Verehrung. Er wurde als »Herr des Sed-Festes« angesehen, das allein ihm zur Ehre veranstaltet worden war. Offensichtlich demonstrierten die Hohenpriester im Rahmen des Festes ihre Kenntnisse um die Elektrizität, und sie brillierten mit der Erscheinung des »Harsomtus«, brachten also die »Glühlampe« in Tätigkeit. Das wäre die eine Möglichkeit; die andere könnte sich darauf beschränkt haben, lediglich bestimmte Ritualhandlungen, die mit der Aktivierung der Lichtquelle verbunden waren, in festlicher Form nachzuvollziehen.
Was wissen wir über das »Sed-Fest«?
Dazu *Robert Brier* in »Zauber und Magie im alten Ägypten«, einem äußerst informativen Werk: »Dieses Fest wurde seit den ältesten Zeiten der ägyptischen Geschichte gefeiert, aber obwohl es eine Reihe von Darstellungen davon gibt, ist sein eigentlicher Sinn bis heute nicht ganz geklärt.«
Das Fest stand jedenfalls unter dem Motto, »die Lebenskräfte zu erneuern«, und ebenso »die magischen Kräfte des Königs«. Das Wort »Sed« bedeutet »Schwanz«, also könnte sich das »Fest des Schwanzes« auf die »leuchtende Schlange« bezogen haben, wird doch überliefert: »Harsomtus, lebender Ba, eine Schlange, die sich auf ihrem Schwanz aufgerichtet hat.« Ein Vorgang, der – wie schon mehrmals erläutert – die elektrische Entladung umschreiben sollte.
»Ihi«, wird im Text erwähnt, beherrsche Dendera »millionenfach«. Wieder setzte hier der Übersetzer Waitkus ein Fragezeichen in Klammer. Was, wie bereits an anderer Stelle deutlich gemacht, besagt, daß hier nach ägyptologischer Auffassung die Übersetzung noch nicht gesichert werden konnte. Uns hingegen scheint die Textstelle klar: Mit »Ihi« war ja keine Person, sondern der »Leuchtkörper« gemeint, und so

gewinnt in diesem Zusammenhang der Hinweis an Bedeutung, daß diese Herrschaft »bis zu den Enden der Ewigkeit und bis zur Vollendung der Ewigkeit« währen würde. Das Wort »Ewigkeit« gewinnt dabei an Gewicht. In Verbindung mit dem Begriff »lebender Ba« (worin die Erscheinungsform oder Seele eines Wesens zu sehen ist) – eine Erkenntnis, die in den folgenden Abschnitten von Waitkus' Übersetzung mehrmals wiederkehrt –, ist bezeichnenderweise vom »Symbol der Ewigkeit« sowie von der »Wiedergeburt« die Rede. »Ihi« selbst wird als Verkörperung des »neuen Anfangs« angesehen. »Ba« wiederum, wird überliefert, »konnte frei umherschweifen, kehrte aber in Abständen zum Grab zurück um sich zu ernähren«. Damit war aber kein Zombie, ein »Untoter«, gemeint, obgleich gewisse Parallelen bestehen. Identifiziert man nämlich den »lebenden Ba« als *Lichtschein*, welcher, laut der Beschreibung, von jenem »Harsomtus«, der »leuchtenden Schlange«, ausgeht, dann wäre es auch denkbar, daß das »Symbol der Wiedergeburt« *im Ein- und Ausschalten* des Leuchtkörpers seine Entsprechung fand. Das bedeutet: Der »Ba« entspringt der Lotosblüte (in altägyptischer Auslegung: Lotos, die »Blüte aus der *Licht* hervorging«) und »lebt«, indem er sich als Lichtschein ausbreitet. Fazit: Die »Glühlampe« ist *eingeschaltet.* »Ba« zieht sich in Abständen in den Lotos (die Birnenfassung) zurück um (scheinbar) »zu sterben«: Die »Glühlampe« ist *ausgeschaltet.*
Nachdem »Ba« sich in der Folge im Lotos »genährt« hat (somit für Strom-Nachschub sorgte), kann der Prozeß der imaginären »Wiedergeburt« von neuem beginnen – und zwar genauso, wie es der Waitkus-Text verheißt: »... millionenfach bis zu den Enden... und bis zur Vollendung der Ewigkeit.«

»Worte zu sprechen von Harsomtus, dem großen Gott der in Dendera weilt, dem lebenden Ba aus dem Lotos in der Tagesbarke, dessen Vollkommenheit die beiden Arme des Djed-Pfeilers tragen als sein Abbild. Die Kas sind auf ihren Knien mit gebeugten Armen. (Gold, alle kostbaren Steine, Höhe 3 Handbreit) ⑥«

Neuerliche Textbeschreibung der in Betrieb befindlichen »Glühlampe«. Wie schon bei anderen Abbildungen dieses Motivs, wird auch hier die »Vollkommenheit« (die volle Leuchtkraft) hervorgehoben. Sie wird mit Hilfe »des Djed-Pfeilers« und seinen »beiden Armen« ermöglicht. Darunter befinden sich die »Kas« (Lebenskräfte), die »auf ihren Knien mit gebeugten Armen« dargestellt sind. Dazu Dipl.-Ing. *Garn*: »Die knieenden Männer könnten als *entgegengesetzte Spannung* zwischen Lotosblume und ›Djed-Pfeiler‹-Arme interpretiert werden. Der dem Pfeiler näher knieende Mann wäre dann als Haarpolarität (+Pol) anzusehen.«

»Worte zu sprechen von Harsomtus, dem großen Gott der in Dendera weilt, der sich in den Armen der Göttergruppe in der Nachtbarke befindet, erhabene Schlange, dessen Abbild Heh trägt, dessen Mannschaft in Heiligkeit seine Vollkommenheit trägt, der mit der Hathor erscheint am Himmel als Ba, dessen Gestalt die Verehrer verehren, der als Einzigartiger kommt, umringelt von einer Stirnschlange, mit zahlreichen Namen an der Spitze der Schutzgötter, das Abbild des Rê im Landes-Atum, der Vater der (Götter) der alles geschaffen hat. (Gold, Metall, Höhe 4 Handbreit) ⑦«

Auch für diesen Übersetzungsabsatz gilt das zuvor Gesagte: Die elektrische Entladung zeigt sich in »vollkommener« Leuchtstärke, der Lichtschein hat alles umhüllt. Deutlich wird in der Übersetzung vermerkt, daß die »Mannschaft in Heiligkeit« getragen wird. Abschließend finden sich neuerlich präzise Angaben über das verwendete Material und die genauen Maße (Höhe 4 Handbreit). Demnach könnte unser Leuchtkörper 70 bis 80 Zentimeter groß gewesen sein.
Zum Abschluß zwei Waitkus-Übersetzungen, die sich zum einen wieder auf die »Zauberkräfte« der Isis, zum anderen auf bestimmte Priester beziehen, die einem höheren »Herrn« unterstellt waren. Dies offensichtlich einzig und allein, um bestimmte »Anweisungen« und »Pläne« auszuführen, die den richtigen Umgang mit der »Glühlampe« zum Ziel hatten.

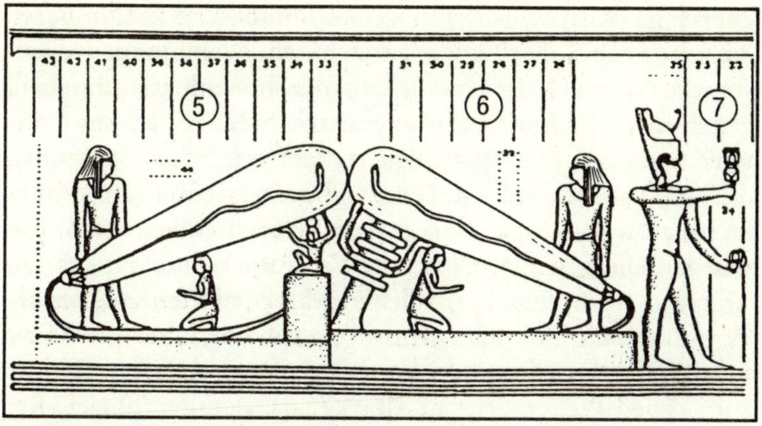

»OSTWAND (Südliche Hälfte)
Worte zu sprechen von Isis, der Großen, der Gottesmutter, der Herrin ..., die in Dendera weilt, Königin der untertänigen Menschen, mit spitzen Hörnern. – Randzeile: ›Komme in Frieden, ...(?)-Priester seines Herrn, in dem die ...-Priester Dir unterstellt sind und Du meine Kehle schützt mit Deinem rechten Verhalten. Ich bin erfreut über die ›Frische‹ Deines Charakters.‹ (Gold, Höhe 1 Elle)«

Bilanz einer »Durchleuchtung«

In den vorangegangenen Texten wurden auffallend viele Begriffe verwendet, die unmittelbar mit einer Leuchterscheinung im Zusammenhang stehen. Am deutlichsten wurde dies sichtbar durch die »leuchtende Schlange, die aus der Lotosblüte hervorkommt«. Alles entspricht genau dem Bild, daß in unserem (geglückten) Modellversuch sowie auf den Reliefabbildungen zu sehen ist. Freilich verwendeten die alten Ägypter nicht Ausdrucksformen wie (a) elektrische Entladung, (b) Leuchtstärke, (c) Lichterscheinung, (d) elektrostatischer Generator, (e) Isolator, (f) Kabel, (g) Licht, (h) Birnenfassung, (i) Stromschläge, oder (j) Haarpolarität (+Pol). Vielmehr gebrauchten die Hohenpriester des Alten Reiches verständli-

cherweise Worte aus dem eigenen Sprachschatz. Oft waren diese nur symbolisch angedeutet, wurden bestimmte Gegenstände, Eigenschaften und Vorgänge bewußt umschrieben, gegenüber der Außenwelt »getarnt«. Schließlich – und das wird auch von den Ägyptologen nicht geleugnet – betrieben die altägyptischen Priester eine Geheimwissenschaft. So ist es nicht verwunderlich, daß (a) zur »leuchtenden Schlange« wurde, »die sich auf ihrem Schwanz aufgerichtet hat«, (b) zu »Ka«, (c) die Bezeichnung »lebender Ba« sowie »leuchtender Zopf« erhielt, (d) für »Thron«, »geheimer Schrein« und »Zauberkraft« angesehen wurde. So ging es weiter: (e) wurde zum »Djed-Pfeiler«, (f) zur »Barke aus Metall«, (g) zur »Re-harachte«, (h) zum »Lotos, aus dem Licht hervorging«, (i) zur »Wut der Schlange« und schließlich (j) zu den »Kas auf ihren Knieen mit gebeugten Armen«. Das waren nur einige Gegenüberstellungen, dergleichen gibt es noch weit mehr.
Dipl.-Ing. *Walter Garn*, der sich angelegentlich mit der von uns vertretenen Elektrothese auseinandergesetzt hat, kam nach eingehendem Studium des vorliegenden Materials in Bild und Schrift zu einem klaren Resümee. »Ohne elementare Kenntnisse der Elektrotechnik«, gab er uns zu verstehen, »wären solche Zeichnungen, wie in den Krypten des Hathortempels nicht möglich. Es stimmt einfach zu viel überein!«

XII
Er brachte das Licht

Zum Auffälligsten bei einem Besuch Denderas gehört die Tatsache, daß dort jede auch noch so kleine Fläche sinnvoll genützt und mit hieroglyphischen Inschriften sowie Bildgravuren übersät wurde. Offensichtlich war damals die hohe Priesterschaft des Hathortempels bestrebt, der Nachwelt bestimmte Informationen zugänglich zu machen. Meinen jedenfalls wir, die wir die gewaltige Anlage im Laufe der Jahre mehrmals besichtigt haben.

Dem am Wiener Kunsthistorischen Museum tätigen Ägyptologen Dozent *Helmuth Satzinger* erscheint dieser Gedankengang aber ebenso absurd wie seinem Hamburger Kollegen Dr. *Wolfgang Waitkus*. Letzterer stimmt vollinhaltlich Satzingers Ansicht zu, wonach religiöse Darstellungen in den ägyptischen Tempeln und Grabstätten nicht deshalb geschaffen worden seien um zu informieren, sondern bloß »um zu wirken«. Waitkus ergänzt: »Dies entspricht den Ergebnissen ägyptologischer Forschung auf diesem Gebiet.« Hierbei werde lediglich kenntlich gemacht, daß Götterstatuen dargestellt worden sind, die nach altägyptischer Anschauung als »Leiber« der Götter angesehen werden müßten, in denen selbige »temporär einwohnen« konnten. Von einem womöglich informativen Gehalt der Inschriften und Bilddokumente will Waitkus nichts hören: »Lediglich theologische Vorstellungen spiegeln sich hier wider.« Hinweise auf ein (wie von uns angenommenes) physikalisch-technisches Wissen, könne er, »vom Standpunkt eines Physikers aus«, nirgendwo erkennen. Was der ausgebildete Diplomphysiker Waitkus auch auf die »Textinhalte« ausgeweitet wissen will.

Dipl.-Ing. *Walter Garn* gewinnt der Aussage des Hamburger Ägyptologen andere Aspekte ab. »Wenn sich die Angaben von Größe und Material auf tatsächlich vorhandene Statuen

oder Kultgegenstände beziehen, kann das der Hinweis sein, daß es das Modell (der ›Glühbirne‹) *tatsächlich* gegeben hat!«, läßt uns der Elektrofachmann wissen.
Dr. Wolfgang Waitkus folgt auch nicht unserer Vermutung, wonach Maß- und Größenangaben darauf schließen ließen, die gezeigten Wandmotive seien nicht abstrakt sondern realistisch dargestellt worden. All dies sei »nicht perspektivisch sondern aspektivisch« zu sehen, meint er und erläutert: »Dabei können z. B. Ansichten nebeneinander gestellt werden, die bei *perspektivischer* Darstellungsweise *nicht gleichzeitig sichtbar* wären. Der mit dieser Darstellungsweise nicht vertraute Laie kann dadurch zu gravierenden Fehlschlüssen gelangen.«
Waitkus' Unmutsäußerung vermag offenbar nicht allzu sehr zu beeindrucken. Garn repliziert jedenfalls, daß der Ägyptologe mit seiner Erklärung »ein wesentliches Element unserer Deutung (bestätigt)« habe. Und weiter: »Er hebt hervor, daß die Darstellungen auf altägyptischen Reliefs nicht den tatsächlichen Größenverhältnissen entsprechen müssen, daß *funktionelle Gleichzeitigkeit* dargestellt werden kann und daß die perspektivische – also *räumliche* – Anordnung anders als dargestellt gewesen sein kann.« Garn macht deutlich, daß alle Fakten »intuitiv« berücksichtigt worden seien, und wenn man auch »den Größenverhältnissen sowie der räumlichen Anordnung weniger Bedeutung beigemessen« habe, so hätte man dafür »die Funktionalität sowie den dargestellten Zusammenhang betont und bewiesen«. Jedenfalls, so Garn, habe die Antwort von Dr. Waitkus »die Bestätigung unserer Deutung« ergeben. Die zusätzliche Größenangabe für die Reliefabbildung durch den Hamburger Ägyptologen (4 Handbreit) läßt den Elektrofachmann aus Wien vermuten, daß das Original etwa doppelt so groß gewesen sein dürfte wie das von ihm nachgebaute (»Glühbirnen«-)Modell.
Die Frage, *wohin* wohl die auf den Reliefs sichtbaren und seinerzeit auch real existierenden »Kultobjekte« hingekommen sein könnten, vermag Wolfgang Waitkus leider nicht schlüssig zu beantworten. Er hält es für möglich, daß die verscholle-

nen Gegenstände »vergraben und auch geraubt« worden sind, weiß aber immerhin zu vermelden, daß 1918 einige der Statuen in der Nähe des »heiligen Sees« wiedergefunden worden seien.

In dem »Hickhack« um Aussehen und wirkliche Bedeutung der sogenannten »Schlangensteine« verdienen zwei Bemerkungen von Dipl.-Ing. Walter Garn zu den Waitkus-Übersetzungen aufmerksam gelesen zu werden. So kommentiert der Experte den Text »*Worte zu sprechen von Harsomtus, dem großen Gott, der in Dendera weilt, lebender Ba im Lotos der Tagesbarke*« dahingehend: »Wenn eine Barke – vermutlich aus Holz oder Bambus gefertigt – mit einer aus Metall hergestellten Lotosblüte beladen wird, ist sie gefährlich. Vor allem wenn sie, wie auf dem Relief dargestellt, *geformt* war.« Garn beruft sich hierbei auf die moderne Blitzforschung. Sie habe ergeben, daß bei einem Gewitter noch *vor* dem Blitzschlag Entladungen aus möglichen »Einschlagstellen« in gewundener Form hervorzuwachsen begännen, und sich die größte davon dann in Form eines *Entladungskanals* mit dem eigentlichen Blitz *vereinige*. »Mythologisch betrachtet: Eine Schlange wächst aus der mittleren Zacke der Lotosblume in den Himmel, wird eins mit dem niederfahrenden Blitz – und muß in dieser Kombination als ebenso spektakulär wie *gefährlich* angesehen werden.«

Den übersetzten Passus »*Tagesbarke und Lotos von Gold*« sowie den Zusatz, der Lotos sei entweder aus Gold oder aus einer Goldlegierung angefertigt worden, sieht Dipl.-Ing. Garn als »ein interessantes Detail«. Beides bestätige ihm die aus praktischer Erfahrung gewonnene Erkenntnis, Gold sei der mit Abstand *beste* Elektrizitätsleiter und sicherlich am geeignetsten, um den zuvor beschriebenen Vorgang einer Vereinigung von Entladung und Blitz zu provozieren. Selbst ein ägyptologischer »Antipode« wie der am Wiener Kunsthistorischen Museum tätige Dozent *Helmuth Satzinger* bekannte uns gegenüber widerstrebend ein: »Die einzige Verbindung zur Elektrizität ist die Ähnlichkeit der Schlangensteine mit Glühlampen...«

Seit wir erkannt hatten, daß das Wissen sowie die Kenntnis um die praktische Nutzung von elektrischer Energie keineswegs erst Anfang des 19. Jahrhunderts eingesetzt hatte, wurden wir immer wieder auf zwei wesentliche Dinge angesprochen:

- *Woher* nahmen die altägyptischen Hohenpriester die Elektrizität?
- *Welche* Energiequellen standen ihnen zur Stromgewinnung zur Verfügung?

Zwei überaus heikle Fragen, mit denen man unsere präägyptische Elektrothese auf den Prüfstand stellte. Fragen also, deren Beantwortung wir nur unzureichend vornehmen konnten. Gefragt war ein Fachmann, ein Experte auf dem elektrotechnischen Gebiet. Nur ein solcher konnte hier einen Wahrspruch fällen, konnte darüber entscheiden, ob wir lediglich einer Fata Morgana anhingen, oder ob unsere Annahme, wonach die Priesterschaft im alten Ägypten elektrischen Strom verwendete, einen realen Hintergrund aufzuweisen hatte. Ihn wollten wir mit unserem Material konfrontieren.
Unsere Wahl fiel auf Dipl.-Ing. *Walter Garn*. Er lebt in Wien und ist seit vielen Jahren als Projektleiter bei einem großen österreichischen Elektrounternehmen tätig. Unter anderem arbeitete unser Fachmann für ein Thailänder Kraftwerk in verantwortlicher Position.
Garn, der zuvor noch nie etwas über die Dendera-Reliefs gehört hatte, zeigte sich bereit, unsere Unterlagen einer genauen Prüfung zu unterziehen – was auch geschah.
Selbstverständlich ist er auch der Beantwortung der eingangs zitierten »Gretchenfragen« nicht ausgewichen, *woher* der elektrische Strom genommen worden sein könnte, und *welche* Energiequellen dafür hätten angezapft werden müssen.
Dipl.-Ing. Garn hält es für denkbar, daß bereits damals ein Energieträger benützt worden sei, der dem jetzt gebräuchlichen, modernen Bandgenerator ähnelte. Ein derartiges Gerät ist von dem Holländer *Van de Graaf* vor mehr als sechzig Jah-

ren entwickelt worden. Es erzeugt hohe elektrische Spannungen und wird jetzt in der Kernphysik sehr begehrt.
Dieser sogenannte Van-de-Graaf-Generator funktioniert dermaßen, daß auf einem isolierenden Band Ladungen in das Innere einer Kugel geführt und durch Spitzen abgenommen werden. Das führt zu einer Aufladung der Kugel, die danach unter hoher Spannung steht. Auf diese Weise gelingt es, Ionen oder Elektronen in einem Stahlrohr zu beschleunigen.

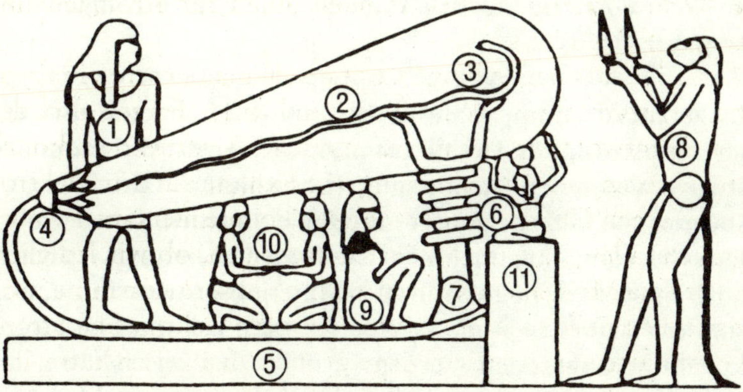

① Priester ② ionisierte Dämpfe ③ elektrische Entladung (Schlange) ④ Birnenfassung (Lotos) ⑤ kabelartiger Strang (Lotosstengel) ⑥ Luftgott ⑦ Isolator (Djed-Pfeiler) ⑧ Lichtbringer Thot mit Messern ⑨ Ausdruck für „Spannung" ⑩ entgegengesetzte Spannung (Haarpolarität +) ⑪ Energiespeicher (elektrostatischer Generator?)

Elektroexperte Garn stellt nun einen Zusammenhang mit den sich ähnelnden Szenen auf den Dendera-Reliefs her:

»Die Durchschlagsspannung in der Luft beträgt etwa tausend Volt je Millimeter Luftstrecke. Das gilt jedoch nur für kurze Distanzen. Bei großen Entfernungen der einzelnen Gegenstände voneinander, wie etwa auf den Dendera-Reliefs sichtbar, nimmt die Durchschlagsspannung ab. Bei einem ungünstigen Wert ergäbe sich eine Durchschlagsspannung von einer Million und 780000 Volt! – Wird die Luft aber bei-

spielsweise mit Dämpfen ionisiert, so kann ein Durchschlag bei einer überschlagsbegünstigten Form von Lotosblume und Händen bereits bei weit geringeren Spannungen auftreten. Diese Spannungen von rund 200000 Volt sind mit elektrostatischen Generatoren relativ einfach herzustellen. Mit sogenannten Bandgeneratoren, ähnlich jenen von Van de Graaf, lassen sich bis zu zehn Millionen Volt erzeugen. Aus dieser Erkenntnis heraus ist abzuleiten, daß auch mit primitiveren elektrostatischen Generatoren Spannungen hergestellt worden sein könnten, die damals einige hunderttausend Volt erreichten.«

In diesem Zusammenhang macht Dipl.-Ing. Garn auf ein weiteres interessantes Detail aufmerksam: »Das Verbindungsstück zwischen Birnenfassung (Lotosblume) und Energiespender (Behälter) erinnert auffallend an einen Kabelstrang. Es ist allerdings anzunehmen, daß für die Isolierung von Kupferdrähten kein heute übliches Material Verwendung fand, sondern wahrscheinlich Glasperlen oder zylindrische Holzkugeln herangezogen wurden.«
Laut Garn seien auf zwei der ihm bekannten »Schlangenstein«-Reliefs einzelne Kabelstrang-Segmente relativ gut erkennbar. Eine weitere Bestätigung für unsere Elektro-These?

Zurück zu den Quellen

Bevor wir uns jetzt dem praktischen Abschnitt der Ausführungen zuwenden und in diesem Zusammenhang von einem inzwischen (von Dipl.-Ing. Walter Garn vorgenommenen) erfolgreichen Versuch der Inbetriebnahme eines Glühbirnen-Modells berichten, das einem ganz besonders detaillierten Dendera-Relief nachgebaut wurde – scheint es angebracht, noch einmal zu den historischen Quellen zurückzukehren, die von dem Werdegang des altägyptischen Hathortempels erzählen. Nur auf diese Weise, so glauben wir, läßt sich das damit eng in Zusammenhang stehende Geheimnis um die in seine Wände gravierten, einzigartigen Darstellungen wirklich begreifen. Daraus wird auch deutlich, so unglaublich es zunächst scheinen mag, daß die von uns vertretene These kein bloßes Hirngespinst ist und die weisen Hohenpriester im Alten Reich früherer Jahrtausende dort tatsächlich elektrischen Strom benützt haben. Allein inspiriert von einem für »göttlich« gehaltenen Wesen namens *Thot*, bei dem es sich um einen *außerirdischen* Besucher gehandelt haben könnte.

Dendera war seinerzeit Metropole des 6. oberägyptischen Gaus und von jeher der Hauptkultort der Göttin Hathor. Altägyptisch »Iunet« oder »Tantere« genannt, soll Dendera der Hathor von Rê »als Ersatz für On« (Heliopolis) zuerkannt worden sein. Diese Version mag der Wahrheit entsprechen, denn immerhin hat »Iunet« als Name einen besonderen Klang und bedeutet soviel wie:

Pfeilerstadt!

Das mag sich sowohl auf das magische Djed-Symbol bezogen haben – oder auf den Standort der von dort aus operierenden raketenförmigen Fluggeräte, deren ungefähres Aussehen in Form der altägyptischen Obelisken erhalten geblieben ist.

Der heutige Hathortempel geht ohne Zweifel auf die *Ptolemäer* zurück. Offensichtlich war der Gebäuderest, der sich den Architekten dieser Dynastie präsentierte (die von 305 bis 30 v. Chr. Ägypten beherrschte, dem Land eine neue wirtschaftliche sowie finanzielle Verwaltung gab, und schließlich *Alexandria* zum ersten Handelsplatz und zum geistigen Mittelpunkt des östlichen Mittelmeerraumes erhob), nicht im Sinn der künstlerischen Gestaltungskraft der Bauherren. Laut dem Ägyptologen Dr. Waitkus erfolgte die »Grundsteinlegung« am 16. Juli des Jahres 54 v. Chr. bzw. im 27. Jahr von *Ptolemaios XII*. Ein Datum, das nicht angezweifelt werden soll. Dann nämlich, wenn man unter »Grundsteinlegung« jenen Teil der Tempelanlage versteht, der sich nunmehr stolze dreißig Meter über den Erdboden erhebt.

Anders verhält es sich jedoch unserer Ansicht nach mit den unterirdischen Räumlichkeiten der Kultstätte. Hier widersprechen nicht nur wir dem Hamburger Ägyptologen. »Die

gewaltigen Fundamente enthalten gewiß viele Blöcke älterer Anlagen, die abgerissen wurden«, vermelden andere ägyptologische Rückblenden. Aus Inschriften des Tempels habe man Erinnerungen an die Pharaonen *Tuthmosis III.* und *Pepi I.* herausgefiltert. Zwei Herrscher also, deren Regierungszeit vom Jahr 1552 v. Chr. (18. Dynastie) bis zu den Anfängen des legendären Alten Reiches, um 3233 v. Chr., zurückdatiert werden muß. Es ist deshalb unwahrscheinlich anzunehmen, daß die drei unterirdischen Stockwerke mit ihren zwölf Krypten von den Ptolemäern angelegt worden sind. Wogegen im übrigen auch die darin enthaltenen Hieroglyphen sprechen. Schon der Ägyptologe *Hermann Junker* bescheinigte ihnen »große Verschiedenheiten« gegenüber später eingravierten Schriftzeichen, die er den Ptolemäern zuschreibt. Es sei die abweichende Grammatik »der älteren Inschriften von der der späteren Zeit«, befand der Altertumsforscher – um dann zu resümieren: *»Es ist dennoch wohl zu unterscheiden zwischen der eigentlichen Grammatik Denderas und den auf einzelne Texte beschränkten Eigentümlichkeiten, in denen man DIE RESTE DER SPRACHE zu erkennen hat, in der DIE VORLAGE URSPRÜNGLICH ABGEFASST war.«*
Somit erscheint es legitim, den Ursprung des Hathortempels zu einer Zeit anzunehmen, als *Thot* noch auf der Erde weilte und mit seinen Getreuen das Fundament altägyptischer Hochkultur geschaffen hat.
Auch *Hans Bonnet* schlägt in diese Kerbe, hält es sogar für möglich, daß »wohl gar bereits Cheops an dem Tempel der Hathor gebaut« haben könnte. Laut seinem »Reallexikon der ägyptischen Religionsgeschichte« (Berlin 1952) soll nämlich der bereits erwähnte Pharao Tuthmosis III., *»der eine umfassende Erneuerung vornahm, dieser einen Plan aus des Cheops Zeit zugrunde gelegt haben«*. Bonnet bezieht sich seinerseits auf Forschungen des Altägyptologen *Johannes Dümichen*, der in seiner 1877 in Straßburg verlegten Veröffentlichung »Baugeschichte des Denderatempels und Beschreibung der einzelnen Teile des Bauwerks« festgehalten hatte: *»Alle diese Anlagen sind unter dem großartigen, wohl erhal-*

tenen Neubau VERSCHWUNDEN, der unter der Regierung der letzten Ptolemäer und des Augustus geschaffen wurde.«
Dendera war in ältester Zeit sowohl Aufenthaltsort wie Aufenthaltsstätte von *Hathor*, hinter deren Namen sich keine »Göttin« und somit auch keine Person, sondern jene furchtbare Waffe des »Sonnengottes« *Thot* verbarg, die unter der Bezeichnung »Auge des Rê«, »Sonnenauge« oder »Uräus« dazu geschaffen worden war, um in Gestalt einer »feuerspeienden Schlange« die Feinde des Sonnengottes (»ihres Herrn«, wie alte Texte ausdrücklich vermerken) »zu vernichten«.
Der Ägyptologe *Kurt Sethe* hat in seinem 1912 in Leipzig veröffentlichten Werk »Zur altägyptischen Sage vom Sonnenauge das in der Fremde war« einige bemerkenswerte Überlieferungen gesammelt. So etwa den Hinweis, wonach *Tefnut*, »die Tochter des Rê«, Rê's »Herz« *geliebt* habe, »eine Bezeichnung, die dem Sonnenauge als feuerspeiende Schlange ursprünglich fremd und der löwengestaltigen Form Tefnut... eigentümlich gewesen zu sein scheint«. Da wir inzwischen wissen, daß mit dem *»Herz* des Rê« in Wahrheit *Thot selbst* gemeint war, der als Herr der Raumfähre »Rê« dieses Schiff befehligte, scheint uns hier eher ein *Umkehrschluß* vorzuliegen. Nämlich der, daß Thot die gefährliche Waffe überaus zu schätzen wußte (»liebte«), und daß hinter dem verheerenden Kampfinstrument »Tefnut« möglicherweise auch »Hathor« vermutet werden kann, denn das sogenannte »Sonnenauge« hatte bekanntlich mehrere Namen.
Im übrigen macht Kurt Sethe in seiner altägyptischen Legendensammlung auf eine Facette aufmerksam, die sehr geeignet erscheint, »das Sonnenauge Hathor« in seinem wahrscheinlich richtigen Aussehen darzustellen. Während nämlich bei seinem Kollegen Hermann Junker das kampferprobte fliegende Gefährt stets in Gestalt einer »feuerspeienden Schlange« beschrieben wird, erkannte Sethe, daß das altägyptische Wort dafür »trotz der Schreibungen mit dem Feuer« in Wirklichkeit weit mehr mit dem Tätigkeitswort *»erleuchten«* zu tun hatte, somit »wohl ebensowenig ein Wort für brennen oder Feuer« bedeuten konnte.

Daß es sich bei »Hathor« alias »Tefnut« – dem gefürchteten »Auge des Rê« – um einen *fliegenden* Gegenstand gehandelt haben muß, ist auch daraus ersichtlich, weil (so Kurt Sethe) »als Begleiter des aus der Fremde kommenden Sonnenauges... fast überall *Schu*« (der altägyptische Luftgott) genannt wurde. Wie in so vielen Fällen hatten die alten Ägypter hier wieder einmal etwas *fälschlich* personifiziert. Tatsächlich aber symbolisierte »Schu« einen lebenswichtigen Urstoff – das Element *Luft*. Und der Luftraum war für die Fortbewegung des »Sonnenauges« am Firmament unerläßlich. Daß es sich dabei keineswegs um die Sonne gehandelt hat, geht auch aus dem Hinweis hervor, wonach *Abaton* jener Ort gewesen sein soll, an dem »Hathor« von *Thot* »beruhigt«, »ihre *Hitze* gekühlt« und »ihre *Glieder*« gebadet wurden.

Gespräche mit »Thot«

Betritt man zum erstenmal den massiv gebauten Tempel von Dendera, vermeint man unwillkürlich, in einem riesigen Dom zu stehen. Weihevolle Stille umfängt den Besucher, den ein geradezu andächtiges Gefühl zu beherrschen beginnt. Auch die schummerige Atmosphäre trägt dazu bei, diesen Eindruck hervorzurufen. Nur vereinzelt verirren sich ein paar vorwitzige Sonnenstrahlen ins Innere des Gemäuers und werfen helle Streifen auf die 24 mächtigen, mit Zeremonienbildern und hieroglyphischen Inschriften bedeckten Steinsäulen, die die weiträumige Vorhalle des Gebäudes stützen.

Jede von ihnen trägt außerdem ein besonderes Attribut jener Gottheit, der die Kultstätte seit ehedem geweiht ist – Hathor, von den Ägyptologen als »Liebesgöttin« beschrieben, obgleich ihre wirkliche Aufgabe eine ganz andere gewesen war und sie deshalb auch nicht als Person gesehen werden darf. Hathors wahre Bedeutung war also das genaue Gegenteil der ihr heute zugeschriebenen Eigenschaften: Sie war nicht mehr als ein Werkzeug des *Krieges*!

Von dieser Warte aus betrachtet, muß ihr Merkmal, das jede

Säule aufweist – ein von den Ägyptologen als Musikinstrument gedeutetes Etwas (einer *Rassel* ähnlich) – mit der gebührenden Skepsis betrachtet werden. Es erscheint zweifelhaft, ob dieses Ding, das sich auch an anderen Stellen des Tempels in Form von Reliefdarstellungen wiederfindet, wirklich ein so harmloses Spielzeug gewesen ist, wie behauptet wird.

Für uns sind diese »geheiligten Hallen« der rechte Ort, ein Gespräch zu eröffnen. Ein Gespräch mit einer imaginären Persönlichkeit, der selbst Hathor gehorchte:

Thot, dem Ursprung aller Weisheit, allen Wissens, dem das alte Ägypten seinen Aufstieg zu einer der Hochkulturen dieser Erde zu verdanken hat. Er erhellte das Dunkel der Ahnungslosigkeit – und das nicht nur im übertragenen Sinn. Thot tat viel für das Wohlbefinden der Menschen – und er unterwies die Hohenpriester des Pharaonenreiches in der Kenntnis einer epochalen Errungenschaft: der Verwertung der *Elektrizität*!

Die einzigartigen Reliefabbildungen in den Krypten Denderas legen Zeugnis dafür ab. Wie könnte es dazu gekommen sein? Auf welche Weise gewannen die Eingeweihten des Hathortempels elektrischen Strom?

- *Wir verwendeten eine Pumpe für Feinvakuum. Sie hat im Vorderteil eine Anzeige, die an ein Maximum-Minimum-Thermometer erinnert. Tatsächlich aber handelt es sich um ein Vakuum-Meßgerät. Damit kann auf der einen Seite Grobvakuum, auf der anderen Seite Feinvakuum gemessen werden. Der Vorteil dabei ist, so auch einzelne Glimm-Erscheinungen zwischen den Armen, dem jeweils herrschenden Luftdruck zuzuordnen. Auf diese Weise wird gezeigt, daß die »Schlange« im Inneren der Birne das erste Einsetzen einer Glimm- und Gasentladung sichtbar macht.*

Wir sind Zeugen eines Versuchs. Das hierfür herangezogene Modell entspricht in seinem Aussehen jenem auf dem Wandrelief in der Dendera-Krypta. Es ist allerdings um einiges klei-

ner als das Original gewesen sein dürfte. Hierfür wurde zunächst ein Glaskolben angefertigt und danach das Modell der »Glühlampe« proportional dem Relief entsprechend konstruiert.
Bevor die echte Entladung einsetzt, ähnlich einem Elmsfeuer, kommt es zu einer Reihe sich verästelnder Sprühentladungen – anzusehen wie künstlich erzeugte Blitze in der Atmosphäre. Dann wird es ernst: Aus der Mittelzacke der metallenen »Lotosblume« – hier in der Funktion einer Birnenfassung – »entspringt« ein schlangenartiges Lichtband. Ein faszinierender Anblick...

● *Zweifellos. Wird nun der Glaskolben stärker evakuiert, dann ziehen sich die Strahlen zurück. Es bildet sich ein »Bauch«, der sich immer stärker verbreitert, um sich dann in der Folge auch über die Fingerspitzen der in die Birne reichenden Arme des Djed-Pfeilers hinweg fortzusetzen. Wie groß der Druck ist, hängt im wesentlichen von der Bauart der Glühlampe ab sowie von ihrer Größe. Deutlich ist es zu sehen: Eine dicht leuchtende »Haut« beginnt sich zu bilden, wogegen sich auf der anderen Seite die Entladung in ein rotes, leuchtendes »Bündel« zurückgezogen hat. Bei einer weiteren Evakuierung breitet sich die »Leuchthaut« immer weiter aus, bedeckt das Innere der Birne gleich einem Pelz.*

Eine Frage, die sich in diesem Zusammenhang stellt, lautet, wie es den Hohenpriestern möglich gewesen sein könnte, die Luft aus den »Birnen« zu saugen, um einen denkbar kleinen Druck zu erzeugen? Gibt uns darauf das vierte Relief der Ostkammer-Südwand in Dendera eine plausible Antwort? Auf der Abbildung sind vier Männer dargestellt, die aus einer Vorrichtung eine Flüssigkeit (vermutlich Wasser) spritzen lassen...

● *Wir wissen heute, daß man mit sogenannten Ejektoren (Strahlpumpen)* Ⓐ *relativ hohe Vakua erzeugen kann, speziell wenn die Pumpen in Kaskade – das ist die Reihenschal-*

tung gleichgearteter Teile – vorliegen. Evakuiert man eine Glasbirne, in die zwei Metallteile hineinreichen Ⓑ, Ⓒ, so tritt bereits bei wesentlich niedrigeren Spannungen, je nach Größe des Glasballons Ⓓ, eine Entladung auf. Bei einem Druck von etwa 40 Torr (40 mm Quecksilbersäule) schlängelt sich ein Leuchtfaden von einem Metallteil zum anderen Ⓔ. Wird weiter evakuiert, verbreitert sich die Schlangelinie, bis sie zuletzt die ganze Glasbirne ausfüllt. Dies wiederum entspricht exakt den Abbildungen in den unterirdischen Kammern des Hathor-Heiligtums.

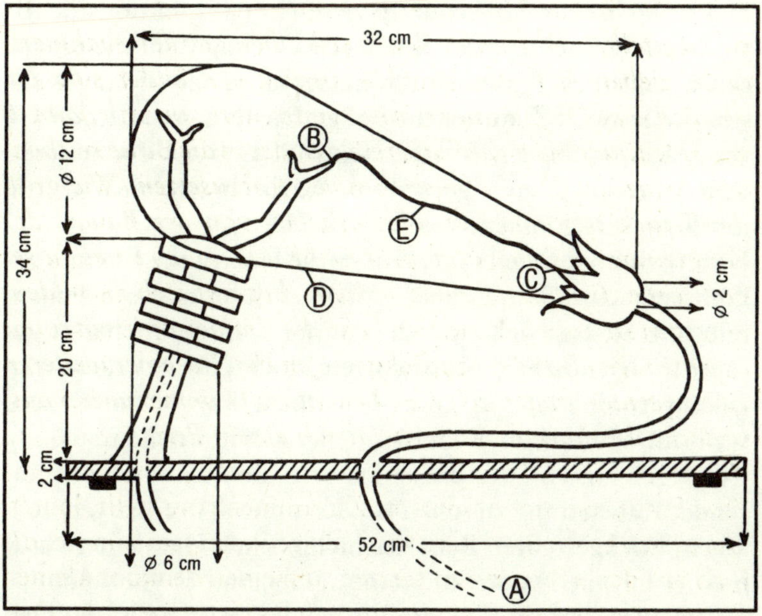

Wohl jeder Leser hat es inzwischen wahrscheinlich bemerkt: Unser »Gespräch« war zwar nicht fiktiv, wurde aber weder in der Vorhalle Denderas noch tatsächlich mit *Thot* ad persona geführt. Dafür stand uns ein Mann bereitweillig Rede und Antwort, der – ein absoluter Experte auf elektrotechnischem Gebiet – hier im weitesten Sinn prädestiniert erscheint, »in Vertretung« des universell befähigten Lehrmeisters der altägyptischen Priesterschaft unseren Wissensdurst zu stillen: Dipl.-Ing. *Walter Garn*.

Er versuchte uns in verständlicher Weise deutlich zu machen, auf welche Weise es den Eingeweihten des Hathortempels vor Jahrtausenden möglich gewesen sein könnte, ebenfalls elektrischen Strom herzustellen.

Die Behauptung unsererseits, wonach es sich bei den »Schlangen-Reliefs« um genaue Wiedergaben eines elektrischen Überschlages beziehungsweise einer elektrischen (Gas)-Entladung handelt, konnte, dank Garn, nicht nur theoretisch in den Raum gestellt werden: Der österreichische Elektrofachmann konstruierte vielmehr ein funktionstüchtiges Modell. Es entspricht einem etwa vierzig Zentimeter langen Glaskörper, dessen Durchmesser an seiner umfangreichsten Stelle zwölf Zentimeter beträgt. Die Enden sind mit Harz vergossen, in das eine Plattenelektrode und auf der anderen Seite eine Spitze eingegossen ist. Auch ein Schlauch wurde luftdicht verschlossen.

Natürlich bleibt die Frage, *woher* die elektrische Energie gekommen sein könnte, um die Stromzufuhr zu ermöglichen, relevant. Sie läßt sich zwar derzeit nur theoretisch, besser gesagt: indizienmäßig, beantworten, doch gewinnt die daran geknüpfte Überlegung schon deshalb an Wahrscheinlichkeit, weil auf sämtlichen Reliefs mit der Glühbirnendarstellung stets auch ein von der Birnenfassung (Lotosblume) wegführender Kabelstrang zu sehen ist, der zumeist in einen rechteckigen, hochgestellten Behälter hineinführt. Handelte es sich hierbei um die Darstellung eines »Generators« beziehungsweise (wie Dipl.-Ing. Garn ihn nennen möchte:) um einen »Energiespeicher«?

Weiter fällt in diesem Zusammenhang auf, daß auf dem Gebilde zusätzlich eine Gestalt abgebildet ist, die mit erhobenen Armen in kauernder Haltung dargestellt wurde, und bei der es sich unzweifelhaft um den sogenannten »Luftgott« *Schu* handelt. Ist das von zusätzlicher Bedeutung?

Walter Garn, »symbolischer« Sprecher Thots, bejaht. Ihm scheint hier eine Verbindung zwischen »Luft« und dem sich

neben dem Behälter befindlichen *Djed-Pfeiler* gegeben. Offenbar wurde die vierstrebige Säule von innen her mit *Heißluft* und *Staub* aufgeladen, was es möglich gemacht hätte, auf diese Weise Spannungen verhältnismäßig einfach herzustellen. Zusammenfassend hält Dipl.-Ing. Garn fest: »Somit geht eindeutig hervor, daß eine technisch-physikalische Interpretation der Dendera-Darstellungen denkbar ist. Die bisherigen Studien haben jedenfalls gezeigt, daß eine weitere Überprüfung der Wandreliefs in diesem Tempel wertvolle Erkenntnisse für die Wissenschaft bringen könnte, wenn auch vermutlich in eher mythologisch verpackter Form.«
Garn empfiehlt, nach nunmehr erfolgter Entschlüsselung der Dendera-Hieroglyphen, eine noch prägnantere Erforschung der Hathor-Reliefs, »um die Abbildungen später auch technisch zu filtern«. Ein solches Studium dürfte aber dann nicht mehr ausschließlich aus nur einem Blickwinkel erfolgen, sondern sollte in Zusammenarbeit mit *mehreren* Wissenschaftsdisziplinen – Techniker miteinbegriffen – vorangetrieben werden.
Der Ball wurde hiermit an die hier federführende Zunft, an die Ägyptologen, weitergespielt. Wird man dort die Anregung aufgreifen? Wird man bereit sein, künftig auch die Experten »fremder« Wissenschaftsgebiete an ägyptologischen Forschungen zu beteiligen?
Wir lassen uns überraschen...

Nachwort: Abgesang

Wie oft lesen wir über eine epochale Errungenschaft, staunen über eine neue wegweisende Erfindung, und neigen der Ansicht zu, unser globaler Fortschritt sei ein Kind des 20. Jahrhunderts. Was hat nicht alles an zukunftsträchtigen Neuerungen in den vergangenen Jahrzehnten »das Licht der Welt« erblickt?
Aber sind wir wirklich die ersten, denen Kreativität und Erfindungsreichtum in die Wiege gelegt worden sind? Werden geniale Ideen erst jetzt realisiert?
Wer das glaubt, unterliegt einem folgenschweren Irrtum. Das hat uns ein Land bewiesen, dessen uralte Hochkultur Großes zu leisten imstande war. Es setzte einen Entwicklungsprozeß in Bewegung, von dem sich auch unsere Schulweisheit nichts träumen ließ:
Ägypten.
Aus unerfindlichen Gründen werden dort Funde verschwiegen, die engagierte Forscher aus dem Wüstensand buddelten, die in Tempel- oder Grabanlagen entdeckt werden konnten. Im *Tal der Könige* stieß man beispielsweise auf Mumien, deren Kiefer bereits mit *Brücken* und *künstlichen Zähnen* versehen waren. Der dem schottischen Mikrobiologen Sir *Alexander Fleming* 1945 zuerkannte Nobelpreis hätte in Wahrheit einem unbekannt gebliebenen »Kollegen« aus altägyptischer Zeit gebührt: *Penicillin* entdeckte man nicht erst im Jahre 1928 – es war (wie *Aureomycin* und *Terramycin*) schon vor vier Jahrtausenden im Pharaonenreich bekannt gewesen. Das wissen wir aus einem Papyrus der 11. Dynastie. Darin ist von einem *Pilz* die Rede, der auf stehenden Wassern gedeiht, und der für die Behandlung von Verletzungen und langwierigen offenen Wunden verschrieben wurde.
Auch die Anwendung von *Narkosepräparaten* ist auf einer

Papyrusrolle verzeichnet worden. Sie wurde im Niltal von dem britischen Ägyptologen *George Smith* entdeckt. Nicht weniger als *48* klinische Fälle werden in diesem altägyptischen Nachlaß genannt und eine genaue Beschreibung über den Vorgang der Betäubung damaliger Patienten wiedergegeben – was vor der Operation durch eine bestimmte Arznei geschah.

Aus den hieroglyphischen Aufzeichnungen geht auch hervor, daß die Operateure in jener Zeit über die Beziehung zwischen dem *Nervensystem* und der *Bewegung der Glieder* Bescheid wußten. Ebenso kannten sie die Ursachen der *Paralyse*. Auch die Funktionen des *Herzens* sowie der *Arterien* waren damals geläufig, und man verstand es, die *Pulsschläge* der Patienten korrekt zu zählen.

Als ein besonderes medizinisches Genie wird *Imhotep* angesehen. Er lebte vor mehr als viereinhalbtausend Jahren und soll der Ratgeber des legendären Königs *Djoser* gewesen sein. Ihm wird der Bau der berühmten Stufenpyramide von *Sakkara* zugeschrieben. Imhoteps Grabstätte wurde bislang nicht gefunden.

Sakkara gilt als Ort ungewöhnlicher archäologischer Funde. Vor etwa hundert Jahren entdeckte man dort im Wüstensand acht merkwürdige Grabbeigaben. Sie wurden zunächst für Vogeldarstellungen gehalten und ins Ägyptische Museum nach Kairo transportiert. 1969 besah sich der Arzt und Ägyptologe Dr. *Khalil Messiha* eines der Artefakte genauer und stellte dabei fest: Bei jenem unter der Sammelnummer *6347* registrierten altägyptischen »Vogel« handelte es sich in Wirklichkeit um das Modell eines – *Segelflugzeuges!* Experten aus dem Flugzeugbau haben dies inzwischen bestätigt.

Die Miniaturausgabe eines originalen einflügeligen Aeroplans wurde aus Balsaholz angefertigt und enthält eine nicht minder rätselhafte Gravur: *Pa-Di-Imen*. Das Wort stammt aus dem Altägyptischen, es bedeutet »Geschenk des Amun«. *Amun* galt in der mythologischen Götterwelt des Niltales als »Herr des Lufthauchs«, stand also offensichtlich in enger Beziehung zum Fliegen. Auch als »Lichtgott« wurde Amun ver-

ehrt. Muß also dieser Fund (gleich den anderen sieben »Vögeln«) in bestimmter Weise mit *Thot* in Verbindung gebracht werden, dem »Gott« aller Wissenschaften?
Auch auf dem Gebiet der *Mathematik* scheinen die alten Ägypter unerreicht. Auf dem vor rund 140 Jahren gefundenen »Papyrus Rindt« entdeckte der Schweizer Computerfachmann Dr. *Felix Weber* einen deutlichen Hinweis darauf, wonach bestimmte rechnerische Daten auf die Erkenntnis des Verfassers der Papyrusrolle zurückzuführen sind. Es stellte sich heraus, daß damit heute Computerspezialisten operieren (so etwa beim Multiplizieren und Dividieren), ohne zu ahnen, daß ihr Wissen einen Hohenpriester zum Urheber hat, der vor 3700 Jahren verstarb.
Daß diese Eingeweihten auch über Herkunft und Anwendung der Elektrizität im Bilde waren, ist uns inzwischen bekannt. So kann es auch nicht überraschen zu erfahren, daß die Tempelherren ebenso über den Gebrauch von *Blitzableitern* Bescheid wußten. Der deutsche Ägyptologe *Johannes Dümichen* entzifferte seinerzeit eine darauf verweisende Inschrift in *Dendera*. Auch vor den Kultstätten von *Medinet Abu* und *Edfu* soll es vormals mit Kupfer verkleidete Mastbäume gegeben haben, die den Priestern als Blitzableiter dienten. Hat somit *Benjamin Franklin* sein Patent aus dem Jahre 1752 unberechtigt erhalten?
Sensationelle Errungenschaften aus dem alten Ägypten sind uns auch auf dem Gebiet der *Technik* überliefert. Entsprechendes dokumentarisches Material liegt sowohl schriftlich wie bildlich vor. Wer das bezweifelt, dem sei der Besuch des alten Sethostempels in *Abydos* empfohlen. Über einem Türfries vor der Eingangshalle gibt es ein ganz besonderes Relief: Seine Gravuren zeigen Gegenstände, die kaum als bloße hieroglyphische Symbolismen eingestuft werden können. Vielmehr identifiziert man ihr Aussehen mühelos als *Kampfpanzer, helikopterartiges Fluggerät* mit *Rotoren* sowie als modernes *Unterseeboot*. Man ist auch nicht überrascht, ein weiteres Gebilde in vertrauter Darstellung wiederzuerkennen: ein (verkehrt herum liegendes) *Maschinengewehr!*

In altägyptischen Pyramidentexten werden Dendera und Abydos gleichsam wie zur Bestätigung als »Kriegsschauplätze der Götter« angeführt. Mit welchem Material wurde damals gekämpft?

In der Oase *Dakhla* in der Libyschen Wüste fand man vor einigen Jahrzehnten ein seltsames Artefakt. Der Beschreibung nach handelte es sich um einen sogenannten »Zauberspiegel«, wie solche auch in alten Schriften des Pharaonenreiches Erwähnung finden. Der Arzt und Ägyptologe Dr. *Fawzi Soueha* aus Kairo (mit dem wir sprachen) sieht in diesem archäologischen Fund das Abbild eines prä-ägyptischen *Röntgenapparates*. Das geheimnisvolle Relikt ist seither aus der Öffentlichkeit verschwunden. Warum wohl?

Bestimmte Gefäße unzugänglich zu machen, sie »hermetisch« zu verschließen, wird auf einen Geniestreich des »Götterboten« *Hermes* zurückgeführt. Hermes jedoch muß mit dem ägyptischen *Thot* gleichgesetzt werden – und Thot haben die alten Ägypter ihr Nationalgetränk – das *Bier* – zu verdanken. Er besaß das Rezept, dessen Kenntnis er später der Priesterschaft übertrug. So war es damals möglich, einen aus *Gerste* gebrauten Saft herzustellen. Die Österreichische Nationalbibliothek besitzt zudem einen auf einer Papyrusrolle geschriebenen Brief des arabischen Lebensmittelhändlers *Jakub Ibn Saaid*. Darin teilte dieser seinem ägyptischen Geschäftspartner *Suleiman Ibn al Nagar* mit, ihm parallel zu dem Schreiben eine Ladung *Hopfen* geschickt zu haben. Womit klargestellt ist, daß im alten Ägypten Bier nicht nur aus Gerste sondern auch aus Hopfen gebraut werden konnte.

Ist auf Thot auch die Kenntnis der Herstellung von Vergrößerungslinsen aus *Bergkristall* zurückzuführen? Oder steckte Imhotep dahinter? Ein Artefakt aus pharaonischer Zeit wurde vor etlichen Jahren von Archäologen in einem Grab bei *Sakkara* gefunden. Es wird im British Museum of London aufbewahrt. Auch die Kunst des *Brotbackens* sowie die Herstellung dieses unumstrittenen Volksnahrungsmittels Numero eins wird auf altägyptische Kenntnisse zurückgeführt.

Was ist davon geblieben?

Aus dem hier Vorgebrachten läßt sich resümieren, daß die alten Ägypter in der Summierung ihres Wissens einen Sonderplatz unter den antiken Völkern beanspruchten. Sie profitierten von den alles überragenden Kenntnissen ihrer Priesterschaft, die ihrerseits nur weitergab, was ihr einst jener Mann vererbte, der als Begründer aller Wissenschaft vergöttert wurde und dessen Herkunft niemand zu deuten wußte. Sein Geheimnis wurde nie enthüllt.

Thot, dessen Intelligenz unübertroffen geblieben ist, und der – wie legendäre Überlieferungen belegen – von anderswo gekommen war: Von einem fremden, unbekannten Gestirn. Aus dem *Kosmos*!

Sein Wirken im Land der Pharaonen befruchtete bald die Kultur der gesamten Antike. Er war Ideengeber und Lichtbringer in einem – ein universelles Genie!

Was ist den Ägyptern davon geblieben?

Wenig, wenn man prüft, ob und auf welche Weise die modernen »Nachlaßverwalter« dieses Landes in der Lage waren, ihr großartiges kulturelles Erbe zu betreuen. Es war ihnen bloß gut genug, auf rücksichtslose Weise ausgebeutet zu werden. Jahrzehntelang wucherte man am Nil zugunsten des Fremdenverkehrs mit Pfunden und Piastern, aber niemand der Offiziellen achtete darauf, den systematisch voranschreitenden Verfall der Kultanlagen zu verhindern. Jetzt ist plötzlich Feuer auf dem Dach!

Touristen werden in Hinkunft Ägyptens großartige Sehenswürdigkeiten wahrscheinlich nur mehr als Attrappen bewundern können. In jüngster Zeit denken dort nämlich die Verantwortlichen daran, fünf ihrer bedeutendsten Pharaonengräber (darunter auch jenes von *Tut-anch-amun*) nachzubauen, um die Originale vor der endgültigen Zerstörung durch Umweltschmutz und die Ausdünstung der unzähligen Besucher zu bewahren. Ein derartiges Schicksal droht im übrigen auch den anderen Bauwerken im Niltal – so dem Sphinx oder den Pyramiden in Gizeh. Noch weiß allerdings niemand so recht, wie die immens kostspieligen Projekte zur Rettung des unersetzlichen Kulturgutes finanziert werden sollen. Vor allem aber: von wem?

Eines scheint sicher: Ägypten wird wohl auch künftig von dem Erbe seiner Ahnen profitieren. Auch wenn das, was es heute zu bieten hat, nur noch einen Abgesang gegenüber früher darstellt. Wehmütige Erinnerung an einstige Größe. Wer von Ägypten spricht, meint sein Vermächtnis. Es bleibt, trotz allem, unvergänglich und unzerstörbar. Gleich seinem rätselhaften Vogel aus mythischer Vergangenheit – Leitbild unseres nächsten Buches zum Thema »Weltraumfahrt und Geheimwissenschaft im alten Ägypten«:

Phönix aus der Asche.

Literaturnachweis

Altenmüller, Hartwig: »Die Apotropaia und die Götter Mittelägyptens«, Rottweil-Neckar 1965

Andreas, Peter / Lloyd Davis, Rose: »Das verheimlichte Wissen«, Interlaken 1984

Anthes, Rudolf: »Das Sonnenauge in den Pyramidentexten«, o. O. 1961

Beltz, Walter: »Die Mythen der Ägypter«, Düsseldorf 1982

Berlitz, Charles: »Das Bermuda-Dreieck«, Wien–Hamburg 1975

Bernbaum, Edwin: »Der Weg nach Shambhala«, Freiburg 1988

Bertmann, L. / Schäfer, Clemens: »Lehrbuch der Experimentalphysik«, Berlin 1961

Bittel, Kurt / Naumann, Rudolf / Otto, Heinz: »Yazilikaya«, Leipzig 1941

Bohnke, Ben-Alexander: »Esoterik«, Düsseldorf–Wien–New York 1991

Bonnet, Hans: »Reallexikon der ägyptischen Religionsgeschichte«, Berlin 1952

Breasted, J. H.: »Geschichte Ägyptens«, Wien 1936

Brier, Robert: »Zauber und Magie im alten Ägypten«, Bern–München 1981

Brugsch, Heinrich: »Die Sage von der geflügelten Sonnenscheibe«, Göttingen 1870

Brunés, Tons: »Energien der Urzeit«, Zug 1977

Brunner-Traut, Emma: »Altägyptische Märchen«, München 1989

Brunton, Paul: »Geheimnisvolles Ägypten«, Zürich–Stuttgart 1966

Casson, Lionel: »Ägypten, die Pharaonenreiche«, Reinbek 1971

Cayce, Edgar: »Das Atlantis-Geheimnis«, München 1990

Ceram, C. W. (Hrsg.): »Ruhmestaten der Archäologie«, Reinbek 1965

Champdor, Albert (Hrsg.): »Das Ägyptische Totenbuch«, Bern–München–Wien 1977

Charroux, Robert: »Phantastische Vergangenheit«, Berlin 1966
Chassinat, Emile: »Le Temple de Dendera«, Kairo 1934
Däniken, Erich von: »Erinnerungen an die Zukunft«, Düsseldorf–Wien 1968
–: »Die Augen der Sphinx, München 1989
Dondelinger, E.: »Der Obelisk«, Graz 1977
Dopatka, Ulrich: »Lexikon der Prä-Astronautik«, Düsseldorf–Wien 1979
Dümichen, Johannes: »Baugeschichte des Denderatempels und Beschreibung der einzelnen Teile des Bauwerks«, Strassburg 1877
Ehlebracht, Peter: »Haltet die Pyramiden fest!«, Düsseldorf–Wien 1980
Erman, A. / Grapow, H. (Hrsg.): »Wörterbuch der ägyptischen Sprache«, Berlin–Leipzig 1926–1931
Farkas, Viktor: »Esoterik«, Frankfurt/M. 1990
Fiebag, Johannes / Fiebag, Peter (Hrsg.): »Aus den Tiefen des Alls«, Tübingen–Zürich–Paris 1985
Fiebag, Peter: »Der Obelisk: Symbol für ein Raumfahrzeug« (aus »Kosmische Spuren«, Band 2, Hrsg.: Erich von Däniken), München 1992
Gottschalk, Herbert: »Sonnengötter und Vampire«, Berlin 1978
Gray, John: »Mythologie des Nahen Ostens«, Wiesbaden 1969
Habeck, Reinhard: »Glühbirnen im alten Ägypten« (aus »Kosmische Spuren«, Band 1, Hrsg.: Erich von Däniken), München 1989
–: »Im Zeichen der Flügelsonne« (aus »Kosmische Spuren«, Band 2, Hrsg.: Erich von Däniken), München 1992
Hamp, Vinzenz / Stenzel, Meinrad / Kürzinger, Josef (Hrsg.): »Die Heilige Schrift des Alten und Neuen Testamentes«, Aschaffenburg 1957
Helck, Wolfgang / Otto, Eberhard E.: »Kleines Wörterbuch der Ägyptologie«, Wiesbaden 1970
–: »Lexikon der ägyptischen Kultur«, München–Zürich 1978
–: »Lexikon der Ägyptologie«, Wiesbaden 1979
Hennig, Richard: »Die angebliche Kenntnis des Blitzableiters vor Benjamin Franklin« (aus »Archiv für die Geschichte der Naturwissenschaften und Technik«, Band 2), Leipzig 1909
Ions, Veronica: »Ägyptische Mythologie«, Wiesbaden 1968

Junker, Hermann: »Grammatik der Denderatexte«, Leipzig 1906
Kákosy, László: »Zauberei im alten Ägypten«, Leipzig 1989
Kees, Hermann: »Schlangensteine und ihre Beziehung zu den Reichsheiligtümern«, Leipzig 1922
–: »Der Götterglaube im alten Ägypten«, Berlin 1956
Kohlenberg, Karl F.: »Enträtselte Vorzeit«, München–Wien 1970
Kolpaktchy, Gregoire (Hrsg.): »Ägyptisches Totenbuch«, Weilheim/Obb. 1970
König, Wilhelm: »Im verlorenen Paradies«, Baden/Wien 1940
Kraemer, Hans (Hrsg.): »Weltall und Menschheit«, Berlin–Leipzig–Wien–Stattgart 1900
Krassa, Peter: »Gott kam von den Sternen«, Freiburg 1974
Krupp, Edwin C.: »Astronomen, Priester, Pyramiden«, München 1980
Küpfmüller, K.: »Einführung in die theoretische Elektrotechnik«, Berlin–Heidelberg 1957
Kurth, Dieter: »Die Dekoration der Säulen im Pronaos des Tempels von Edfu«, Wiesbaden 1983
Laufer, Berthold: »The Prehistory of Aviation«, Chicago 1928
Lemusurier, Peter: »Geheimcode Cheops«, Freiburg 1978
Lurker, Manfred: »Symbole der alten Ägypter«, Weilheim/Obb. 1964
–: »Götter und Symbole der alten Ägypter«, Bern–München 1974
Miers, Horst E.: »Lexikon des Geheimwissens«, München 1986
Norman, Eric: »Bibel, Götter, Astronauten«, München 1971
Pahl, Jochim: »Sternenmenschen sind unter uns«, München 1971
Papke, Werner: »Die Sterne von Babylon«, Bergisch Gladbach 1989
Pijoan, José: »Arte – die Kunstgeschichte der Welt«, Lausanne 1979
Posener, Georges (Hrsg.): »Knaurs Lexikon der ägyptischen Kultur«, München–Zürich 1978
Riessler, Paul (Hrsg.): »Altjüdisches Schrifttum außerhalb der Bibel«, Freiburg–Heidelberg 1928
Roeder, Günther (Hrsg.): »Hermopolis 1929–1939«, Hildesheim 1959
–: »Die ägyptische Religion in Texten und Bildern«, Zürich–Stuttgart 1960

Roth, A.: »Hochspannungstechnik«, Wien 1950
Sassoon, George / Dale, Rodney: »Die Manna-Maschine«, Rastatt 1979
Sethe, Kurt: »Zur altägyptischen Sage vom Sonnenauge das in der Fremde war«, Leipzig 1912
Sitchin, Zecharia: »Götter, Mythen, Kulturen, Pyramiden«, München 1990
Spiegelberg, Wilhelm: »Der ägyptische Mythos vom Sonnenauge«, Strassburg 1917
Stöber, Harald: »Herr der Götter«, Düsseldorf 1987
Temple, Robert: »Das Sirius-Rätsel«, Frankfurt/M. 1977
Tomas, Andrew: »Wir sind nicht die ersten«, Bonn 1972
Tompkins, Peter: »Cheops«, Bern–München 1975
Vandenberg, Philipp: »Der Fluch der Pharaonen«, Bern–München 1973
Waitkus, Wolfgang: »Die Texte in den unteren Krypten von Dendera und ihre Aussagen zur Funktion und Bedeutung dieser Räume« (Dissertation), Hamburg 1991
Zahn, Joachim: »Nichts Neues mehr seit Babylon«, Hamburg 1979

Zeitschriften

Briegel, Wilfried: »Wer war Virgilius?«, »Mysteria«, Nr. 67, Halver 1988
Fiebag, Johannes: »Ging Ramses ein Licht auf?«, »Hobby«, Nr. 1, Hamburg 1991
O. *V.*: »Der ›Hubschrauber‹ von Abydos«, »Efodon News«, Nr. 1, Rüsselsheim 1991
Sachmann, Hans-Werner: »Rubrik ›Insider‹ «, »Sign«, Nr. 3, Basel 1991
Sachmann, Hans-Werner / Müller, Reinhold: »Merkwürdige Hieroglyphen im Sethos-Tempel von Ägypten«, »Ancient Skies«, Nr. 4, Feldbrunnen 1991
Weber, Felix: »Die alten Ägypter rechneten wie moderne Computer«, »Die ganze Woche«, Nr. 10, Wien 1990
Yoshimura, Sakuji u. a.: »Non-Destrictive Pyramid Investigation (1) – (aus »Studies in Egyptian Culture«, Nr. 6), Tokio 1987

Personenregister

Sachregister